DEIKE WICHMANN

Die Unbeirrbaren

AF216921

atb aufbau taschenbuch

Deike Wichmann

Die Unbeirrbaren

Roman

Bonn 1949:
Die Frauen des Grundgesetzes kämpfen
um Gleichberechtigung

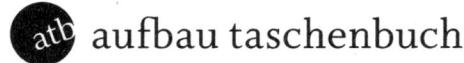 aufbau taschenbuch

MIX
Papier | Fördert
gute Waldnutzung
FSC® C083411

ISBN 978-3-7466-3955-0

Aufbau Taschenbuch ist eine Marke
der Aufbau Verlage GmbH & Co. KG

1. Auflage 2023
© Aufbau Verlage GmbH & Co. KG, Berlin 2023
© 2023 Deike Wichmann
Satz LVD GmbH, Berlin
Druck und Binden CPI books GmbH, Leck, Germany
Printed in Germany

www.aufbau-verlage.de

Für meine Eltern

Männer und Frauen sind gleichberechtigt.

Grundgesetz für die Bundesrepublik Deutschland

Artikel 3, Absatz 2

23. Mai 1949

PERSONENVERZEICHNIS

Königstraße

    Mathilde Berger, eine alte Dame

    Herr Dreesen, Philosophiestudent

    Rosie Fassbender, die Wirtin

    Emma Jakobs, Studentin vom Land

    Ilsa Klasing, die neue Mitbewohnerin

    Charlie Weber, Sekretärin

Parlamentarischer Rat

    Teddy Martin, zurückgekehrter Emigrant

    Carl Stratmann, Stenograph

Abgeordnete des Parlamentarischen Rats
(historische Figuren)

    Konrad Adenauer

    Ludwig Bergsträsser

    Thomas Dehler

    Paul Löbe

    Hermann von Mangoldt

    Friederike Nadig

    Carlo Schmid

Elisabeth Selbert

Walter Strauß

Helene Weber

Helene Wessel

Außerdem

Lindy Klasing, Ilsas Cousine

Paul, Lindys Mitbewohner

Hans Walterscheid, Heimkehrer

Kapitel 1

Bonn, August 1948

Der Bunker, natürlich war es der Bunker. Drei Stockwerke hoch, meterdicke Betonwände, nirgends ein Fenster. Ilsa stockte der Atem. Wieso hatte sie nicht früher daran gedacht? Niemals würde sie diesen fürchterlichen Tag vergessen. Doch sie hatte nur freudig genickt, als die Sekretärin ihr den Papierstreifen mit der Adresse in die Hand gedrückt hatte: Trierer Straße 24.

»Probieren Sie es hier mal«, hatte sie gesagt. »Ich gebe Bescheid, dass Sie kommen.«

Ilsa hatte den Zettel sofort eingesteckt. Sie suchte eine Bleibe. Dringend. Und sie hatte angenommen, dass die Sekretärin irgendein heruntergekommenes Stadthaus meinte, aber doch nicht den Bunker. Am liebsten wäre sie auf der Stelle umgekehrt, bloß weg hier, das sollte doch alles hinter ihr liegen. Doch in diesem Moment trat ein junges Mädchen aus der Gasschleuse.

»Sind Sie Fräulein Klasing? Ich bin Magdalene Palm. Ich soll Sie hier herumführen.«

Das junge Mädchen streckte die Hand aus, und Ilsa blieb nichts anderes übrig, als sie zu ergreifen und mitzukommen.

Während die schwere Tür hinter ihr ins Schloss fiel, wurden sofort wieder die Erinnerungen wach an den Oktobertag vor vier Jahren, an dem sich die gleiche Tür mit dem gleichen dunklen Ton hinter ihr geschlossen hatte. Sie fuhr mit der Hand über das Metall. Eisig. Dann presste sie die kalte Hand an ihre Stirn und wünschte, sie könnte die Erinnerungen wegdrücken. Aber das ging natürlich nicht. So folgte sie Fräulein Palm, und die Erinnerungen folgten ihr. Die Studentin – Medizin im zehnten Semester, wie sie sogleich berichtete – führte sie durch dunkle Korridore in ihr Zimmer. Nur – ein Zimmer war es eigentlich nicht. Es war eine fensterlose Zelle, drei Meter lang und zwei Meter hoch, mit einer Holzpritsche und einem Strohsack. Die Luft war muffig, doch Fräulein Palm hatte sich bemüht, den Raum wohnlich herzurichten. Von der Decke leuchteten Sterne, die sie mit ein bisschen weißer Farbe dorthin gepinselt hatte; an der Wand hingen Karteikarten mit medizinischen Fachausdrücken: Aorta, Arteria pulmonalis, Arteria coronaria dextra. Daneben tropfte das Wasser herunter. Die Karten waren schon ganz durchweicht; die Studentin würde die Ausdrücke rasch lernen müssen, bevor sie unleserlich würden. Ilsa wandte den Blick ab und versuchte, sich auf das zu konzentrieren, was Fräulein Palm – »Nennen Sie mich doch Magdalene!« – erzählte.

»Hier wohnen über 100 Studenten und ein paar Studentinnen«, sagte sie gerade. »Und in ein paar Zimmern sollen Mitarbeiter vom Parlamentarischen Rat einziehen. Deshalb sind Sie hier?«

Ilsa nickte. »Genau. Ich fange am 1. September als Sekretärin dort an.«

Sie bemühte sich um einen munteren Tonfall, um einen heiteren Gesichtsausdruck, aber beides misslang.

Magdalene schaute sie verständnisvoll an. »Am Anfang ist es merkwürdig hier – ich weiß. Aber man gewöhnt sich schnell ein. Manchmal gibt es Tanzfeste auf dem Bunkerdach. Und die Miete ist günstig. Nur acht Mark im Monat!«

In diesem Moment wurde es finster in der Zelle. Die Notbeleuchtung ging an. Das flackernde Licht, die stickig-feuchte Luft, die Wände, die näher zu rücken schienen: All das war Ilsa furchtbar vertraut. All das war wie damals. Es fehlte nur das Beben und Krachen, das Bersten und Zittern und Kollern. Fast glaubte sie, wieder den Schweiß fremder Leute zu riechen und den Trümmerstaub zwischen den Zähnen zu haben. Fast konnte sie das durchdringende Hoch und Tief, Tief und Hoch des Fliegeralarms hören.

»Das waren bloß die Sicherungen!«, rief Magdalene. »Das passiert hier dauernd. Keine Sorge, gleich haben wir wieder Licht.«

Aber Ilsa spürte, dass ihr Schweißperlen auf die Stirn traten, und sie wusste, dass ihr Gesicht kalkweiß geworden war. Sie hielt es keine Sekunde länger hier aus.

Magdalene warf ihr einen wissenden Blick zu. »Ist schon in Ordnung. Ich bringe Sie zur Tür«, sagte sie bloß.

Draußen empfing sie gleißendes Licht. Ilsa lehnte sich an den Beton und schloss für einen Moment die Augen. Als sie hochschaute, war der Himmel grellblau. So hatte er vor vier

Jahren auch ausgesehen, als sie zuletzt vor dieser Tür gestanden hatte. Nur waren damals Hunderte Flugzeuge da oben in all dem Blau gewesen.

Neben ihr fiel die Tür zu. Ilsa fuhr zusammen. Wieder dieser dumpfe Ton! »Rein mit Ihnen«, hatte der Luftschutzwart damals gebrüllt, und während er Ilsa in die Gasschleuse gezerrt hatte, hatte sie zwei Jungen die Straße hinaufrennen sehen. Sie waren so weit entfernt. Nie würden sie es rechtzeitig schaffen. »Da kommen noch zwei«, hatte Ilsa gerufen, aber der Luftschutzwart hatte die Tür zugezogen. »Zu spät. Es geht los.« Und so war es: Es war zu spät, und es ging los. Ilsa wusste nicht, was aus den beiden Jungen geworden war, aber sie sah sie manchmal noch vor sich, wie sie rannten, mit bloßen Beinen und Sandalen.

Mit einem knappen Kopfschütteln versuchte sie, die Erinnerung zu verscheuchen. Da stand ja immer noch Magdalene, die junge Frau, die ganz sicher niemals ihre Zimmernachbarin werden würde.

»Vielen Dank«, brachte sie hervor und strich sich das Haar glatt. »Vielen Dank für Ihre Mühe.«

Magdalene blieb neben ihr stehen und zündete sich eine Zigarette an. »Wollen Sie auch eine?«

Ilsa schüttelte den Kopf. Jetzt bloß keine kostspielige Angewohnheit anfangen, auch nicht aus Höflichkeit. Sie musste ihr Geld zusammenhalten. Sie atmete die Sommerluft tief ein und unterdrückte den Impuls, so schnell wie möglich von dem vermaledeiten Bunker wegzulaufen. Stattdessen plauderte sie mit Magdalene. Wie die patente junge Frau, die sie eigentlich war.

Wenn sie nicht gerade auf Besichtigungstour durch Bunker und ihre Vergangenheit ging. Sie sprachen über Magdalenes Studium und über den Parlamentarischen Rat, der seine Arbeit bald beginnen und Ilsa eine Anstellung verschaffen würde.

»Sie haben extra neues Gras an der Poppelsdorfer Allee eingesät. Und überall schicke blau-weiße Wegweiser aufgestellt«, sagte Magdalene amüsiert. »Damit Bonn einen guten Eindruck macht.«

Ilsa bezweifelte, dass Rasen und Schilder über Bonns zerstörte Altstadt hinwegtäuschen konnten, aber Magdalene war in Gedanken schon weiter. »Sie suchen wirklich sehr eilig nach einem Zimmer, nicht wahr?«, fragte sie und zog an ihrer Zigarette.

O ja. Noch zwei Wochen bis September. Bis dahin musste sie irgendeine Unterkunft haben. Eine, die sie auch bezahlen konnte. Was blieb ihr sonst übrig? Eine der früheren Schulfreundinnen aufzusuchen – die ihr aber nicht mehr so freundschaftlich gesonnen waren seit damals, seit dem Sommer 46? Sollte sie dort als schlecht gelittener Gast auf dem Sofa nächtigen? Ilsa seufzte.

Magdalene schaute sie versonnen an. »Ich weiß vielleicht etwas für Sie. Ein Kommilitone von mir lebt in der Südstadt, bei einer Witwe im Salon. Die Witwe vermietet jetzt auch den Speicher, hat er mir erzählt. Warten Sie, ich schreib's Ihnen auf.«

Ilsa fischte einen Bleistift aus ihrer Handtasche, und Magdalene kritzelte die Adresse auf die Rückseite ihres zerknitterten Zettels: Königstraße.

Ilsa lief die Clemens-August-Straße hinab, das Stück Papier fest in der Hand. Vorbei an den Trümmern, die früher das Poppelsdorfer Schloss gewesen waren. In der Poppelsdorfer Allee sah sie tatsächlich Gärtner, die das frisch eingesäte Gras bewässerten. An vielen Stellen konnte sie schon zartes Grün erkennen. Ilsa nahm es als gutes Omen. Für die Zimmersuche und überhaupt. Rasch bog sie ab in die Königstraße. Wie unversehrt die Südstadt war! In der Altstadt, in der sie aufgewachsen war, stand kaum noch ein Stein auf dem anderen. Der Zerstörungsgrad lag dort – so hieß das in der Sprache der Bauräte – bei 91 Prozent. Aber hier nicht. Hier war die bürgerliche Pracht erhalten geblieben, auch bei dem kleinen Jahrhundertwendehaus, vor dem sie schließlich stehen blieb. Gut, einige Fenster waren mit Brettern abgedichtet, die ehemals weiße Fassade war staubgrau, aber sonst? Ilsa hielt einen Moment inne. Es sah so – so idyllisch aus. Die Zweige einer Linde berührten die Fenster der Mansarde. Im Vorgarten pickte ein Huhn. Kürzlich hatte Ilsa in der Zeitung eine Anzeige gesehen, in der eine Pension mit »Ferien nach Friedensart« warb. Daran musste sie jetzt denken: Das hier, das war ein Haus nach Friedensart. Zumindest auf den ersten Blick.

Sie drückte auf den Klingelknopf. Nichts geschah. Vielleicht hatte jemand die Klingel abgedreht, um Strom zu sparen. Sie klopfte, erst verhalten, dann lauter, an die dunkle Holztür und hörte schließlich, wie jemand durch die Diele eilte.

»Moment, ich komme schon!« Mit diesen Worten riss eine junge Frau die Tür auf. Sie war sehr schlank, aber wer war das nicht in diesen Zeiten?, hatte beneidenswert gewelltes Haar und trug eine seidene Bluse, dazu Schuhe mit Absätzen. Sogar einen dezenten Lippenstift hatte sie aufgetragen. Und war das Rouge auf ihren Wangen? Ilsa schätzte die glamouröse Person auf knapp dreißig. Sie war mindestens einen Kopf größer als Ilsa.

»Ich hörte, der Speicher sei zu vermieten. Ist er noch frei? Ich würde ihn gern nehmen«, platzte es aus ihr heraus.

Die junge Frau schaute Ilsa belustigt an. »Wollen Sie sich den Dachboden nicht erst einmal ansehen, bevor Sie ihn mieten? Er könnte ja ganz schrecklich sein. Voller Ratten zum Beispiel.«

Sie hielt die Tür auf und ließ Ilsa eintreten. In der Diele war es trotz der Mittagszeit dunkel; das Fenster in der Haustür war mit Pappe abgedichtet, und aus der Deckenleuchte hatte jemand die Glühbirne herausgeschraubt. Doch ein verblichener Perserteppich bezeugte, dass das Haus bessere Zeiten gesehen hatte, und ein streifenfrei geputzter Spiegel verkündete, dass die Hausherrin auch in schlechteren Zeiten keinen Schlendrian duldete. Selbst wenn sie Speicher und Salon vermieten musste. Ilsa warf einen hastigen Blick in den verschnörkelten Spiegel: Ein Glück – sie sah bei Weitem nicht so abgekämpft aus, wie sie sich fühlte. Sie zupfte ihr Kleid – schwarz mit weißen Punkten – zurecht und steckte die Haarspange fest. Nur der gehetzte Ausdruck in den Augen – der ließ sich auf die Schnelle nicht ändern.

Die junge Frau bog nach links in eine große Küche ab, wo sie augenscheinlich dabei gewesen war, eine Kanne Pfefferminztee aufzubrühen. Sie drückte Ilsa zwei Tassen in die Hand – beide hatten einen Sprung –, nahm selbst die Kanne vom Herd und ging ins Treppenhaus. Dabei wies sie nach rechts: »Hier im Salon wohnt Herr Dreesen, ein Philosophiestudent. Mit seinem Huhn.«

Ilsa blieb unwillkürlich vor der Zimmertür stehen.

»Doch, wirklich mit seinem Huhn«, bestätigte die junge Frau. »Und *von* seinem Huhn. Es legt fast jeden Tag ein Ei. Mit den Eiern bezahlt Herr Dreesen die Miete. Ziemlich helle.« In ihrer Stimme klang Bewunderung mit.

Die junge Frau ging die Holztreppe hoch und balancierte dabei die heiße Kanne zwischen zwei Topflappen. Ilsa folgte ihr, eine Hand auf dem fein gedrechselten Geländer. Die Stufen waren ausgetreten, aber blank poliert.

»Im kleinen Schlafzimmer im ersten Stock lebt eine ältere Dame – Frau Berger. Und im anderen Schlafzimmer Frau Fassbender, unsere Wirtin.«

»Ach, ich dachte – Sie sind gar nicht die Wirtin?«, fragte Ilsa.

»Nein, ich habe nur den Speicher gemietet. Den halben Speicher. Ich heiße Charlie Weber.« Die junge Frau machte Anstalten, Ilsa die Hand zu geben, begnügte sich wegen der Teekanne aber mit einem Lächeln. Ilsa lächelte zurück.

Der Speicher war nicht schrecklich. Es gab auch keine Ratten, soweit Ilsa das beurteilen konnte. Er war groß, geradezu weiträumig. Oder kam ihr das nach dem Bunker nur so vor? Durch drei Gauben fiel merkwürdig fahles Licht herein – nicht durch Fensterscheiben, die waren wohl zersprungen, sondern durch alte Röntgenfilme. Ilsa glaubte einen Brustkorb und zwei Schienbeine zu erkennen.

»Wir haben sie von einem Arzt, die Straße runter«, sagte Fräulein Weber stolz.

Ilsa blickte sich weiter um. Genau in der Mitte des Dachbodens war eine Leine gespannt. Sie diente offenbar dazu, Wäsche zu trocknen – im Augenblick einen Unterrock, den Fräulein Weber ohne Umstände abnahm. Auf jeder Seite des Bodens stand ein Bett, auf dem sich graue Wehrmachtsdecken stapelten, in größtmöglichem Abstand von den Fenstern. Wahrscheinlich hielten die Röntgenfilme Regengüssen nicht besonders gut stand.

In der einen Zimmerecke befand sich ein alter Waschtisch mit einer weißen Porzellanschüssel, verschlissene Handtücher hingen an Nägeln, die in die Wand eingeschlagen waren. In der anderen Ecke stand eine Brennhexe, daneben ein schiefes Regal mit Küchenutensilien: Teller, Pfanne, Topf und noch ein Relikt der Wehrmacht: ein alter Helm, zum Sieb umfunktioniert.

»Im Moment benutze ich die Brennhexe nicht, sondern den Herd unten in der Küche – nur keine Briketts verschwenden«, sagte Fräulein Weber. »Aber im Winter werde ich – werden wir – hiermit heizen müssen.«

Sie stellte die Kanne auf einem wackligen Tisch in der Mitte des Raumes ab, schenkte den Tee ein und bedeutete Ilsa mit einer Geste, neben ihr auf einem abgewetzten Sessel Platz zu nehmen. Ilsa nippte an ihrer Tasse und betrachtete die Frau verstohlen. Aus der Nähe wirkte Fräulein Weber nicht mehr ganz so glamourös wie eben noch. Die Absätze ihrer Schuhe waren abgetreten, ihre Bluse war mehrfach geflickt – das sah Ilsa, aufgewachsen in einer Schneiderei, sofort. Aber der leicht spöttische Blick, der Ilsa fast ein bisschen einschüchterte, der blieb. Und das nachsichtige Lächeln, das blieb ebenfalls. Wie es wohl wäre, Fräulein Weber zur Freundin zu haben? Ziemlich erstrebenswert! Fast so erstrebenswert wie der Speicher selbst. Ilsa sah schon vor sich, wie sie abends über die Wäscheleine hinweg miteinander plauderten. Und wie sie gemeinsam auf der Brennhexe kochten. Aber bevor sie Freundinnen sein konnten, musste Ilsa zunächst einmal Mieterin werden. Und vorher hatte Fräulein Weber eine Menge Fragen – lauter Dinge, von denen sie offenbar annahm, dass man sie über einen Mieter wissen sollte: nach ihrem Einkommen, nach ihren Aussichten, ihrem Arbeitsplatz, ihren Verpflichtungen. Ilsa bemühte sich, wahrheitsgemäß, aber nicht allzu wahrheitsgemäß zu antworten. Denn die Wahrheit, das war ihr klar, würde sie sofort diese Unterkunft kosten. Einkommen: 75 Pfennig in der Stunde. Das stimmte schon mal. Aussichten: rosig. Das stimmte nur halb. Für die kommenden Monate waren sie gut, aber was aus ihr werden sollte, wenn der Parlamentarische Rat das Grundgesetz beschlossen hatte, war höchst ungewiss. Arbeitsplatz: Parlamentarischer Rat. Das stimmte auch, so ungefähr. Dass sie bei der SPD-Fraktion arbeiten würde, konnte sie später immer noch erzählen, wenn sie wusste, wo Fräulein Weber politisch stand.

Aber nein. Halt. Jahrelang hatte sie ihre politischen Ansichten verborgen, hatte Lieder mitsingen müssen, die sie verabscheute, und zu Meinungen genickt, die nicht die ihren waren. Das musste sie heute nicht mehr tun, und das würde sie auch nicht tun, auch nicht für eine Wohnung. »Ich werde als Sekretärin in der SPD-Fraktion arbeiten«, sagte sie daher fest und wartete auf eine Reaktion von Fräulein Weber.

»Ach so. Wie schön«, erwiderte diese nur gleichgültig. Politik ließ sie offenbar kalt. »Und was ist mit Ihrem Elternhaus?«

»Beides nicht mehr da«, sagte Ilsa knapp. »Weder Eltern noch Haus.«

Für einen kurzen Moment sahen sich die beiden Frauen an. Dann nickte Fräulein Weber.

»Verpflichtungen?«

»Keine«, antwortete Ilsa, und das war nun endgültig gelogen, aber Ilsa unterdrückte ihr schlechtes Gewissen sofort. Zum Glück fragte Fräulein Weber nicht weiter nach, sondern informierte ihre potenzielle Mitbewohnerin bemerkenswert ehrlich über die Nachteile der Unterkunft: »Waschbecken und Toilette sind ein Stockwerk weiter unten. Zum Duschen gehe ich ins Viktoriabad. Im Sommer kann es hier oben gehörig heiß werden, im Winter vermutlich bitterkalt. Die Miete beträgt 20 Mark.«

20 Mark! Ilsa sog erschrocken die Luft ein.

Fräulein Weber sah sie über den Rand ihrer Teetasse hinweg an. »Frau Fassbender nimmt auch Naturalien.«

Ilsa dachte an Lindy. An Lindy und an die knorrigen Obstbäume auf deren Hof. Ihre Cousine hatte schon so viel für sie getan. Tat immer noch so viel für sie. Konnte sie sie auch noch um Lebensmittel bitten? Andererseits, die Ernte sah gut aus dieses Jahr –

Fräulein Weber unterbrach ihre Überlegungen. »Es waren diese Woche schon zehn junge Frauen hier, die das Zimmer gesehen haben und gern einziehen würden. Sagen Sie mir: Warum sollte Frau Fassbender es Ihnen geben – und nicht den anderen?«

Ilsa fasste einen schnellen Entschluss. »Weil jetzt die Pflaumen reif sind, bald die Äpfel, auch die Birnen. Schöner aus Boskoop. Gute Luise. Köstliche von Charneux.«

Fräulein Weber zog die Augenbrauen hoch. »Gute Luise?«

»Ich habe Familie im Bergischen Land. In Leichlingen«, sagte Ilsa rasch. »Meiner Cousine gehört ein Obsthof. Ich habe die vergangenen eineinhalb Jahre bei ihr verbracht, und ich werde auch von Bonn aus oft hinfahren – und Früchte mitbringen.« Zumindest hoffte sie das stark. Aber nein, Lindy würde gewiss nichts dagegen haben.

Fräulein Weber richtete sich auf. »Warum haben Sie das nicht gleich gesagt?« Sie hielt Ilsa die Hand hin. »Wann wollen Sie einziehen?«

Ilsa nahm unsicher die ausgestreckte Hand. »Müssen Sie nicht erst mit Frau Fassbender sprechen – wird sie einverstanden sein?«

Fräulein Weber lächelte breit. »Verlassen Sie sich darauf. Das wird sie. Die Gute Luise ist ein gutes Argument zu Ihren Gunsten. Nehmen Sie noch einen Schluck Tee.«

Ilsa nahm einen Schluck Tee. Sie lehnte sich zurück und ließ die Handtasche, die sie bisher verkrampft auf dem Schoß gehalten hatte, auf den Boden sinken. Langsam, ganz langsam, begann sie sich zu entspannen. Sie hatte Arbeit, sie hatte ein Obdach gefunden, endlich würde sie für sich sorgen können, und nicht nur für sich allein –

In diesem Moment hörte sie ein Klopfen, erst leise, dann immer nachdrücklicher.

»Einen Moment. Ich bin gleich wieder da.« Fräulein Weber lief die Treppe hinunter in Richtung Haustür. Ilsa blickte sich derweil im Raum um. In Gedanken legte sie ein Kissen auf ihr künftiges Bett und Bücher in ihr künftiges Regal, stellte ein Foto auf ihren künftigen Nachttisch und überlegte, ob sie sich dazu überwinden würde, wie Fräulein Weber ihre Unterröcke mitten im Raum auf der Wäscheleine zu trocknen. Der Dachboden war sehr sauber. Aber auch leer und kahl. Als besäße Fräulein Weber keine Vergangenheit, die sich in den Räumen hätte ablagern können. Dabei hatte sie doch sicherlich – so wie sie alle – eher zu viel Vergangenheit als zu wenig.

Eine Stimme riss Ilsa aus ihren Gedanken: »Ist das Zimmer noch frei? Ich würde es gern nehmen.« Ihr Tonfall war der gleiche wie eben noch bei ihr selbst: atemlos, hastig, drängend. Aber im Gegensatz zu Ilsa fand die Besitzerin der fremden Stimme sofort die richtigen Worte: »Ich komme vom Bauernhof. In der Lisztstraße habe ich ein halbes Pfund Butter für mein Zimmer bezahlt.«

Ilsa erstarrte. Butter war immer noch rationiert, auch jetzt noch, nach der Währungsreform. Da konnte sie nicht mithalten mit ihren Äpfeln und Birnen. Sie trank mechanisch ihren Tee aus – bloß nichts verkommen lassen – und nahm ihre Handtasche. Das war es dann wohl, Fräulein Weber würde sicher gleich den passenden Vorwand finden, um sie aus dem Haus zu bugsieren und den Dachboden an die andere junge Frau zu vergeben. Ilsa schloss sekundenlang die Augen. Kein Speicher, kein Fräulein Weber, kein Zuhause. Sie fühlte sich leer und hilflos. Tatsächlich trat Fräulein Weber wenige Augenblicke später durch die Tür, hinter sich ein etwa neunzehnjähriges Mädchen mit kastanienbraunem, beinahe rötlichem Haar und Sommersprossen. Ilsa seufzte auf. Sie konnte die Worte schon hören: *Es tut mir sehr leid, aber ...* »Wir besorgen ein Feldbett!«

Ilsa sah hoch. Warum denn ein Feldbett? Verwirrt schaute sie das fremde Mädchen an, während Fräulein Weber auf den Waschtisch zeigte. »Der kommt ans andere Ende des Zimmers, dann haben wir hier Platz für ein weiteres Bett. Wenn wir zu dritt sind, sinkt die Miete. Dreizehn Mark für jede von uns. Oder eben Butter und Obst. Das werden wir schon ausklamüsern.« Sie strahlte. »Dazu noch die Eier von Herrn Dreesen – ich sehe die Bleche voller Apfelkuchen schon vor mir.«

Mit diesen Worten rannte sie die Treppe hinab und kehrte kurz darauf mit einer weiteren Tasse zurück. Blümchenmuster mit angeschlagenem Rand.

»Das ist übrigens Emma Jakobs. Die Dritte im Bunde.«

Mit lauwarmem Pfefferminztee stießen die drei an: auf Frau Fassbenders Mansarde.

Kapitel 2

59 Pfennig kostete das Weizenweißbrot. »Markenfrei«, so hieß es verheißungsvoll auf einem großen Pappschild im Schaufenster. Ilsa stand in der Schlange vor der Bäckerei und kramte in ihrem Portemonnaie. Oder wäre es doch besser, ein Roggenbrot zu nehmen? Das machte einen länger satt. Aber sie hatte so lange, ihr halbes Leben lang, auf Weißbrot verzichtet. Und seit der Währungsreform lag es wieder in den Schaufenstern der Bäckereien, einfach so, als gehörte es dahin. Mit knuspriger Kruste und weichem Inneren. Sie würde eines nehmen und ihre neuen Mitbewohnerinnen damit überraschen.

Die beiden waren zu Hause und putzten die grünen Bohnen, die Ilsa aus Leichlingen mitgebracht hatte. Emma Jakobs lebte bereits seit einer Woche in der Mansarde. Sie hatte ihre Bleibe in der Lisztstraße rasch verlassen müssen, weil der Sohn ihrer Zimmerwirtin aus der Kriegsgefangenschaft gekommen war. Aber Ilsa war erst am Vortag eingezogen: mit zwei abgestoßenen Koffern – von Lindy geliehen. Und mit einer Tasche voller Gemüse – von Lindy geschenkt. Als Ilsa ihr Gepäck die Treppe hoch- und durch die Speichertür gewuchtet hatte, hatte sie sofort gesehen, dass Fräulein Weber alles für ihre Ankunft vorbereitet hatte: Das zusätzliche Feldbett hatte sie längst aufgestellt, und für Ilsas Kleider hatte die zwei Nägel in der Wand geschlagen. Ilsa wollte ihr danken, aber Fräulein Weber hatte gleich abgewunken: »Stand unten im Keller. Musste nur abgestaubt werden.«

Ilsa hatte ihre Kleider auf der Wäscheleine und an den zwei Nägeln neben ihrem Bett aufgehängt und die Blusen ins Regal gestapelt. Viel Platz gab es nicht, aber sie hatte ja auch nicht viel. Ein Foto von ihren Eltern hatte sie auf den Nachttisch gestellt und ein zweites Foto unter ihr Kopfkissen gelegt.

Jetzt war sie beinahe an der Reihe. Eine Frau mit einer Papiertüte trat aus der Ladentür, und mit ihr drang der Duft nach frischen Brötchen und irgendeinem Gebäck – Streuselkuchen vielleicht? – auf die Straße. Sie musterte Ilsa mit einem sonderbaren Blick. Erst da merkte Ilsa, dass sie während des Wartens die ganze Zeit den Oberkörper leicht hin und her gewiegt hatte, von einem Fuß auf den anderen gewippt war. Ganz automatisch. Es war die reine Gewohnheit. Doch sie hielt ja gar kein Baby auf dem Arm, musste kein quengelndes Kleinkind beruhigen. Weil das jetzt jemand anders tat: Lindy. Abrupt hielt Ilsa inne. Sie wurde dunkelrot. Das war also aus ihr geworden: eine Person, die ein unsichtbares Kind in den Armen wiegte. Ilsa zwirbelte den roten Wollfaden, den sie um das rechte Handgelenk trug. Sie hatte ihn sich vor der Abreise aus Leichlingen kurz entschlossen umgebunden. Gedacht war er als Trost, aber das war er nicht, nicht in diesem Moment. Denn sie vermisste den, der das Gegenstück zu ihrem Armband trug. Sie vermisste ihren Paul, der auch einen roten Wollfaden um das Handgelenk geknotet hatte, als Erinnerung an seine abwesende Mutter. Vielleicht weinte und quengelte er jetzt gerade in diesem Moment, und sie war nicht da, um ihn zu trösten. Der Gedanke versetzte ihr einen Stich. Vor schlechtem Gewissen. Oder saß er mit Lindy auf dem Küchenfußboden und quietschte vor Lachen? Der Gedanke versetzte ihr ebenfalls einen Stich. Vor Neid. Ob Lindy daran denken würde, die Zimmertür abends einen Spalt offen zu lassen? Sonst konnte Paul nicht schlafen. Und fände sie die Zeit, mit ihm »Das ist der Daumen« zu spielen? Nichts mochte er lieber.

Sie ließ den roten Wollfaden los und stopfte ihr Portemonnaie zurück in die Tasche. Es gelang ihr kaum, so sehr zitterten ihre Hände.

Obwohl sie nun endlich an der Reihe gewesen wäre, den Laden zu betreten, verließ sie die Schlange.

Ohne Brot kehrte sie in die Königstraße zurück. Als sie leise die Haustür öffnete, hörte sie Stimmen aus der Küche, aber sie hastete die Treppe hinauf, jetzt wollte sie nur noch allein sein. In der Mansarde angekommen, streifte sie die Schuhe ab und hängte ihre Einkaufstasche an einen Nagel, bevor sie sich Wasser aus der Waschschüssel ins Gesicht spritzte. Über der Schüssel hatte Fräulein Weber einen Spiegel aufgehängt, einen Spiegel mit Sprung. Der Riss zog sich quer über Ilsas Stirn. Sie schaute lange in ihr eigenes Gesicht, in die grünblauen Augen, auf die blonden Haarsträhnen und sah zu, wie die Röte langsam nachließ und wie ihr Wassertropfen in den Kragen rannen. Sie war doch sonst so patent! Und nun? Nun ließ sie sich von ihren Erinnerungen aus dem Bunker und von ihrem schlechten Gewissen aus der Warteschlange vor der

Bäckerei vertreiben. Das war doch nicht sie! Sie musste wieder zu dem unbeschwerten Mädchen werden, das sie gewesen war, irgendwann einmal. Denn wer wollte eine Mieterin, wer wollte eine Sekretärin, die vor der Bäckerei ein unsichtbares Kind schaukelte und dann mit rotem Kopf nach Hause lief? Niemand wollte das. Wenn sie jemals Paul zu sich holen wollte, brauchte sie eine feste Stelle und eine feste Bleibe. Es half nichts: Sie musste so heiter und unkompliziert wirken wie nur möglich. An all das, was hinter ihr lag, an all das, was sie in Leichlingen zurückgelassen hatte – daran durfte sie nicht denken. Wegen Paul und um ihretwillen.

Ilsa holte tief Luft, trocknete sich das Gesicht ab und übte das strahlende Lächeln, das sie Minuten später aufsetzte, als sie die Tür zur Küche aufriss: »Brot war schon aus, tut mir leid!«

»Macht nichts«, erwiderte Fräulein Weber. »Wir essen Bohnen.«

Fräulein Weber war kaum zu sehen, so hoch türmten sich Lindys grüne Bohnen auf dem Küchentisch. Sie war dabei, sie zu putzen, zusammen mit Emma Jakobs. Ilsa wusste noch nicht viel von ihr, aber das würde sich ändern, denn unkomplizierte Personen plauderten ungezwungen mit jedermann. Und das würde sie jetzt auch tun. Sie griff nach einer Schürze und einem kleinen Küchenmesser und nahm neben Fräulein Jakobs am Tisch Platz. Man merkte, dass Fräulein Jakobs vom Land kam. Sie hatte den Kopf konzentriert nach unten gebeugt und fädelte die Bohnen doppelt so schnell wie Fräulein Weber.

»Was hat Sie denn eigentlich nach Bonn verschlagen?«, begann Ilsa das Gespräch, und obwohl Fräulein Jakobs zunächst recht knapp antwortete – so als wäre sie es nicht gewohnt, von sich selbst zu reden –, erfuhr Ilsa doch, dass ihre Mitbewohnerin zum Studium hergekommen war. Ilsa zog die Augenbrauen hoch. Fräulein Jakobs fügte einigermaßen verlegen hinzu, sie sei die Erste aus der Familie, eigentlich die erste aus ihrem Dorf, die zum Studieren in die Stadt gegangen sei. Ihr alter Dorfschullehrer habe ihre Eltern erst so weit gebracht, sie aufs Gymnasium zu schicken, und sie dann gedrängt, sie an die Universität gehen zu lassen. »Seit dem Sommersemester bin ich eine echte Studentin. Der Germanistik!« Ilsa nickte. Ein ganz schön beeindruckender Weg, den Fräulein Jakobs da hinter sich hatte. Fräulein Jakobs schien ihre Gedanken zu lesen: »Mein Bruder erbt den Hof. Deshalb habe ich ein bisschen Narrenfreiheit.« Sie lachte. »Bevor es losging, habe ich allerdings erst mal mit Schaufel und Hacke bei der Enttrümmerung der Stadt mithelfen müssen. Monatelang bin ich auf dem ausgebrannten Rathaus herumgeklettert, da hingen noch schwere Eisenträger über der Außenmauer. Die haben ein paar Jungs heruntergehebelt, und gemeinsam haben wir sie aus den Trümmern herausgewuchtet. Dann durfte ich mich einschreiben.« Fräulein Jakobs berichtete, wie das Trümmerbähnchen über den Kaiserplatz gerasselt war und wie die Studenten die Loren voller Schutt am Rheinufer abgekippt hatten. Ilsa hörte zu und bemerkte erst nach einer Weile, dass Fräulein Weber nichts sagte, sondern verbissen weiter Bohnen putzte.

»Ist alles in Ordnung?«, fragte sie schließlich.

»Ja, ich bin nur müde«, antwortete sie knapp, aber grüblerisches Schweigen passte nicht zu Fräulein Weber, so viel konnte Ilsa nach ihrer kurzen Bekanntschaft sagen.

»Sind Sie sicher?«, fragte sie daher vorsichtig. »Können wir etwas für Sie tun?«

Als Fräulein Weber ihr Messer sinken ließ, brach es endlich aus ihr heraus: »Der alte Fatzke!«

Einen Moment lang wusste Ilsa nicht, wer gemeint war, dann fiel ihr ein, dass Fräulein Weber in einer Tapetenfabrik im Vorzimmer arbeitete. Vielleicht war der alte Fatzke der Fabrikant? »Heute saß er mit einem Kunden zusammen. Wie Graf Koks, mit einer Flasche Cognac. Ich brachte ihnen ein Tablett mit Gläsern ins Zimmer, und als ich gerade in der Tür war, hörte ich den Kunden sagen: ›Na, bei Ihnen entsprechen die gepflegten Getränke ja den gepflegten Sekretärinnen.‹ Und mein Chef dröhnte: ›Sie sollten sie mal in dem bunten Sommerfähnchen sehen, das sie manchmal trägt. Mit wiegenden Hüften stöckelt sie dann hier herein.‹ Und dazu schnalzt er mit der Zunge!« Fräulein Weber ließ ihr Küchenmesser fallen. »Sobald er mir etwas diktiert, habe ich seine Hand auf dem Knie. Sobald er an mir vorbeigeht, schnipst er mir ein imaginäres Staubkorn von der Bluse. Er weiß genau, dass er damit durchkommt. Sie kommen ja immer mit allem durch.« Fräulein Weber stand so ruckartig auf, dass der Stuhl hinter ihr zu Boden krachte und ein paar Bohnen vom Tisch flogen. »Aber keine Sorge – morgen bin ich wieder das nette Fräulein Weber, das sich die Lippen rot anmalt und nie etwas krummnimmt. Ich brauche schließlich das Geld.«

Ilsa war verblüfft. Fräulein Weber, die so unerschrocken und glamourös und selbstbewusst wirkte, hatte mit einem unappetitlichen Vorgesetzten zu kämpfen.

»Wie wehren Sie ihn denn ab?«, fragte sie.

»Am liebsten würde ich ihm eine runterhauen«, sagte Fräulein Weber sachlich. »Aber dann wirft er mich raus. Deshalb weise ich ihn heiter zurecht: ›Hände weg. Was würde Ihre Frau dazu sagen?‹ Wie ich diesen scherzhaften Ton hasse! Aber ohne ihn bin ich den Job auch los. Er zwinkert dann und sagt, ich solle mich nicht so anstellen. Und ich selbst sage mir auch, ich sollte mich nicht so anstellen. Ich habe schließlich schon ganz anderes mitgemacht.«

Ilsa fasste Fräulein Webers Hand und hielt sie fest. »Ich wüsste eine neue Arbeit für Sie.«

Fräulein Weber blickte sie an.

»Haben Sie nicht gehört, dass der Parlamentarische Rat immer noch Sekretärinnen sucht? Zwölf perfekte Stenotypistinnen werden noch gebraucht.« Ilsa lächelte verschwörerisch. »Und perfekt sind Sie doch sicherlich – besonders, wenn Sie ohne Hand auf dem Knie stenographieren.«

Fräulein Weber ließ sich wieder auf ihren Stuhl fallen. »Darauf können Sie wetten.«

»Aber die Stellen sind befristet – bis Weihnachten, heißt es«, sagte Ilsa.

»Ach!« Diesen Einwand wischte Fräulein Weber beiseite. »Mag ja sein, dass das Grundgesetz irgendwann beschlossene Sache ist, aber dann brauchen die ganzen Parlamentarier und Minister und Staatssekretäre immer noch Sekretärinnen. Und mich kennen sie dann schon.« Vielleicht verstand Fräulein Weber doch mehr von Politik, als es zuerst den Anschein gehabt hatte.

Fräulein Weber griff wieder nach Messer und Bohnen und setzte die Arbeit fort, als wäre die neue Stelle schon jetzt beschlossene Sache. Ilsa schaute sie von der Seite an, wie sie da saß, mit durchgedrücktem Rücken, von ihr würde sie noch viel lernen können.

Den Rest des Nachmittags verbrachten Fräulein Jakobs, Fräulein Weber und Ilsa mit den grünen Bohnen. Auf der Suche nach Einmachgläsern öffnete Ilsa Frau Fassbenders Schränke und Schubladen. Sie fand eine silberne Zuckerdose und gehäkelte Topflappen. Einen Einkaufszettel von 1939 – Suppenhuhn, Lauch, Sahne – und chinesische Teetassen. Küchenmesser und Kuchengabeln. Eine Flasche Öl und ein Glas Stachelbeeren. In einem nicht ausgebombten Haus gab es ja noch alles. Ilsa wischte mit der Hand den Staub von der Ölflasche. All diese Dinge hatte es, in einer schlichteren, billigeren Version, auch in ihrem Elternhaus gegeben. All diese Dinge – von der Ölflasche bis zur Kuchengabel – waren verbrannt. Und nicht nur die Sachen –

Aber an dieser Stelle verbot Ilsa es sich, den Gedanken fortzusetzen. Stattdessen tastete sie nach einer alten Cognacflasche in der hintersten Ecke des Schranks und hielt sie in die Höhe.

»Ich finde, wir haben uns eine kleine Belohnung verdient!«

Fräulein Weber griff nach der Flasche und schenkte jeder von ihnen ein. Die Gläser klirrten, als sie anstießen, und der ungewohnte Alkohol brannte auf der Zunge.

»Na, hier entsprechen die gepflegten Getränke aber auch den gepflegten Mitbewohnerinnen«, sagte Fräulein Weber, und Ilsa sprang auf und begann, mit wiegenden Hüften durch die Küche zu stöckeln. »Und ob gepflegt!«

Als Nächstes war Fräulein Jakobs dran, die zu ihrer eigenen Verwunderung mit einer solchen Eleganz zwischen Herd und Spüle umherstolzierte, als hätte sie ihr Leben lang nichts anderes getan.

»Nicht schlecht, Fräulein Jakobs, nicht schlecht! Fehlt nur noch das bunte Sommerfähnchen!«, lobte Fräulein Weber. »Und jetzt trinken wir auf das Du!« Sie füllte die Cognacgläser bis zum Rand. Kichernd stießen sie an.

Emma warf einen besorgten Blick auf die Flasche.

»Wird Frau Fassbender nicht merken, dass etwas fehlt?«

Ilsa nahm die Flasche. »Nicht, wenn wir einen kleinen Trick anwenden.« Sie ließ Wasser hineinlaufen und hielt die Flasche gegen das Licht. Die Flüssigkeit schimmerte nicht mehr so golden wie eben noch. Sie schob den wässrigen Cognac ganz nach hinten in den Schrank und stellte ein paar Gläser mit Bohnen davor.

»So. Fällt gar nicht auf.«

Charlie nickte ihr anerkennend zu. Ilsa, die seit Langem, nämlich exakt seit dem Sommer 1946, keine richtige Freundin mehr gehabt hatte und die noch viel länger keine Gelegenheit zum Kichern und Albernsein gehabt hatte, fühlte sich fast wieder jung. So vertraulich war die Atmosphäre, dass sie beinahe vergessen hätte, dass sie ein Geheimnis vor den anderen hatte. Aber nur beinahe.

Kapitel 3

Der Badeanzug war leuchtend rot. Dazu trug das Mädchen einen Lippenstift in der gleichen Farbe. Sonderbar, dachte Ilsa, wo hat sie nur den guten Stoff her? Sie selbst trug ein Vorkriegsmodell, das früher Lindy gehört hatte und das ihr etwas zu groß war. In einem Beigeton, der ihrem blassen Teint nicht gerade schmeichelte. Nun ja. Sie seufzte und blickte hinüber zu Charlie und Emma, die sie überredet hatten, mit in die Gronau zu kommen.

»Kostet keinen Pfennig!«, hatte Charlie gesagt. »Sei nicht so ein Stubenhocker. Es ist Sommer. Es ist heiß. Es ist die letzte Gelegenheit.« Das stimmte. Ab Mittwoch würde der Parlamentarische Rat in der Pädagogischen Akademie gleich hinter ihnen tagen. Dann herrschte Badeverbot in der Gronau. Und selbst wenn nicht: Nie würde sich Ilsa in ihrem – beigefarbenen! – Badeanzug am Rheinstrand ausstrecken, wenn sie dabei Gefahr liefe, von Abgeordneten, Vorgesetzten und Kollegen gesehen zu werden. Nun lag sie neben Charlie auf der kratzigen Decke und versuchte, sich zu amüsieren. Doch sie musste immer wieder diesen einen Gedanken beiseiteschieben. Wie kann ich hier müßig in der Sonne liegen, während in Leichlingen –

Seufzend setzte sie sich auf und schirmte ihre Augen gegen das helle Licht ab. Gerade versuchten drei Schwimmer, sich an ein Bötchen zu hängen, um nach Beuel hinüberzukommen. Beuel hatte länger Sonne. Ilsa stützte sich auf die Ellbogen und beobachtete, wie die drei am anderen Rheinufer anlangten und ihren Freunden zuwinkten. Triumphierend und breit lachend, so kam es ihr vor, doch das konnte sie auf die Entfernung nicht genau erkennen. Ilsa beneidete die Schwimmer. Nicht dass sie sich gern an ein Boot geklammert hätte, das nicht. Aber so breit zu lachen, so sorglos und unbeschwert zu sein – das wäre schon was.

Sie ließ sich zurück auf die Decke sinken und wandte sich wieder Charlie zu, die mit großem Elan ihr Bewerbungsgespräch nacherzählte. Charlie war in der Tat in die Drachenfelsstraße 9 marschiert, zum Sekretariat des Parlamentarischen Rats, und man hatte sie tatsächlich eingestellt. Oberregierungsrat Trossmann, der Leiter der Abteilung Organisation, hatte ganz unverblümt gesagt: »Für Sie spricht, dass Sie bereits ein Zimmer in Bonn haben und keines mehr gesucht werden muss. Es ist fast unmöglich, in dieser Stadt eine Unterkunft aufzutreiben. Einige der Fahrer mussten schon im Studentenbunker unterkommen.«

»Wirklich?« Charlie hatte höflich gelächelt.

Aber, so fuhr der Oberregierungsrat fort, sie habe auch schneller stenographiert und flinker getippt als die anderen Bewerberinnen. Und das ganz ohne Fehler. »Könnten Sie sich vorstellen, im Vorzimmer des Präsidenten zu arbeiten? Trauen Sie sich das zu?«, hatte er sie schließlich gefragt.

»Ja«, hatte Charlie geantwortet. Nicht devot, aber auch nicht anmaßend.

Der Oberregierungsrat hatte ihr einen Arbeitsvertrag hinübergeschoben. Und Charlie hatte ihn schwungvoll unterschrieben.

»Ich war selbstsicher und gelassen, die perfekte Vorzimmerdame«, sprudelte es aus ihr heraus.

»Das glaube ich, dass du perfekt warst«, sagte Ilsa, und das meinte sie auch so, obwohl sie Gelassenheit nicht zu Charlies Tugenden gezählt hätte. Selbstbewusstsein aber schon.

»Ganz in trockenen Tüchern ist die Sache aber noch nicht«, erklärte Charlie. »Er muss ja noch gewählt werden. Der Präsident, meine ich. Aber wahrscheinlich wird er Adenauer heißen.«

»Sagt mir nichts.« Emma zuckte mit den Achseln. »Aber wer auch immer dieser Adenauer ist – es wird schon eine Verbesserung sein gegenüber deinem Tapetenfabrikanten.«

Ilsa kannte Adenauer, sie kam aus einer politischen Familie. Einer sozialdemokratischen Familie, auch wenn das zwölf Jahre lang niemand hatte ahnen dürfen. Sie wusste, dass Adenauer früher Kölner Oberbürgermeister gewesen war und jetzt eine Rolle in der neu gegründeten CDU spielte. Aber welche? War er vielleicht im Landtag? Sie schüttelte über sich selbst den Kopf. Endlich gab es wieder richtige Zeitungen, endlich gab es wieder richtige Politik, und sie bekam kaum etwas davon mit. Eine Zeitung kostete 50 Pfennig, ja, aber das musste sie sich doch ab und zu erlauben. Zumal sie ihre neue Stelle auch nicht allzu unbedarft antreten konnte. Wie stolz wären ihre Eltern darüber gewesen! Sekretärin bei der SPD-Fraktion. Und sonst hatte sie, so schien es ihr, noch nicht allzu viel vollbracht, auf das ihre Eltern hätten stolz sein können.

Ihre Gedanken flogen zu einem Abend in der elterlichen Schneiderei in der Windmühlenstraße, einige Monate nach Hitlers Machtübernahme. Damals war sie ein kleines Mädchen gewesen, ein Kind. Sie hatte sich inmitten kratziger Mäntel und feiner Kleider versteckt, deren abgerissene Knöpfe oder Säume darauf warteten, wieder angenäht zu werden. Die Gardinen waren zugezogen gewesen, und die Gäste ihrer Eltern hatten nach Einbruch der Dunkelheit sachte an die Fensterscheibe geklopft. Ihr Vater hatte einen nach dem anderen eingelassen. Die Erwachsenen hatten in dringlichem, verzweifeltem Ton miteinander gesprochen, aber so leise, dass Ilsa kaum etwas verstehen konnte. Das Wort »interniert« fiel immer wieder, aber damals konnte sie damit nichts anfangen. Langsam war sie müde geworden in ihrem Versteck, doch als einer der jungen Genossen laut wurde, schreckte sie auf.

»So habe ich mir das nicht vorgestellt mit den Sozialdemokraten«, rief der junge Mann. »Hier wird ja nur geredet!«

Langsam hatte Ilsa mehrere Lagen groben Stoffes beiseitegeschoben, vorsichtig hatte sie zwischen zwei Mänteln hervorgespäht. Der junge Mann gestikulierte so heftig mit der Zigarette in der Hand, dass Asche auf seine Jacke fiel. Er schien es nicht zu bemerken. Ihr Vater hatte sich ihm zugewandt. »Es gibt keine Sozialdemokraten mehr«, hatte er ernst gesagt. »Unsere Partei ist verboten, unsere Mitglieder sind eingesperrt oder im Ausland oder verstummt. Es hat keinen Zweck mehr, Märtyrer zu sein. Wir müssen über diese Zeit hinwegkommen und danach dann die Partei wieder aufrichten. Das ist unsere Aufgabe.«

Dann schaute ihr Vater in Ilsas Richtung und entdeckte sie zwischen den Mänteln.

»Ilsa!« Nur mit Mühe behielt er den Flüsterton bei, den die Erwachsenen fast den ganzen Abend gepflegt hatten. Aber bevor er richtig wütend werden konnte – und er schickte sich gerade dazu an, das sah Ilsa an seiner gefurchten Stirn –, mischte sich ihre Mutter ein: »Ilsa kann den Mund halten, und sie wird den Mund halten.« Sie legte Ilsa, die aus ihrem Versteck hervorgekrochen war, die Hand auf die Schulter. »Nicht wahr, mein Mädchen?« Ilsa hatte genickt und sich widerstandslos von ihrer Mutter ins Bett schicken lassen.

Erst viel später hatte sie erfahren, was die Worte »interniert« und »Märtyrer« bedeuteten, und noch später war sie zu der Erkenntnis gelangt, dass der rechte Ausdruck für die Stimme ihres Vaters an jenem Abend »resigniert« gelautet hatte. Aber hatte er recht gehabt? Das wusste sie nicht, bis jetzt nicht. Doch egal, wie die Antwort lautete: Im Gegensatz zu ihren Eltern war Ilsa über diese Zeit hinweggekommen. Und nun bot sich ihr tatsächlich eine Gelegenheit, dabei mitzuhelfen, die Partei wieder aufzurichten. Ab Mittwoch.

In Gedanken versunken blinzelte Ilsa wieder zu dem Mädchen mit dem roten Badeanzug hinüber. Plötzlich wurde ihr klar, woher sie dieses spezielle Rot so gut, viel zu gut, kannte. Nicht von amerikanischen Lippenstiften. Vor wenigen Jahren hatte es ihr von jeder Hauswand, von jedem Fahnenmast entgegengeleuchtet.

Ilsa richtete sich auf und stieß Charlie in die Seite.

»Schau dir das Mädchen an, dort vorn am Wasser.«

Charlie und auch Emma folgten ihrem Blick.

»Was ist mit ihr?«

»Ihr Badeanzug! Das war mal eine Hakenkreuzfahne. Sie hat sie einfach umgenäht.«

»Das Oberteil hat sie schön gerafft«, befand Emma und streckte sich wieder auf der Decke aus.

»Gibt's in jedem Keller«, sagte Charlie.

Ilsa schüttelte den Kopf.

»Ihre Spuren sind einfach noch überall, mehr oder weniger augenfällig. Die der Nazis, meine ich.«

»Na ja, die Nazis sind ja auch noch überall, mehr oder weniger augenfällig.«

Ilsa fuhr erschrocken herum. Direkt hinter ihr saß ein junger Mann. Sie hatte ihn gar nicht bemerkt. Obwohl sie seit drei Jahren so viele heikle Fragen in der Öffentlichkeit besprechen konnte, wie sie nur wollte, steckte die Furcht, belauscht zu werden, tief in ihr. Ilsa war sich nicht sicher, ob sie sie je loswerden würde.

»Mischen Sie sich immer ins Gespräch ein, wenn andere Leute sich über Badeanzüge unterhalten? Wer sind Sie eigentlich?«, fragte sie, schärfer als beabsichtigt.

»Mein Name ist Teddy, Theodor Martin«, sagte der junge Mann und streckte Ilsa eine Hand hin, die diese nur unwillig nahm. »Und mir kam es so vor, als ob Sie nicht über Badeanzüge sprachen, sondern über Politik.«

Sie betrachtete die Sportkleidung des jungen Mannes und den englischen Titel des Buches, das auf seinen Knien lag.

Seine britische Kleidung, sein lässiges Gebaren erinnerten sie an einen anderen jungen Mann, an den sie lieber nicht denken wollte.

»Was wissen Sie denn schon über die Nazis? Was wissen Sie denn darüber, wer einer war und wer nicht?« Ilsa schaute demonstrativ von seinen Leinenschuhen zu seinem Päckchen Chesterfield. »Sie waren während dieser Jahre doch offensichtlich nicht hier.«

Der junge Mann schaute sie gedankenverloren an und zog an seiner Zigarette.

»Stimmt. Ich war nicht hier«, antwortete er und schlug sein Buch an der Stelle auf, die er mit einem Zeitungsschnipsel markiert hatte.

»Lasst uns gehen«, sagte Ilsa zu Charlie und Emma und begann, ihre Bluse überzustreifen. »Es wird langsam zu schattig hier.« Sie ärgerte sich über Charlie, die sie ans Rheinufer geschleift hatte, über den fremden Mann, der sich in die Unterhaltung gemengt hatte, und am meisten über sich selbst. Warum hatte seine Bemerkung sie überhaupt getroffen?

Im Grunde war Ilsa klar, dass sie viel mit dem fremden Mann gemeinsam hatte. Obwohl sie ihn nie im Leben gesehen hatte, obwohl sie ihn überhaupt nicht kannte – eine

Sache wusste sie: Er musste die Nazis verabscheut haben, genauso wie sie, sonst wäre er nicht emigriert. Aber sein überheblicher Ton! Wer nicht selbst unter dem Regime gelebt hatte, konnte sich nicht vorstellen, wie es gewesen war. Den Emigranten fehlte einfach ein Stück des Lebenswegs, den die Zurückgebliebenen gegangen waren. Das war es. Die würden nie ganz verstehen, wie es gewesen war.

Ilsa faltete die Decke zusammen und nahm ihre Tasche. Ihr war nicht entgangen, dass Emma und Charlie einander einen Blick zugeworfen hatten, wahrscheinlich war ihnen Ilsas Reaktion übertrieben vorgekommen. Dennoch brachen sie, ohne zu zaudern, mit ihr auf, und dafür war Ilsa ihnen dankbar.

Im Gehen blickte sie auf die Szene am Rhein, auf das Mädchen mit dem Badeanzug, auf die Schwimmer im sonnigen Beuel, auf den jungen Mann, der jetzt hochschaute von seinem Buch, die fast aufgerauchte Zigarette zwischen den Fingern. Er nickte ihr zu. Ilsa erwiderte seinen Gruß so knapp wie möglich und hakte sich bei Charlie und Emma ein. Schweigend schlenderten sie hinüber zu Charlies Fahrrad. Charlie hatte es an der Pädagogischen Akademie stehen gelassen. Der weiß gekalkte Würfel in der Görrestraße war früher ein Lazarett und noch früher eine Hochschule für angehende Lehrer gewesen. Jetzt leuchtete er in der Spätnachmittagssonne, und am Mittwoch würde der Parlamentarische Rat hier zum ersten Mal tagen. Im umgebauten Turnsaal. Ilsa spürte Aufregung in sich aufsteigen. Sie würde dabei sein. Ihre Eltern hatten eine sozialdemokratische Zukunft schneidern wollen. Es war ihnen nicht geglückt. Doch jetzt würde Ilsa an ihre Stelle treten. Was scherte sie da der fremde Mann!

Sie winkte Charlie hinterher, die sich auf ihr Rad schwang und die Koblenzer Straße hinabbrauste, in Richtung Südstadt. Auf den bloßen Felgen. Da Ilsa und Emma kein Rad besaßen, zuckelten sie zusammen in der Straßenbahnlinie 3 zurück in die Innenstadt.

Ilsa redete nicht viel, und Emma ließ sie in Ruhe. Das Bild des jungen Mädchens im roten Badeanzug ging ihr nicht aus dem Kopf. Wie viele Jahre hatte sie unter dieser Fahne gelebt. Undenkbar, sie in einen Badeanzug zu verwandeln. Vor einigen Jahren, sie war vielleicht elf oder zwölf gewesen, hatte der Blockwart bei ihren Eltern geklingelt. Herr Meier. Sie hatten keine Fahne herausgehängt. »In zwei Stunden bin ich wieder da. Wenn Sie bis dahin nicht geflaggt haben, passiert was.«

»Was denn?«, hatte Ilsas Mutter herausfordernd gefragt.

»Dann klingele ich wieder bei Ihnen. Aber diesmal mit ein paar Herren in schwarzer Uniform.«

Ilsas Mutter hatte eine rote Fahne genommen, eine, die von früheren Mai-Demonstrationen noch da war, und hatte einen weißen Kreis und ein schwarzes Hakenkreuz daraufgenäht. Dann hatten sie geflaggt. Als ihr Vater an diesem Tag heimgekommen war und die Fahne gesehen hatte, war er wortlos in die Küche gegangen und hatte drei Gläser Korn hinuntergestürzt. Dabei trank er sonst nie.

Und jetzt lag dieses Stück Stoff, dessentwegen man abgeholt werden konnte, immer noch überall herum, in jedem Keller und auf jedem Dachboden.

Dem Blockwart war sie nach Kriegsende wiederbegegnet. Er hatte in der Straßenbahn ihre Fahrkarte kontrolliert und so getan, als ob er sie nicht kannte. Ilsa seufzte. Die Nazis waren immer noch da, mehr oder weniger augenfällig. Da hatte der junge Mann zweifellos recht.

Kapitel 4

1. September 1948

Nur die Giraffe lugte unter dem rot-braunen Tuch hervor. Sie war einfach zu groß. Alle anderen Tiere – Nashörner, Sibirische Wölfe und Bären – waren unter den Drapierungen verschwunden. Charlie und Ilsa lehnten an der Brüstung im ersten Stock und blickten in den Lichthof des Museum Koenig hinab. Dort, wo eigentlich eine der größten zoologischen Sammlungen der Welt ausgestellt wurde, trafen nun die 65 Mitglieder des Parlamentarischen Rats erstmals aufeinander. Sie saßen in fünf Reihen vor dem Rednerpult. Links von ihnen waren die Ministerpräsidenten platziert und rechts von ihnen – das war an den Uniformen unschwer zu erkennen – die Vertreter der Westalliierten. Die gepolsterten Stühle hatte man von einem Einrichtungshaus entliehen; sie mussten nach dem Festakt alle wieder zurückgeschafft werden.

Ilsa beugte sich weit vor und blickte nach oben, um die Kuppel besser sehen zu können. So viel Glas! Das Museum war das einzige Gebäude in Bonn gewesen, das groß und unzerstört und repräsentativ genug gewesen war für den Festakt. Aber die Kuppel hatte man trotzdem ausbessern müssen.

Darunter waren drei Riesensonnen der Wochenschau angebracht. Sie gaben so viel Wärme ab, dass Ilsa froh war, ihre beste Bluse zu tragen. Deren Stoff war vom vielen Waschen ganz dünn geworden. Charlie schien in ihrem hellgelben Jäckchen längst zu schwitzen.

»Schick siehst du aus«, hatten sie einander morgens vor dem Spiegel versichert – als ob sie bei der Kleiderfrage viel Auswahl gehabt hätten.

Geblendet von den Riesensonnen schaute Ilsa wieder hinab. Aus den Reihen der Abgeordneten stieg Zigaretten- und Zigarrenrauch auf. Sie erkannte nur die mächtige Gestalt Carlo Schmids ganz vorn in der ersten Reihe. Er trug einen dunklen Anzug mit Weste, aber die rote Nelke im Knopfloch verriet, welcher Partei er angehörte. Ilsa hatte sich seinen Namen gemerkt, weil sie einmal einen Aufsatz von ihm gelesen hatte. War es im ersten Winter nach dem Krieg gewesen? Sie erinnerte sich noch ganz genau an eine Formulierung, die sie getroffen hatte: dass der Bumerang, von den Deutschen ausgeworfen, rückkehrend sie selbst streifte. Der Bumerang, der heute vor genau neun Jahren, am 1. September 1939, losgeschleudert worden war.

Sie hatte damals die Angewohnheit gehabt, Zeitungsartikel auszuschneiden und, mit Datum versehen, in einer Mappe aufzubewahren. Wenn ihr Sätze gefielen, hatte sie sie vorsichtig mit Bleistift unterstrichen, manchmal auch Notizen an den Rand gekritzelt.

Dabei hatte sie sich ihren Eltern nahe gefühlt. Die hatten

sich der Lektüre des »Vorwärts« immer mit einem heiligen Ernst gewidmet. Und später, als der verboten war, hatten sie jeden Morgen hoch konzentriert versucht, zwischen den Zeilen ihrer Lokalzeitung zu lesen. Bis auch das nicht mehr ging.

Auch Carlo Schmids Artikel war in Ilsas Mappe gelandet. Ob er noch irgendwo zwischen ihren Papieren lag? Sie nahm sich vor, ihn später herauszusuchen.

Jemand in einem dunklen Anzug trat neben sie. »Verzeihung, ist hier noch Platz?«

Ilsa drehte sich um. Es war der junge Mann vom Rheinufer. Ausgerechnet. Er schien sie auch sofort zu erkennen.

»Guten Tag, Fräulein – pardon, ich komme nicht auf Ihren Namen.«

Kein Wunder, Ilsa hatte ihn bei ihrer letzten Begegnung auch nicht genannt.

»Klasing«, antwortete sie. »Ich bin als Sekretärin hier.«

»Teddy Martin«, sagte er und schüttelte ihr die Hand. »Ich werde als Übersetzer für den Rat arbeiten.«

Na wunderbar. Wahrscheinlich liefe sie dem überheblichen Emigranten von nun an jeden Tag über den Weg. Ilsa und Charlie rutschten ein wenig zur Seite, um Herrn Martin und seinen Begleiter an die Balustrade zu lassen. Der Mann neben ihm trug eine britische Uniform, vermutlich war er ein Verbindungsoffizier. Er grüßte die beiden Frauen mit einem Kopfnicken und wandte sich dann wieder Herrn Martin zu.

»Besonders repräsentativ ist er aber nicht, der Rat«, sagte er mit britischem Akzent.

»Nein, das ist er nicht«, antwortete Herr Martin.

»Ich sehe hier vor allem graue Köpfe«, bemerkte der Offizier.

»Und wenige Frauen«, warf Charlie ein.

Herr Martin nickte. »Sie haben recht. Das Durchschnittsalter liegt bei 55 Jahren. Und ja, es sind nur vier Frauen: zwei von der SPD, eine von der CDU, eine vom Zentrum.«

Ilsa stöhnte innerlich auf. Dieser Herr Martin wusste wirklich alles. Und dann seine schulmeisterliche Art! Sie musste den Impuls unterdrücken, sich die Ohren zuzuhalten.

»Aber das meinte ich nicht«, sagte er gerade zu dem Offizier. »Ich meinte: Der Rat ist in anderer Hinsicht nicht repräsentativ und darf es auf keinen Fall sein. Zwar werden sie auch hier Menschen finden, die Mitläufer waren, sogar solche, die sich in das Regime verstrickt haben. Herr Blomeyer dort drüben war im SA-Reitersturm. Aber er ist zum Glück die Ausnahme. Fast alle da unten: Volks- und Staatsverräter, Defätisten, politisch Unzuverlässige.« Er wies auf die Menschenmenge: »Dort vorn Adenauer – aus dem Amt gejagt, inhaftiert und im Kloster untergeschlüpft. Da drüben Carlo Schmid, er hatte Kontakte zur Résistance und zum Widerstand. Ernst Wirmer – sein Bruder wurde nach dem 20. Juli hingerichtet. Walter Strauß – die Eltern in Theresienstadt ermordet. Elisabeth Selbert – ihr Mann war im KZ, Freisler wollte sie liquidieren. Ernst Reuter – KZ und Exil. Max Reimann – Zuchthaus und KZ.«

Herr Martin holte Luft. »Alles Verräter. Bis vor Kurzem.«

Ilsa spürte, wie es ihr kalt den Rücken runterlief, als sie

wieder auf die fünf Reihen vorm Rednerpult hinuntersah. Diese Leute hatten so gedacht wie sie selbst, hatten aber mehr gewagt als sie. Sie hatten – anders als die Mehrheit ihrer Landsleute – den Bumerang nicht mit ausgeworfen. Warum waren diese Leute so viel mutiger gewesen als sie? Ilsa war Jahrgang 1926. Das war eine Entschuldigung. Aber war sie gut genug?

Plötzlich verstummten um sie herum die Gespräche. Die Musiker, die hinter Palmen in Kübeln, Lorbeerbäumen und Gladiolen versteckt gesessen hatten, begannen um Punkt 13 Uhr zu spielen.

»Was ist das?«, flüsterte Charlie.

»Bestimmt Beethoven«, gab Ilsa zurück. »In dieser Stadt ist es immer Beethoven.«

»Es ist die Leonoren-Ouvertüre«, sagte Herr Martin.

»Natürlich«, murmelte Ilsa unwirsch.

Dann trat Karl Arnold ans Rednerpult, der Ministerpräsident Nordrhein-Westfalens, ihn erkannte Ilsa immerhin auch. Er sprach mit verhaltenem Pathos und rollendem R von den unveräußerlichen Menschenrechten. Der Bürger müsse die Gewissheit haben, dass sie »verbrieft, gewahrt und mit allen Mitteln des Staates geschützt werden«.

»Ah!«, wisperte Charlie. »Man kann also eine politische Rede halten, ohne zu brüllen. Das ist neu.«

»Und man kann die Menschenrechte zum Staatszweck erklären. Das ist auch neu«, ergänzte Ilsa.

Herr Martin lächelte ihr zu.

Nach gerade einmal eineinhalb Stunden war die Zeremonie vorüber. Ilsa fühlte sich beschwingt, geradezu feierlich. Jahrelang hatte sie es nicht für möglich gehalten, jemals wieder frei zu sein. Und jetzt sollte nach Krieg und Unterdrückung etwas Neues kommen, und sie, Ilsa Klasing, war dabei!

Doch so ergriffen wie Ilsa waren nicht alle Teilnehmer des Festakts. Beim Hinausgehen geriet sie im Gewühl hinter eine der Damen, auf die Herr Martin vorhin gedeutet hatte. Wie hieß sie noch? Elisabeth Selbert. Sie trug ein dunkles Schneiderkostüm und hatte die blonden Haare seitlich am Hinterkopf eingeschlagen – sehr elegant, fand Ilsa.

»Wahrscheinlich hat selten ein Staatsakt in so einer skurrilen Umgebung stattgefunden«, sagte Carlo Schmid gerade mit schiefem Lächeln zu ihr und wies auf die Mammutskelette am Eingang.

»Ein bisschen wie bei einer Krematoriumsfeier. Sehr gedämpfte Stimmung«, antwortete sie.

Doch Ilsas Laune war ungetrübt. Nur hätte sie gern mehr über die Dame mit dem trockenen Humor und der eleganten Frisur gewusst. Wie war es ihr wohl gelungen, Mitglied des Rates zu werden? Als eine von nur vier Frauen!

Einige der Gäste, darunter der britische Offizier, strebten zum Tee-Empfang in den zweiten Stock des Museums. Charlie hatte auch im Museum bleiben wollen, um sich mit dem Büro des Präsidenten vertraut zu machen, also ging Ilsa alleine an Schrebergärten und Blumenbeeten vorbei zur Pädagogischen Akademie. Herrn Martin hatte sie erfolgreich abgehängt.

In der Pädagogischen Akademie nahm eine resolute Dame Ilsa und einige andere junge Kolleginnen in Empfang. Sie stellte sich als Frau Breuer vor und war als erfahrene Sekretärin aus der Landesverwaltung abgeordnet worden.

»Wo bleiben Sie denn eigentlich? Jetzt aber rasch!«, rief sie. »Um 15 Uhr beginnt die Eröffnungssitzung im Plenarsaal.«

»Wo?«, fragte eine der Frauen.

»In der Turnhalle«, antwortete Frau Breuer ungeduldig und führte die kleine Gruppe zügig in den frisch renovierten Saal. Dort roch es noch leicht nach Farbe.

Ilsa blickte sich in dem hellen Raum um, der sehr schlicht und zweckmäßig eingerichtet war. Vorn standen der Präsidentensitz und das Rednerpult. Die rechte Seitenwand war ein einziges großes Fenster mit Blick zum Rhein. Keine Badenden in Sicht, bemerkte Ilsa. An der linken Wand hingen Gobelins, wohl um die strenge Atmosphäre ein wenig aufzulockern. Ilsa strich vorsichtig mit der Hand über eine Stuhllehne. In nur wenigen Minuten würde hier jemand sitzen – vielleicht sogar Frau Selbert? – und sich zu Wort melden, die Stimme abgeben oder sich Notizen machen.

»Die langen Tischreihen in der Mitte sind für die Abgeordneten«, erklärte Frau Breuer gerade. »Hinter ihnen sitzt die Presse, und an der Fensterfront haben die Siegermächte und die Landesregierungen ihre Plätze. Die Empore ist fürs Publikum. Alles gesehen? Gut. Dann raus hier. Oder wollen Sie mitstimmen, wenn der Präsident gewählt wird?«

Hastig manövrierte Frau Breuer Ilsa und ihre künftigen Kolleginnen aus dem Saal, während bereits die ersten Parlamentarier nach ihren Plätzen suchten. Im Laufschritt zeigte sie ihnen den Rest des Gebäudes: vom Postamt im Keller bis zu den Zimmern der Ausschussvorsitzenden unter dem Dach. Im Vorbeigehen fiel Ilsa eine Bettdecke auf, die in einem der Zimmer an der Wand hing.

»Soll den Schall schlucken«, erklärte Frau Breuer. »Das ist das Studio vom NWDR.«

Direkt daneben befand sich die Pressestelle mit dem Zeitungslesesaal. Entschuldigend deutete Frau Breuer auf die paar Dutzend Bücher, die die Bibliothek nur umfasste: »Es werden noch mehr – der Zonenbeirat stiftet uns noch welche.«

»Verzeihen Sie – wo sind denn die Büros der Abgeordneten?«, fragte eine ihrer neuen Kolleginnen.

»Gibt keine«, antwortete Frau Breuer. »Zum Arbeiten haben die Abgeordneten nur die Fraktionsräume, also die ehemaligen Klassenzimmer.« Sie runzelte die Stirn. »Und dann gibt es natürlich noch den Roten Salon. Das ist das frühere Direktorenzimmer im zweiten Stock. Aber das ist kein Ort, an dem Sie Ihre Schreibmaschine aufstellen können, eher was für ruhige Gespräche. Ein Salon eben. Es gibt amerikanische Zigarren.«

»Wo arbeiten wir denn dann?«, fragte Ilsa.

»Wo Sie Platz finden. Kommen Sie – ich zeige Ihnen die Mensa. Das Restaurant, meine ich.«

Das Restaurant war ein langer Raum mit einer Fensterseite zum Rhein und einem verglasten Rondell. Am Eingang waren die Preise für die – markenfreien! – Mahlzeiten angeschrieben. Mitarbeiter bekamen Rabatt. Dennoch kostete das Mittagessen eine Mark fünfzig. Ilsa blickte sich bedauernd in dem lichten Saal um. Wenn sie für ein Mittagessen zwei Stundenlöhne ausgeben müsste, würde sie sich wohl ein Pausenbrot mitbringen und es im Garten verzehren.

Frau Breuer schaute auf ihre Armbanduhr.

»So, jetzt sollten die Abgeordneten langsam aus der Plenarsitzung kommen.«

Damit schickte sie Ilsa und ihre Kolleginnen in verschiedene Richtungen: zum Sekretariat in der Drachenfelsstraße und zu den Fraktionsräumen.

Nachdem sie zweimal falsch abgebogen war, wurde Ilsa von einer Frau mit bedeutungsvollem Gesichtsausdruck und hochgeschlossener Bluse aufgelesen und zu dem Raum gebracht, der die SPD beherbergen sollte. Nachdem die Frau sich mit klackenden Absätzen entfernt hatte, blieb Ilsa abwartend vor der Tür stehen. Sie klopfte, aber niemand antwortete. Vorsichtig drückte sie die Klinke herunter. Die Tür war nicht abgeschlossen. Also trat Ilsa einen Schritt vor und lugte in das leere Klassenzimmer hinein: Die große Wandtafel und die Pulte erinnerten noch an den früheren Zweck, aber an der Fensterfront standen mehrere Tische mit Schreibmaschinen. Auf einem Pult wartete ein schwarzes Telefon auf wichtige Ferngespräche, und hinten an der Wand hielt sich ein Aktenschrank für staatstragende Mitschriften und Abschriften bereit.

Ilsa stellte sich vor, wie sie am nächsten Tag geschäftig auf ihrer Schreibmaschine tippen und sorgfältig Dokumente abheften würde. Wie sie mit ihrem Stenoblock am Pult säße und bedeutende Briefe diktiert bekäme. »SPD-Fraktion, Ilsa Klasing am Apparat«, hörte sie sich sagen und sah sich selbst vor sich, den schwarzen Telefonhörer in der Hand.

In ihr machte sich ein Gefühl breit, das sie so lange nicht gehabt hatte, dass sie es erst gar nicht erkannte.

Es war Vorfreude.

Einmal musste ja etwas Neues kommen, einmal musste ja ein Anfang gemacht werden. Nämlich jetzt. Und sie würde dabei sein – mit ihrem Stenoblock.

Als Ilsa die Tür gerade wieder schließen wollte, sah sie auf einem Pult in der Nähe etwas aufblitzen, rot und silbern. Vorsichtig trat sie in den Raum und nahm den Gegenstand in die Hand. Es war eine Anstecknadel mit dem SPD-Schriftzug. Genau so eine Nadel hatte ihr Vater gehabt. Als sie ein kleines Mädchen gewesen war, hatte er sie oft getragen. Dann hatte sie in einer Schale mit den Manschettenknöpfen und dem Kleingeld auf dem Nachttisch ihrer Eltern gelegen. Und schließlich in einer Schachtel ganz hinten im Kleiderschrank, unter den dicken Pullovern.

»Na, warten Sie hier auch auf Ihren Einsatz?«

Ilsa ließ die Nadel zurück aufs Pult fallen. Hinter ihr stand ein junger Mann im Türrahmen, ziemlich groß, die brünetten Haare ordentlich gescheitelt.

Er hielt ihr die Tür auf, und Ilsa trat wieder hinaus auf den Gang.

»Entschuldigen Sie – ich wollte Sie nicht erschrecken. Carl Stratmann, Stenograph.« Der Mann streckte die Rechte aus, und Ilsa nahm sie automatisch.

»Da werden wir nun aus erster Hand erfahren, wo unsere Steuergroschen bleiben. Demokratie ist anscheinend eine teure Angelegenheit.«

»Na ja, Diktaturen sind offenbar noch sehr viel teurer«, erwiderte Ilsa, die sich wieder gesammelt hatte, und machte eine ausholende Handbewegung, die die zerstörte Altstadt und ganz Deutschland einschließen sollte.

»Kluges Mädel.« Herr Stratmann lächelte anerkennend. »Verzeihung, wie war Ihr Name, Fräulein –«

»Klasing«, sagte Ilsa.

Herr Stratmann blieb neben Ilsa stehen und reichte ihr eine Liste, auf der die Ausschuss- und Plenarsitzungen der kommenden Tage aufgeführt waren. Er wirkte schrecklich beschäftigt und wichtig. Aber auch recht charmant.

»Da geht einem Stenographen die Arbeit nicht aus.« Wieder lächelte er.

Offen und freundlich, wie Ilsa fand. Dennoch war sie froh, als sich Herr Stratmann verabschiedete. Sie wollte nicht, dass die Abgeordneten sie an ihrem ersten Arbeitstag beim Plaudern mit großen brünetten Männern anträfen. Und wirklich traten nun die ersten Parlamentarier in den Gang, allen voran Carlo Schmid und Konrad Adenauer. Die beiden hätten nicht viel gegensätzlicher wirken können. Carlo Schmid, Anfang 50, kräftig, immer noch mit der roten Nelke am Revers. Daneben Adenauer, über 70 Jahre alt, hager, mit zerfurchtem Gesicht. Die beiden waren so ins Gespräch vertieft, dass sie Ilsa nicht bemerkten, die abwartend an der Tür stand.

»Was uns beide unterscheidet, ist nicht nur das Alter, es ist noch etwas anderes«, sagte Adenauer gerade. Ilsa horchte auf. Falls jetzt ein Satz für die Geschichtsbücher käme, würde sie ihn sich einprägen.

»Sie glauben an den Menschen, ich glaube nicht an den Menschen und habe nie an den Menschen geglaubt.« Adenauer drückte Schmid die Hand. »Wir sehen uns nachher beim Empfang.«

Ilsa runzelte die Stirn. Ob Adenauer das wirklich so meinte? Schmid schien auch seine Zweifel zu haben, denn er lächelte leicht und sah Adenauer hinterher, der langsam in Richtung Treppenhaus schritt. Dann erst entdeckte er Ilsa. Er ging zu ihr und schüttelte ihr die Hand. »Sie fangen als Sekretärin bei uns in der Fraktion an, nicht wahr? Fräulein Klasing?«

Ilsa nickte.

»Haben Sie lange gewartet? Unsere Sitzung hat sich verzögert. Aber mit dem Ausgang können wir zufrieden sein.«

Ilsa erfuhr später, dass Adenauer zum Präsidenten gewählt worden war. Damit würde Schmid vereinbarungsgemäß Vorsitzender des Hauptausschusses werden. Er würde dadurch, das hörte Ilsa am nächsten Tag auf den Fluren, einen großen Einfluss auf das neue Grundgesetz haben. Alle hielten das für einen Coup und schüttelten den Kopf über Adenauer, der sich mit dem repräsentativen Amt des Präsidenten begnügt hatte. Der arme alte Mann!

»Heute gibt es für Sie noch nichts zu tun«, erklärte Carlo Schmid. »Ein paar Besprechungen informeller Natur, dann geht es zum Empfang nach Bad Godesberg. Aber morgen –

morgen habe ich einen Berg Briefe für Sie zum Tippen. Können Sie um acht hier sein?«

»Natürlich!«, antwortete Ilsa. »Ich freue mich«, fügte sie noch hinzu. Das war untertrieben: Sie konnte es kaum erwarten.

Zu Hause suchte sie gleich ihre Mappe mit der Zeitungsartikelsammlung heraus. Die Mappe war dünn, denn die Artikel, die ihr doch so bemerkenswert erschienen waren, hatten die kalten, erbärmlichen Winter von 1946 und 1947 nicht überstanden. Einen nach dem anderen hatte Ilsa zum Anfeuern des Ofens benutzen müssen. Aber der Aufsatz von Carlo Schmid, der war noch da. Ilsa strich die Seite glatt und setzte sich, mit angezogenen Beinen, in Charlies verschlissenen Sessel. Tatsächlich, da war die Stelle mit dem Bumerang, genau so, wie sie sie erinnert hatte. Einen anderen Satz hatte sie sogar unterstrichen:

Frei macht aber nur die Einsicht, dass die Schuld, die wir beim anderen suchen, unsere eigene ist.

Ilsa ließ die Seite sinken, dann las sie den Artikel noch einmal von vorn. Als sie die Mappe schließlich wegpackte und ihre zweitbeste Bluse für den kommenden Tag heraushängte, nahm sie sich vor, Herrn Martin etwas milder zu begegnen. So enervierend er auch war.

Kapitel 5

»Was machst du denn schon hier? Hast du nichts zu tun?«, fragte Charlie, als Ilsa im Museum Koenig in ihr Büro trat. »Wo sind deine Abgeordneten?«

»Die sind schon weg«, antwortete Ilsa. Es war Freitagnachmittag.

Charlie zog die Augenbrauen hoch.

»Sie müssen in ihre Kanzleien oder Vorlesungen oder Büros – sie haben doch alle Berufe, denen sie auch noch nachgehen«, sagte Ilsa. »Und die An- und Abreise dauert bei den meisten einen ganzen Tag, selbst bei denen, die ein Auto haben. Die Abgeordneten aus Berlin müssen sogar mit den Rosinenbombern mitfliegen.«

Bei der Erwähnung der Luftbrücke schwand Charlies Lächeln. »Während wir hier – manchmal jedenfalls – Weißbrot essen und Glenn Miller hören, sitzen die Berliner wieder bei Trockenkartoffeln vor ihren stummen Radios. Man kann es kaum glauben.«

Charlie wirkte so betroffen, dass Ilsa mitfühlend fragte: »Hast du Familie in Berlin?«

Aber Charlie schüttelte nur den Kopf. Sie klang geradezu mutlos, als sie weitersprach: »Herr Adenauer sagt, wir können nur versuchen, die Freiheit im Westen und in Westberlin zu erhalten, bis einmal, wann, weiß er nicht, die Verhältnisse in der Sowjetunion sich ändern. Mehr können wir nicht tun.«

Doch dann machte sie sich gerade, wie es ihre Art war, und wechselte das Thema.

»Der Präsident ist übrigens auch nicht so oft hier. Er trifft sich immerzu mit den Leitern der Verbindungsbüros der Alliierten und anderen wichtigen Leuten. Ich bin gar nicht sicher, ob er heute noch mal reinkommt.«

Mit diesen Worten nahm sie ein Staubtuch und ging hinüber in Adenauers Büro. Ilsa folgte ihr zu der Tür, die das Vorzimmer mit Adenauers Büro verband. Charlie bewegte sich unbefangen in dem prächtigen Raum, aber Ilsa hatte das Gefühl, sie hätte kein Recht, hier zu sein. Zaghaft blieb sie an der Schwelle stehen. Aber dann überwog doch ihre Neugier. Drei Schritte, dann war sie im Zentrum der Macht. Sofern es so etwas gab in einem besetzten Land. Alles in dem Raum wirkte düster: der schwere Schreibtisch, der riesige Kronleuchter und die Bücherschränke, die zwei komplette Wände bedeckten. Ilsa trat zu den Büchern in der Erwartung, es handele sich um irgendwelche verfassungsrechtlichen Werke. Aber nein, jeder einzelne Band widmete sich dem Thema Vogelkunde. Seltsam! War Adenauer in seiner Freizeit etwa Ornithologe? Aber warum standen die Bücher dann nicht in seinem Haus in Rhöndorf? Erst dann erinnerte sich Ilsa: Es war ja gar nicht Adenauers Bibliothek, sondern die des Museumsgründers. Herr Koenig war mutmaßlich mit einem Feldstecher durch die Wiesen gestreift – nicht Herr Adenauer, der ja immerhin damit beschäftigt war, einen neuen Staat zu schaffen. Ilsa schüttelte über sich selbst den Kopf. Dann trat sie von dem Bücherschrank zurück und bemerkte, dass Charlie das Staubtuch in der obersten Schreibtischschublade verstaute.

»Was machst du denn mit dem Tuch?«

»Die Putzfrau hat die Kommode da vorne nicht ganz so gründlich sauber gemacht«, erwiderte Charlie. »Und anstatt mit ihr zu schimpfen – oder mit mir –, hat der Präsident gesagt, das könne jedem mal passieren, er wolle aber von nun an ein Staubtuch in Reichweite haben. Dann könne er selbst wegwischen, was ihn stört.«

Ilsa lächelte. Schade, dass er nur ein Mann des Übergangs war mit seinen 72 Jahren.

Plötzlich hörte sie ein Krachen hinter sich. Charlie war mit ihren hohen Absätzen auf dem glatten Parkett ausgerutscht. Als sie sich aufrichten wollte, knickte sie abermals um: Der linke Absatz war bei dem kleinen Sturz abgebrochen.

Entsetzt hob Charlie den Absatz auf und sah ihn mit großen Augen an:

»Was mache ich denn jetzt? Das ist mein einziges Paar!«

Noch bevor Ilsa etwas sagen konnte, öffnete sich die Tür. Beide Frauen zuckten zusammen. Adenauer trat in sein Büro. Mühsam rappelte Charlie sich auf, in der linken Hand den Absatz, in der rechten den kaputten Schuh.

»Guten Tag, Herr Adenauer.« Sie wirkte unendlich verlegen. »Ich dachte, Sie kämen heute nicht mehr rein.«

Ilsa war dem Präsidenten schon mehrfach begegnet, aber

erst jetzt, als er unmittelbar vor ihr stand, fiel ihr auf, wie lebendig seine Augen wirkten. Ansonsten sah sein ovales Gesicht aus wie geschnitzt, fand sie, fast maskenhaft starr. Vielleicht wegen des Autounfalls, den er vor vielen Jahren gehabt hatte. Adenauer nahm seinen Hut ab und ließ seinen durchdringenden Blick von Charlie über den Schuh zu Ilsa wandern und zurück.

Dann wandte er sich erst an Ilsa: »Fräulein –«

»Klasing.«

»Fräulein Klasing, sind Sie aus Bonn? Jut. Dann wissen Sie sicher, wo der nächste Schuster ist? In Ordnung. Sie bringen Fräulein Webers Schuhe dorthin und sagen ihm, es sei dringend. Danach kommen Sie wieder – mit den Schuhen.«

Ilsa nickte. Dann drehte Adenauer sich zu Charlie um: »Und Ihnen, Fräulein Weber, diktiere ich so lange einen Brief.«

So schnell sie konnte, sauste Ilsa zum Schuster. Er wiegte den Kopf hin und her: »Da ist nichts mehr zu machen. Die sind hinüber.«

Ilsa bot ihren ganzen Charme und Adenauers Namen auf, bis er Charlies Absatz schließlich notdürftig befestigte.

»Lang hält das nicht, Herzken«, rief er ihr noch hinterher, aber Ilsa war schon aus der Ladentür und hetzte zurück zu Charlie, die sie auf Strümpfen im Büro erwartete. Adenauer war bereits gegangen.

»Schon fertig mit dem Diktat?«, fragte Ilsa, während Charlie vorsichtig in die reparierten Schuhe schlüpfte.

Charlie löschte das Licht und schloss die Tür. »Ja. Es war ein Brief an einen Bekannten in Pirmasens, einen Schuhfabrikanten. Das nächste Paar Damenschuhe in Größe 38 geht an mich!«

Den Heimweg trat Charlie mit der Straßenbahn an, um ihre geflickten Schuhe zu schonen, und überließ Ilsa ihr Fahrrad. Ilsa hatte seit Jahren nicht mehr auf einem Rad gesessen, schon gar nicht auf einem ohne Reifen, und so geriet sie anfangs arg ins Schlingern. Nach einigen Hundert Metern wurde sie jedoch sicherer. Sie drehte sogar versuchsweise ein paar Schleifen. Dann trat sie in die Pedale. Wie schnell sie war! Sie flog nur so dahin, die Koblenzer Straße hinab. Es rauschte in ihren Ohren. Dennoch bemerkte sie aus dem Augenwinkel eine Gestalt. Der schlaksige Gang, der Lockenkopf kamen ihr bekannt vor. Sie wurde langsamer.

»Ilsa, bist du das?«

Die Stimme war ihr ebenfalls vertraut, abrupt bremste sie.

»Hänschen!«

Der junge Mann lachte laut auf. »So hat mich schon sehr lange keiner mehr genannt. Außer meiner Mutter.« Und tatsächlich – wie ein Hänschen sah er nicht mehr aus. Er kam Ilsa riesengroß und breitschultrig vor. Und an einer Hand fehlten drei Finger. Nur der Daumen und der kleine Finger waren noch da. Hans bemerkte ihren Blick. »Ist nur die Linke. Bin ein Sonntagskind, das weißt du doch.«

Ilsa schaute Hans prüfend an. Sie hatte in den vergangenen Jahren sehr viele junge Männer heimkehren gesehen. Er kam ihr nicht ausgemergelt vor, sein Blick wirkte nicht gehetzt.

Er hatte nichts Dumpf-Geduldiges an sich, fand sie. Nicht so wie die Männer, die aus Russland wiederkamen. Er trug gute Stiefel und eine sattbraune Uniformjacke. So wie die Gefangenen, die aus England zurückkehrten.

»Du warst in England?«, fragte sie. »Seit wann bist du wieder hier? Wie geht es dir?«

Hans war tatsächlich in britischer Gefangenschaft gewesen und vor ein paar Tagen nach Bonn zurückgekehrt. Er erzählte in knappen Worten von seiner Gefangennahme in der Normandie, vom Kriegsgefangenenlager und von seiner Arbeit bei einem Bauern. Ilsa vermutete, dass er das meiste wegließ, denn das tat sie auch, als er fragte, wie es ihr ergangen sei. Dennoch tat es gut, jemanden von früher zu sehen, und Ilsa hätte gern weiter mit Hans gesprochen. Aber es wurde immer dunkler zwischen den Schrebergärten. Deshalb sagte sie: »Komm uns doch in der Königstraße besuchen! Diese Woche geht es nicht, aber nächsten Samstag! Passt dir acht Uhr? Was sagst du?«

Damit war es abgemacht. Ilsa, Charlie und Emma erwarteten zum ersten Mal Herrenbesuch in der Mansarde.

Kapitel 6

Die Bücher mit den Lateinvokabeln und den chemischen Formeln standen noch im Regal – als würde er die je wieder brauchen. Die Planeten, die er als Quintaner an die Wand gepinselt hatte, kreisten weiterhin um die Sonne, nur Uranus und Neptun waren etwas verblasst.

Hans schloss die Tür zu seinem Zimmer, hängte seine Jacke über den Schreibtischstuhl und ließ sich auf das schmale Bett fallen. Mehr als vier Jahre war er fort gewesen, in ein anderes Land war er zurückgekehrt – aber in das gleiche Zimmer. Es sah immer noch so aus wie das eines siebzehnjährigen Notabiturienten. Wie das Zimmer eines Idioten, der sich freiwillig an die Front gemeldet hatte. Nur an der Wand, an der früher die HJ-Wimpel und -Auszeichnungen gehangen hatten, gab es helle Flecken. Und die Landsergeschichten – Schüsse im Teufelswald! So stürmten wir Lüttich! – waren auch nicht mehr da. Ob seine Mutter mit ihnen die Wohnung geheizt hatte? Sie hatte diese Heftchen immer verabscheut. Aber er hatte sie verschlungen. Dafür standen jetzt wieder die Bücher im Regal, die vor langer Zeit emigriert waren – wenn auch nicht, wie viele ihrer Autoren, ins Ausland, sondern in den Kohlenkeller.

Durch die Bücher hatte er damals auch Ilsa kennengelernt: Als die Stadtbücherei mitten im Krieg gegründet worden war, war er jede Woche ins Alte Rathaus marschiert, mit der festen Absicht, sich durch alle neuntausend Bände zu lesen. Ilsa schien damals den gleichen Vorsatz gehabt zu haben. Sonst hätte Hans, der Gymnasiast, sie nie kennengelernt. Ilsa hatte die Schule verlassen müssen, wahrscheinlich war das Geld zu Hause knapp geworden. Sie war dann Sekretärin geworden, glaubte er sich zu erinnern.

»Hänschen?«

Die Tür knarrte, wie sie das immer getan hatte, und seine Mutter setzte sich neben ihn auf den Schreibtischstuhl. Hans richtete sich auf und lächelte so breit er konnte, damit sie sich keine Sorgen machte. So wie er das immer getan hatte.

Seine Mutter war älter geworden. Und dünner natürlich. Die Haare waren grauer. Doch allzu sehr hatte sie sich nicht verändert, so schien es ihm. Aber er selbst! Er war ein anderer geworden. Er war nicht mehr der Gleiche wie damals, vor über vier Jahren, als seine Mutter und er zuletzt zusammen in diesem Zimmer gewesen waren. Als sie sich so erbittert gestritten hatten. Er war ein anderer Mensch in einem anderen Land.

Hans blickte auf und merkte, dass seine Mutter ihn ebenfalls prüfend ansah.

»Aber Mama, schau mich nicht so an wie die Hexe den Hänsel«, sagte er. »Ich habe genug Fleisch auf den Rippen, die Engländer haben mich ganz gut gefüttert, das hab ich dir doch geschrieben, wieder und wieder.«

Seine Mutter nickte und wechselte das Thema.

»Du verkriechst dich zu sehr hier in deinem Zimmer. Was ist mit deinen alten Schulkameraden? Günther zum Beispiel? Und Herbert?«

»Ach, Mama«, sagte Hans sanft. »Die sind nicht wiedergekommen. Die kommen auch nicht mehr wieder. Das weißt du doch.«

»Aber dieser Student, der ist wieder da. Der junge Mann, der dir früher Nachhilfe in Latein gegeben hat. Und Englisch. Und Mathematik. Weißt du noch? Theo? Tassi? Ich habe ihn auf dem Markt gesehen und ihm gesagt, dass du ihn mal besuchen kämst.«

»Ach, Mama«, sagte Hans, aber diesmal in einem anderen Tonfall. »Da war ich in der Sexta, in der Quinta. Der wartet doch nicht darauf, dass seine ehemaligen Nachhilfeschüler bei ihm anklopfen.«

Seine Mutter schüttelte den Kopf.

»Natürlich freut der sich. Warum sollte er sich nicht freuen, wenn du bei ihm klingelst?«

Sie erhob sich.

»Er wohnt in der Loestraße, gleich neben der Clara-Schumann-Schule. Hat er mir auf dem Markt erzählt. Geh doch gleich morgen vorbei.«

»Na gut«, erwiderte Hans, um das Gespräch abzukürzen. »Und überhaupt: Heute habe ich jemanden von früher getroffen, Ilsa. Nächsten Samstag bin ich bei ihr eingeladen.«

»Ilsa also? Eine junge Frau? Und du besuchst sie in ihrer Wohnung?«

»Sie hat eine äußerst strenge Wirtin, die passt auf. Wie ein Schießhund«, log Hans.

Seine Mutter gab ihm einen Kuss auf die Stirn.

»Gibt gleich Essen«, sagte sie und verließ das Zimmer.

Hans trat an sein Bücherregal und fuhr mit der rechten Hand die Buchrücken entlang. Alle alphabetisch sortiert, kein Staubkorn daran. Hatte er damals Thomas Mann neben Erich Kästner gestellt und Remarque neben Tucholsky? Er konnte sich nicht erinnern. Neben »Rheinsberg« schien eine Zeitung zu klemmen. Er zog daran. »Schloss Gripsholm. 50 Pfennig« stand auf der Titelseite, und tatsächlich, im Inneren waren keine Nachrichten und Kommentare, sondern, eng gedruckt, die Sommergeschichte von Lydia und Peter. Vorsichtig breitete Hans die dünnen Seiten auf dem Schreibtisch aus. Erst jetzt sah er, dass neben vielen Spalten etwas notiert war – mit Bleistift und in der zierlichen Handschrift, die man sich in den Zeiten der Papierknappheit angewöhnt hatte.

Nichts lenkt den Menschen so von seinem gesunden Urteil ab wie geographische Ortsnamen, geladen mit alter Sehnsucht, und wenn er dann hinkommt, ist es alles nur halb so schön, stand da zum Beispiel.

Und daneben: *Wirklich? Und Paris?*

An einer anderen Stelle hieß es: *die Welt hat eine abendländische Uniform mit amerikanischen Aufschlägen angezogen.* »Amerikanische Aufschläge« war unterstrichen, und daneben stand: *Na, Gott sei Dank.*

Hans blätterte weiter und stieß auf die Bleistiftzeichnung

eines errötenden Mädchens mit langen Haaren und angedeuteten Sommersprossen. Genau neben der Liebesszene, in der *ein Löffelchen Ironie und nichts Schmachtendes* dabei waren. Wer war dieses Mädchen? Sollte das Lydia sein? Oder jemand anderes?

»Hans!«, hörte er seine Mutter.

Er trat mit der Zeitung in die Küche.

»Weißt du, wem die gehört?«

Seine Mutter wischte sich die Hände an der Schürze ab und nahm die Zeitung. Während er Teller auf den Küchentisch stellte und Wasser in die Gläser einschenkte, inspizierte sie die Handschrift.

»Ich hatte dein Zimmer untervermietet«, erklärte sie. »An eine Studentin. Ganz liebes Mädchen. Das hat sie bestimmt liegen gelassen. Ich hatte ihr gesagt, sie könne ruhig in deinen Büchern stöbern.«

Hans setzte sich auf seinen alten Platz, seine Mutter ihm gegenüber. Es gab Reibekuchen – Rievkooche, sein Lieblingsessen aus der Kindheit. Sogar mit Apfelmus.

Er biss in den knusprigen Kartoffelpuffer. »Du musst doch nicht alle meine Leibspeisen aufbieten«, sagte er.

»Ach«, sagte sie wegwerfend. »Das mache ich doch aus der Lameng.«

Da wusste er, morgen gäbe es bestimmt Himmel un Ääd. Aus der Lameng.

Hans kratzte den letzten Rest Apfelmus aus dem Schälchen. Als er hochblickte, merkte er, dass seine Mutter auf seine linke Hand gestarrt hatte. Sie schaute schnell weg.

»Hans?«

Er legte den Löffel beiseite.

»Du würdest es mir sagen, wenn du Schmerzen hättest?«

Das würde er ganz sicher nicht, aber er antwortete: »Ja, natürlich. Aber mach dir keine Gedanken. Es ist alles wunderbar verheilt.«

»Und du würdest mir sagen, wenn du Hilfe bräuchtest.«

»Ach, Mama. Das ist alles vier Jahre her. Ich komme gut klar. Du musst jetzt nicht anfangen, mir das Essen zu schneiden.«

»Und die Fingernägel?«

Hans wurde rot. »Na gut. Die Fingernägel vielleicht schon. Später.«

Zusammen erledigten die beiden den Abwasch. Seine Mutter spülte, er trocknete ab. Doch als er nach den Kristallschälchen greifen wollte, winkte seine Mutter ab. »Lass sie doch so trocknen.«

Sie setzte sich mit einer Handarbeit ans Radio.

»Ist das nicht ein bisschen laut?«, fragte Hans. »Sagen die Nachbarn nichts?«

»Würden sie gerne«, antwortete seine Mutter mit einer gewissen Genugtuung. »Trauen sie sich aber nicht mehr. Ich habe lange genug unter der Bettdecke Radio hören müssen. Jetzt bin ich kein Rundfunkverbrecher mehr und höre den Sender, den ich will, so laut, wie ich will.«

Sie sah Hans an. »Wir könnten uns auch in Ruhe lautstark streiten, ohne dass was passiert.«

»Das ist schön«, sagte Hans. »Aber nicht nötig.«

»Weil ich recht hatte. Mit allem.«

Hans grinste, wurde dann aber wieder ernst. Er wollte gewiss nicht an die Wortgefechte anknüpfen, die sie beide sich geliefert hatten: über Landserheftchen und HJ-Uniformen, über das Hören von Feindsendern und das Lesen von Literatur, die als entartet galt. Dass sie ihre Streitigkeiten damals in einem gezischten Flüsterton ausgetragen hatten, hätte auch einem verblendeten Siebzehnjährigen, wie er es gewesen war, sagen müssen, dass in Hitlers Deutschland etwas faul war. Deshalb beschränkte Hans sich darauf, seiner Mutter einen Kuss zu geben. »Genau. Weil du recht hattest. Mit allem.«

Er nahm die Zeitung der fremden Studentin und ging in sein Zimmer.

Hans klemmte die Zeitung zurück zwischen die Bücher und blieb kurz davor stehen. Er schob »Im Westen nichts Neues« beiseite und zog »Buddenbrooks« aus dem Regal. Es öffnete sich wie von selbst beim Weihnachtskapitel. Hans las mehrere Seiten, las von *Konfekt, Mandel-Crème und Plumcake* und der ganzen *wehmütigen Glückseligkeit*. Dabei fiel ihm ein Papierstreifen entgegen, der offenbar als Lesezeichen gebraucht worden war. Er war eng beschrieben.

Ach, Herr Mann, stand dort, *heute habe ich eine Dreiviertelstunde angestanden für einen Salzhering. Plumcake! Die ängstliche Beklommenheit, die ein überfüllter Magen verursacht, ist nichts gegen die ängstliche Beklommenheit, die ein leerer Magen mit sich bringt.*

Hans setzte sich auf sein Bett und knipste die Nachttischlampe an. Was verstand seine Mutter wohl unter »einem ganz lieben Mädchen«? Sie war sonst nicht gerade verschwenderisch mit ihrem Lob. Witz schien die Studentin – was studierte sie eigentlich? Er musste seine Mutter fragen – jedenfalls zu haben. Er hoffte, noch mehr Bemerkungen zu finden, und blätterte weiter, fand aber keine Lesezeichen mehr. Doch an einer anderen Stelle, ganz am Ende, fühlte sich das Papier brüchig an. Es sah auch sonderbar vergilbt aus. Hans stutzte. Hatte die junge Frau das Buch mit nach draußen in den Regen genommen? Er las ein paar Zeilen. Es war die Stelle mit Hannos Tod. War die Seite nass geregnet? Oder nass geweint? Ihm gefiel der Gedanke, dass jemand nach den Millionen Toten um einen einzelnen weinte – der zudem nur ausgedacht war.

Systematisch ging Hans nun das Bücherregal durch. Das fremde Mädchen schien eine lebhafte Konversation mit den Autoren seiner Bücher geführt zu haben. Bei Erich Kästner war ein Satz angestrichen:

Man hat uns zu lange, zu früh und zumeist
in der Weltgeschichte beschäftigt!

Daneben stand mit ganz dünnem Bleistift: *Sehr wahr. Und jetzt bitte schön ein neues Biedermeier.* Bei Vicki Baum gab es ein Eselsohr auf Seite 42. Hans überlegte lange, welcher Satz auf dieser Seite gemeint sein könnte. Schließlich fiel seine Wahl auf: *Das Eigentliche geschieht immer woanders.* Nur ein Buch schien das Mädchen überhaupt nicht angerührt zu haben: »In Stahlgewittern«. Es war als einziges noch ganz staubig.

Sorgfältig stellte Hans seine Bücher wieder zurück. Dass diese Fremde so lange in seinem Zimmer gelebt hatte! Sie hatte vermutlich an seinem Schreibtisch gesessen, sie hatte aus seinem Fenster geblickt, und – er schaute auf sein schmales Bett – sie hatte auf seinem Kissen, unter seiner Daunendecke gelegen. Er legte die Hand auf das Kopfkissen und versuchte, sie sich vorzustellen. Ob sie langes Haar und Sommersprossen hatte wie in der Zeichnung? Der Gedanke an das fremde Mädchen – in seinem Bett! – machte ihn nicht wenig befangen, und er ließ sich auch nicht vertreiben, als er später den Pyjama überstreifte und selbst in seine Laken kroch.

Er konnte lange nicht einschlafen. Wahrscheinlich lag das am Zeigefinger, am Mittelfinger und am Ringfinger seiner linken Hand. Denn obwohl sie nicht mehr da waren, schmerzten sie noch, manchmal kribbelten oder juckten sie auch. Es war sehr merkwürdig, dass etwas, das fort war, einem so wehtun konnte.

Kapitel 7

Frau Fassbender hatte ihnen erlaubt, die Küche zu benutzen und das Radio auf die Frequenz von BFN umzustellen. »Aber nicht zu laut«, hatte sie gemahnt. »Frau Bergers Zimmer liegt genau darüber.«

Deshalb drehte Ilsa am Lautstärkeregler, bis »Don't fence me in« nur noch ganz leise erklang. Knisternd und kratzend kam Bing Crosbys Stimme aus dem Volksempfänger. Ein größerer Unterschied zu dem Gebrüll, für das das Gerät ursprünglich erdacht worden war – »Ganz Deutschland hört den Führer!« –, war für Ilsa kaum denkbar. Während Charlie mit Tellern und Gabeln über das Linoleum tänzelte, wippte Ilsa im Takt und holte den Apfelkuchen aus dem Ofen.

»Sieht sehr gut aus«, sagte sie befriedigt und legte die gehäkelten Topflappen beiseite. »Aber was ist mit den Getränken?«

Charlie holte Gläser aus dem Schrank. »Emma bringt was mit.«

»Ich habe außer Hans übrigens auch Herrn Dreesen eingeladen«, berichtete Ilsa. »Das schien mir nur fair, wegen der Eier. Und einen Kollegen von der Arbeit, einen Stenographen. Stratmann heißt er.«

Die Küchentür schwang auf, und Emma trat herein, eine Kanne in der Hand. Darin schwappte eine wässrig-gelbliche Flüssigkeit.

»Was ist denn das?«, rief Charlie. Misstrauisch schnupperte sie an dem Krug.

Emma sah verlegen aus. »Molke«, antwortete sie. »Kostet fast nichts.«

»Das glaube ich«, flüsterte Charlie Ilsa zu, aber es war nichts mehr zu machen, denn Herr Dreesen stand schon in der Tür. Außerdem hatten sie den Apfelkuchen, um das mangelhafte Getränkeangebot auszugleichen.

Kurze Zeit später klopfte es, Herr Stratmann stand mit einer alten Ölflasche, in die er etwas Johannisbeerlikör gefüllt hatte, vor der Tür. Zurück in der Küche stellte Ilsa den Krug mit der Molke unauffällig hinter den Brotkasten. Zu fünft setzten sie sich um den Küchentisch, und Herr Dreesen berichtete von einem Fest der Philosophischen Fakultät, bei dem sie bis morgens um sieben in einem Dorfgasthof getanzt hätten.

»Solange ich noch einen Kameraden in Russland habe, werde ich kein Tanzfest besuchen«, sagte Herr Stratmann knapp. Alle schwiegen betreten, man hörte nur noch Doris Day, die »Sentimental Journey« hauchte. Glücklicherweise klopfte es in diesem Moment erneut an der Haustür, und Ilsa sprang eilig auf, um zu öffnen.

Vor der Tür stand Hans, aber er war nicht allein. »Das ist Teddy, mein früherer Nachhilfelehrer«, sagte er und deutete auf seinen Begleiter. Ilsa schrak zusammen. Herr Martin.

Beinahe hätte sie laut aufgeseufzt. Nicht genug damit, dass sie dem Mann ständig auf der Arbeit begegnete, nun stand er auch noch vor ihrer Tür und würde den ganzen Samstagabend mit ihnen verbringen.

»Wir kennen uns schon«, sagte sie und rang sich Hans zuliebe ein höfliches Lächeln ab. Dann gab sie Herrn Martin – sie konnte sich beim besten Willen nicht vorstellen, ihn Teddy zu nennen – die Hand.

Herr Martin sah peinlich berührt aus. »Hans hat darauf bestanden, dass ich mitkomme – ich wusste nicht – hoffentlich fühlen Sie sich nicht verfolgt von mir.«

»Nein, natürlich nicht«, antwortete Ilsa, und Herr Martin reichte ihr einen schmalen Riegel Cadbury-Schokolade.

»Teilen Sie den jetzt bloß nicht unter Ihren vielen Gästen auf«, sagte er. »Essen Sie ihn einfach mit Ihren beiden Mitbewohnerinnen.«

Ilsa geleitete die beiden in die Küche. Emma stand auf, um jedem einen Fingerbreit Likör einzuschenken und um ihr zuzutuscheln: »Was machen denn diese ganzen Männer hier? Ich dachte, es kommt nur einer.«

Ilsa zuckte die Schultern und bot Hans und Herrn Martin ein Stück Kuchen an.

»Teddy hat mich durch die ersten Jahre auf dem Gymnasium gebracht«, erzählte Hans gerade. »Latein, Mathematik, Englisch – es gab kaum ein Fach, in dem er nicht brillierte.«

Das konnte Ilsa sich lebhaft vorstellen.

»Dann ist er ins Ausland gegangen, und ich war auf mich allein gestellt«, erzählte Hans weiter.

»Welches Ausland?«, fragte Herr Stratmann. Wieder klang er recht feindselig.

Zu spät erkannte Ilsa, dass die vier Herren, aus denen sich ihr Herrenbesuch zusammensetzte, nicht besonders gut zusammenpassten. Was nun? Hinauskomplimentieren konnte sie keinen von ihnen. Höchstens fernhalten konnte sie die jungen Männer voneinander.

»Vier zu drei – wenn wir tanzen würden, müsste keine von uns Frauen sitzen bleiben«, rief sie. Hoffentlich merkte niemand, dass ihre Fröhlichkeit gespielt war. »Das hat man selten im Nachkriegsdeutschland.«

Herr Stratmann lächelte ihr zu und schob seinen Stuhl zurück.

»Darf ich bitten?«, fragte er.

Ilsa nahm seine Hand, und zwischen Tisch und Spüle begannen die beiden, zu Ella Fitzgerald zu tanzen.

»Ich dachte, Sie würden keine Tanzfeste besuchen, solange noch ein Kamerad von Ihnen in Russland ist«, bemerkte Herr Dreesen säuerlich, aber Herr Stratmann ignorierte ihn. Er war ein guter Tänzer, fand Ilsa. Sie spürte Herrn Stratmanns frisch gebügeltes Hemd unter ihren Händen, sah die Stoppeln auf seinem Kinn und roch den Tabak in seinem Atem. Ohne es zu merken, summte sie vor sich hin: »I'm beginning to see the light.« Dass sie einem Mann so nahe gekommen war, war lange her, sie wusste gar nicht, wie lange – doch, natürlich wusste sie das. Bis aufs Datum genau. Ilsa geriet aus dem Tritt.

»Alles in Ordnung?«, fragte Herr Stratmann, und aus dem Augenwinkel sah Ilsa, dass Herr Martin, dessen Blick auf ihr geruht haben musste, sich halb erhob. Sie lächelte entschuldigend.

»Alles bestens. Ich bin nur ausgerutscht. Wahrscheinlich haben wir das Linoleum zu gut gewienert.«

»Ein perfektes Hausmütterchen sind Sie. Das habe ich mir doch gedacht«, sagte Herr Stratmann, und nach kurzer Irritation beschloss Ilsa, die Bemerkung als Galanterie aufzufassen.

Erneut nahm sie Herrn Stratmanns Hand, und nach wenigen Augenblicken wiegten sie sich wieder im Takt.

Herr Martin ließ sich zurück auf die Küchenbank sinken.

Mit halbem Ohr hörte Ilsa dem Gespräch von Emma und Hans zu. Emma war merkwürdig einsilbig. War sie nervös? Und als Emma Hans nach seinen Plänen befragte, ob er zum Beispiel studieren wolle, war auch Hans untypisch stumm. Kinder!, wollte sie den beiden zurufen, ihr habt doch so viel gemeinsam! Redet halt über Bücher! Was ist denn los mit euch? Aber das ging natürlich nicht. Stattdessen wirbelte Herr Stratmann sie zum anderen Ende des Tisches, wo sich Charlie und Herr Martin unterhielten. Irgendwie waren sie auf Herrn Martins Exil gekommen. Bestimmt würde Herr Martin gleich etwas Überhebliches sagen, er, der moralisch Überlegene, der nicht bis zum bitteren Ende mit seinen Landsleuten in der Heimat ausgeharrt hatte. Aber Ilsa wartete vergeblich; es kam nichts. Nichts Arrogantes jedenfalls.

»Wovon haben Sie denn gelebt?«, fragte Charlie gerade.

»Ich habe alle möglichen Arbeiten angenommen. Zwischendurch war ich interniert wie alle anderen. Wie fast alle anderen«, sagte Herr Martin und räusperte sich. »Dann habe ich für ›Die Zeitung‹ geschrieben.«

Auf Charlies Nachfrage hin erklärte er, dass das eine Zeitung für deutsche Emigranten gewesen war, die später auch von der Royal Airforce über Deutschland abgeworfen wurde.

»Zusammen mit einigen Millionen Tonnen Bomben«, warf Herr Stratmann ein, der offenbar ebenfalls zugehört hatte.

Herr Martin sagte nichts.

»Und wie fanden Sie das, all die Brandbomben und Sprengbomben auf Ihre Heimat niedergehen zu sehen und dabei vom Logenplatz aus zuzugucken?«, fragte Herr Stratmann, der jetzt stehen geblieben war.

»Es war kein Logenplatz«, antwortete Herr Martin. Etwas steif fügte er hinzu: »Ich musste erst lernen, die Heimat als Feindesland zu empfinden. Leichtgefallen ist mir das nicht.«

Ilsa sah Herrn Martin an. Zum ersten Mal fühlte sie sich ihm beinahe verbunden. Was für ein Widersinn, als Deutsche für den Sieg der Feinde zu beten! Seltsame Heimatliebe, die nichts Besseres wünschen konnte als die Niederlage des eigenen Landes. Das hatte sie im Krieg oft gedacht. Und Herrn Martin war es offenbar ähnlich gegangen. Als Charlie das Gespräch zurück zum Zeitungsthema lenkte, griff Herr Stratmann wieder nach ihrer Hand

»Warum interessiert Sie das so?«, hörte Ilsa Herrn Martin fragen. »Wollen Sie selbst schreiben?«

»Wollte ich schon immer«, bestätigte Charlie. »Aber meine Bestimmung ist bisher eher das Abschreiben als das Schreiben.«

»Die Zeitungslandschaft ist hier wieder sehr bunt, wissen Sie. All die Lizenzzeitungen – stellen Sie sich doch bei einer vor, mit ein paar Arbeitsproben in der Mappe.«

Charlie blickte ihn zweifelnd an.

»Ich helfe Ihnen! Ich bringe ein paar meiner alten Texte mit, dann schreiben Sie Kinokritiken, Theaterrezensionen – was Sie eben interessiert.«

»Höre ich da etwas von Kino?«, mischte sich Hans ein, der eine ganze Zeit lang schweigend neben Emma gesessen hatte. »Im Metropol läuft der neue Film mit Hildegard Knef. Samstag um acht. Wer kommt mit?«

Emma und Charlie hatten Zeit, Herr Dreesen und Herr Stratmann hatten Zeit – aber Ilsa nicht.

»Geht einfach ohne mich«, sagte sie. »Ich lese dann Charlies Kritik und fühle mich, als wäre ich dabei gewesen.«

Herr Martin sah aus, als hätte er einen Schluck Molke getrunken. Vehement schüttelte er den Kopf. »Nein, nein. Was ist mit Mittwoch?«

Und so waren sie verabredet, wieder in dieser dysfunktionalen Runde. Herr Dreesen fand noch eine Ausrede, aber die anderen sahen sich tatsächlich schon am Mittwochabend wieder.

Ilsa lief über den Markt und nestelte an dem roten Wollfaden an ihrem Handgelenk. Was tat sie hier eigentlich? Wenn sie schon nicht bei Paul sein konnte, sollte sie zumindest zu Hause sitzen und an ihn denken. Und eine Mütze oder einen Schal für ihn häkeln. Und ihr Geld zusammenhalten. Stattdessen traf sie fremde Männer und gab ihren Lohn für Kino-Billetts aus. Und nachher würde sie sich wahrscheinlich noch von Herrn Martin über den Film und die Kunst des Zeitungmachens belehren lassen. Doch jetzt war es zu spät. Die anderen warteten schon unter der Leuchtreklame des Metropol. Herr Martin, Herr Stratmann und Hans schwenkten die Eintrittskarten. »Sie sind natürlich eingeladen.«

Na, immerhin. Ilsa atmete auf. Wenigstens das.

»Wie heißt denn eigentlich der Film? Und worum geht es?«, fragte sie Herrn Martin, während sie durch das Foyer gingen.

»Er heißt ›Film ohne Titel‹. Eine kleine Liebesgeschichte«, sagte Herr Martin. »In der Zeitung stand, es sei eine Nachkriegskomödie. Humorvolle Dialoge.«

Ilsa war erstaunt. »Der Film spielt in der Gegenwart und ist trotzdem eine Komödie?«, vergewisserte sie sich.

Herr Martin nickte. »Anscheinend.«

Die Wochenschau lief noch, und die Leute in der Reihe hinter ihnen murrten, als sie ihre Plätze nicht sofort fanden und ihnen die Sicht auf die Aufnahmen von den Rosinenbombern versperrten, die Lebensmittel und Briketts nach Berlin brachten. Doch dann flackerte schon der Vorspann über die Leinwand. Ilsa sank in den Kinosessel, und sehr bald versank sie auch in der Welt des Films. Ach, es tat so gut, sich etwas vorspielen zu lassen nach all dem Selbsterlebten. An einer Stelle musste sie sogar laut lachen. Herr Martin auch, fiel ihr auf. Fast verschluckte er sich dabei an einem Halsbonbon.

»Geht schon.« Er hustete so heftig, dass die Leute hinter ihnen erneut ungeduldig wurden. Doch bevor Ilsa ihm auf den Rücken klopfen konnte, winkte er ab.

»Ist schon gut.« Im fahlen Licht des Projektors glaubte sie zu erkennen, dass er ihr beruhigend zulächelte. Na, Gott sei Dank. Ilsa konnte ihre Aufmerksamkeit wieder Hildegard Knef widmen.

Als sie nach eineinhalb Stunden wieder ins Freie traten, fühlte sie sich beinahe beschwingt und mied Herrn Stratmann, der davon sprechen wollte, dass der Film der Tragik der deutschen Niederlage nicht gerecht wurde. Stattdessen hakte sie sich bei Charlie und Emma unter.

»Na, Emma«, neckte Charlie, »hast du dich angesprochen gefühlt bei der Szene mit den vielen Wanduhren?«

Emma errötete. Ein Teil des Films hatte auf einem Bauernhof gespielt, und ein Gespräch der Bauersleute war wieder und wieder durch das Schlagen diverser Uhren unterbrochen worden. All diese Uhren waren von hungrigen Städtern gegen Eier und Milch und Kartoffeln eingetauscht worden.

»Bei meinen Eltern sieht es nicht sehr viel anders aus«, gab sie zu. »Sie haben sogar zwei Kuckucksuhren.«

Charlie schien zu merken, dass es ihr unangenehm war, und fragte schnell: »Wollen wir noch für ein halbes Stündchen hinaufgehen auf den Alten Zoll am Rheinufer?« Der Abend war so mild und spätsommerlich, dass alle mitkamen, obwohl sie am nächsten Tag arbeiten mussten. Wie die unbeschwerten jungen Leute, die sie ja alle nicht mehr waren.

»Vorsicht – hier sind noch überall Einmann-Schützenlöcher«, warnte Herr Stratmann und wollte Ilsas Arm nehmen, als sie den Hang hinaufliefen. Aber Charlie zog ihre beiden Freundinnen von ihm weg. Über die Schulter rief sie ihm zu:

»Herr Stratmann, meinen Sie wirklich, wir gehören zu den Frauen, die ohne eine helfende männliche Hand in ein Einmann-Schützenloch fallen?«

Außer Atem kamen die drei oben auf der Bastion an. Ilsa lehnte sich über die moosbewachsene Mauer. Unter ihnen lag schwarz der Rhein. Das Siebengebirge auf der anderen Seite des Flusses hatte die Dunkelheit längst geschluckt. Ilsa wandte den Blick nach links, dorthin, wo früher die Rheinbrücke gewesen war. Die Wehrmacht hatte sie gesprengt, einen Tag bevor die Amerikaner gekommen waren. Zwar war es mittlerweile gelungen, die Trümmer aus dem Fluss zu bergen, aber die Arbeiten an der neuen Brücke gingen nur langsam voran. Also würden die Bonner noch länger mit der Fähre nach Beuel übersetzen müssen. Ilsa drehte den Kopf noch ein kleines bisschen weiter nach links. In der Dunkelheit war ohnehin kaum noch etwas zu erkennen, aber sie wusste, dass es am Ufer neben der Rheinbrücke auch bei Tag nichts mehr zu sehen gab: Die Synagoge, die dort gestanden hatte, war 1938 völlig ausgebrannt. Die Feuerwehrleute hatten dabeigestanden und nichts gemacht, nur die umliegenden Häuser mit Wasser besprüht. Und Ilsa hatte auch dabeigestanden und nichts gemacht. Klassenweise waren die Schüler der Stiftsschule zum Rheinufer marschiert, unterhalb der Brücke hatten sie sich aufstellen und Nazilieder singen müssen. *Die Fahne hoch! Die*

Reihen fest geschlossen! Wie hatte Ilsa dieses Lied gehasst. Inmitten ihrer singenden Mitschülerinnen hatte sie stumm dagestanden und die Zeilen nicht über die Lippen gebracht. Und dabei die ganze Zeit Furcht gehabt, ihre Lehrerin könnte ihr Schweigen bemerken. Und es dem Direktor melden.

Sie fröstelte.

Herr Martin trat zu ihr. »Ich weiß, dass Sie bei Einmann-Schützenlöchern keine helfende Hand brauchen – aber gilt das auch für Kälte?« Er streifte sein Jackett ab und hielt es ihr hin. Ilsa, die mittlerweile wirklich fror, hüllte sich dankbar darin ein. Es roch nach gutem Waschpulver, nach britischem Waschpulver. Der Duft war ihr sehr vertraut. Zu vertraut. Sie stützte sich wieder auf die Mauer. Herr Martin und Charlie beugten sich neben ihr über ein Stück Papier und machten sich Notizen zu Charlies Artikel, die sie vermutlich selbst kaum mehr entziffern konnten. »Nicht so viele Adjektive!«, hörte sie Herrn Martin sagen. Und: »Sie müssen die Struktur des Films erwähnen – die ist ungewohnt und modern.« Nach einigem Gemurmel sagte er schließlich: »Scheuen Sie sich nicht vor einem starken Urteil – sollen die Leute nun ihr bisschen Geld für diesen Film ausgeben oder nicht?«

»Mein Urteil lautet: Sie haben schon ganz blaue Lippen vor Kälte«, sagte Charlie. »Jetzt geht's nach Hause.«

Die Männer begleiteten Ilsa und ihre Mitbewohnerinnen noch bis zur Königstraße. Als Ilsa Herrn Martin an der Haustür das Jackett zurückgab, berührte sie versehentlich seine Hand. Sie war eiskalt. Er musste ganz schön gefroren haben. Aber gesagt hatte er nichts.

Er zog sich das Jackett sofort über. Jetzt spürte er ihre Körperwärme. Höchst unpassend! Ob ihm der Gedanke unangenehm war? Anscheinend nicht, denn er knöpfte es sofort zu, schlug den Kragen hoch und rieb sich die kalten Hände, bevor er sie Ilsa zum Abschied hinstreckte.

»Wir sehen uns!«

»Bis bald!«, antwortete Ilsa und blieb einen Moment in der offenen Tür stehen, während die Männer sich entfernten.

»Du lässt ja die Kälte ins Haus!«, rief Charlie.

Sie zog Ilsa in die Diele und schloss mit Schwung die Tür.

Als sie wieder in ihrer Dachkammer waren, hörte Ilsa Charlie noch ein Weilchen mit ihren Notizen rascheln. Am folgenden Tag blieb Charlie länger im Büro, um den Artikel abzutippen. Beim Abendessen zeigte sie ihn Emma und Ilsa. Frau Fassbender und Frau Berger – die alte Dame aus dem ersten Stock – standen an der Spüle und erledigten ihren Abwasch. Emma bestrich eine Scheibe Brot mit Margarine, während Ilsa das Blatt Papier in die Hand nahm und laut vorlas:

Eine Komödie soll gedreht werden – eine Komödie vor dem düsteren Hintergrund der Zeit. Nur wie? Ein Regisseur, ein Drehbuchautor und der Schauspieler Willy Fritsch streiten darüber. »Man kann heute keinen heiteren Film machen«, sagt Letzterer. Da tauchen Bekannte der drei auf: der Kunsthändler Martin und das Bauernmädchen Christine (Hildegard Knef). Wie um alles in der Welt sind die beiden zusammengekommen? Der Autor erzählt seinen

Freunden, wie die zwei sich im Berlin der letzten Kriegs-
monate kennenlernten, sie ein Dienstmädchen, er ein feiner Antiquitätenhändler. Zu fein für Christine, fand Martins
Umfeld, und so trennten sie sich. Nach dem Krieg taucht
Martin verwahrlost und zerlumpt auf Christines Hof auf –
nun haben sich die Verhältnisse umgekehrt, und ihren Eltern ist er nicht mehr gut genug für sie. Er verlässt den Hof.
Wie und ob die beiden dennoch zueinanderfinden, darüber spekulieren die drei Filmemacher, und wir Zuschauer
mit ihnen. Spritzige und pointenreiche Dialoge beweisen
es: Man kann selbst in diesen Zeiten heitere Filme machen.
Zumindest Helmut Käutner kann es.

Erwartungsvoll schaute Charlie ihre Freundinnen an.

»Ein paar Adjektive sind aber noch drin«, bemerkte Ilsa.
»Ein paar spritzige Adjektive.«

»Und was ist mit der Überschrift?«, fragte Emma. »Oder
ist es eine Kritik ohne Titel? Passend zum Film?«

Ilsa wandte den Kopf, um Frau Fassbender und Frau Berger
ins Gespräch miteinzubeziehen. »Gehen Sie beide nicht auch
ab und zu ins Kino? Was meinen Sie – wird Charlies Kritik
dem Film gerecht?«

Frau Berger stellte den Teller ab, den sie gerade in der Hand
hielt, und zupfte an ihren langen Ärmeln herum. Sie war eine
zierliche, schmale Frau mit fast weißem Haar. Sie sah viel älter
aus als Frau Fassbender, deren Schulfreundin sie früher einmal
gewesen war.

»Ich habe mich während des ganzen Films eine Sache gefragt«, sagte sie schließlich langsam. »Woher hatte der Kunsthändler eigentlich die ganzen Antiquitäten?«

Dann trocknete Frau Berger ihre Hände an einem Geschirrtuch ab und verließ das Zimmer. Man hörte, wie sie über die knarrende Treppe in ihr Zimmer ging. Frau Fassbender blickte die drei jungen Frauen am Abendbrottisch an und schüttelte den Kopf. Ärgerlich? Nachsichtig? Dann ging sie ihrer Freundin hinterher.

Ilsa wusste sofort, worauf Frau Berger hinauswollte: auf all die Gemälde und Statuen und Porzellanteller und Silberleuchter und Halsketten, die die Nazis ihren jüdischen Besitzern auf die eine oder andere Art abgenommen hatten. Warum hatte sie nicht selbst daran gedacht?

»Wisst ihr eigentlich, wo Frau Berger während des Krieges war?«, fragte sie ihre Freundinnen. Emma und Charlie schüttelten die Köpfe.

Ilsa nahm sich fest vor, Frau Berger danach zu fragen, obwohl sie sich vor der Antwort fürchtete.

Kapitel 8

Wenige Wochen später saß Ilsa auf den Stufen vor der Pädagogischen Akademie. Mittagspause. Sorgfältig faltete sie ihr Butterbrotpapier zusammen und steckte es in die Tasche. Ein paar Minuten hatte sie noch; sie könnte hinunter zum Rhein schlendern und nach den Ruderern schauen. So wie früher sonntags mit ihren Eltern –

»Fräulein Klasing!«

Elisabeth Selbert kam auf sie zu. Wie immer war sie eine elegante Erscheinung in ihrem sandfarbenen Faltenrock und der weißen Bluse. Hastig stand Ilsa auf und fegte mit der Hand die Krümel von ihrem Kleid.

»Ich brauche Sie – Zimmer 178, 2. Stock. Der Ausschuss für Grundsatzfragen tagt gleich. Debattiert wird Artikel 3 Absatz 2. Frau Nadig wird den Antrag für die SPD einbringen.«

Ilsa nickte, als verstünde sie, worum es ging, aber Frau Selbert ließ sich nicht täuschen. Sie sah Ilsa prüfend an.

»Sie wissen überhaupt nicht, wovon ich spreche, nicht wahr?«

Ilsa wurde rot.

Frau Selbert blickte auf die Uhr. »Lassen Sie uns ein paar Schritte gehen. Fünf Minuten haben wir noch.«

Ilsa lief neben Frau Selbert zum Rhein hinab.

»Sind Sie verheiratet?«, fragte Frau Selbert unvermittelt, und Ilsa ärgerte sich, dass sie schon wieder errötete.

»Nein.«

»Arbeiten Sie gerne hier?«

»Ja! Und wie«, antwortete Ilsa, die nicht wusste, worauf Frau Selbert hinauswollte.

»Wenn Sie verheiratet wären, könnte Ihr Mann Ihre Stelle hier trotzdem kündigen – gegen Ihren Willen. Er würde Ihr Vermögen verwalten und wäre auch dessen Nutznießer. Er würde Ihnen und den gemeinsamen Kindern seinen Namen geben, er würde den Wohnort und die Schule bestimmen. Er wäre im Grunde Ihr Vormund. Das steht alles so im Bürgerlichen Gesetzbuch.«

Für einen Moment dachte Ilsa an den Namen, den sie fast einmal getragen hätte. »Aber vielleicht hätten viele Frauen gern den gleichen Namen wie ihr Mann, auch für ihre Kinder –«

Ihre Stimme verlor sich.

»Mein liebes Kind.« Frau Selbert klang warmherzig, aber auch einer Spur ungeduldig. »Wenn man sich einig ist in der Ehe, dann braucht man keine Gesetze. Die Gesetze sind für die Fälle da, in denen das nicht so ist. In denen es zum Beispiel zur Scheidung kommt. Und da bringt das BGB die Frauen in eine ganz üble Lage. Viele Frauen müssen immerzu ängstlich nach den Augen ihres Mannes sehen, dass sie bloß nicht in Ungnade fallen.«

Abrupt blieb sie stehen und blickte Ilsa direkt an. Als sie weitersprach, klang sie kämpferisch. Entschlossen.

»Aber das können wir jetzt ändern. Wir können die Lage der Frauen in diesem Land ändern. Aller Frauen.« Sie legte für einen kurzen Moment die Hand auf Ilsas Arm. »Wir halten einen Zipfel der Macht in der Hand, und den werden wir nutzen.«

Ilsa sah sie an. Sie dachte nicht mehr an den Mann, der sie nicht geheiratet hatte. Sondern an den Sohn, dessen Mutter jedenfalls nie ängstlich nach den Augen irgendeines Mannes schauen würde. An Paul.

»In der Fraktion hat man die ganze Sache zwar mit Ironie und Hohn abgetan – aber sei's drum. Ich habe meine Formulierung trotzdem durchgesetzt: Männer und Frauen sind gleichberechtigt. Einfach und klar. Und revolutionär: Wenn der Artikel angenommen wird, dann ist das Bürgerliche Gesetzbuch verfassungswidrig. Dann zwingt unser Grundgesetz den ersten Bundestag dazu, das BGB zu reformieren.«

Frau Selbert reichte ihr einen Zettel mit dem SPD-Antrag. Ilsa ergriff das Blatt. Frau Selbert hielt ein Stückchen Macht in der Hand – und sie mit ihr. Ilsa spürte, wie sie eine Gänsehaut bekam. Ihr Herz klopfte. Ihre Hände zitterten. Ihr Nacken kribbelte. Sie würde an dem Neuen, das jetzt kam, mitwirken. Für sich. Für Paul.

Die Abgeordnete lenkte ihre und Ilsas Schritte zurück zur Akademie.

»Darüber wird heute im Ausschuss für Grundsatzfragen abgestimmt. Da ich kein Mitglied bin, wird Frau Nadig den SPD-Antrag einbringen. Und Sie setzen sich ganz nach hinten und schreiben mit.«

»Ist denn kein Stenograph dabei?«, fragte Ilsa verwundert. Bei den Ausschusssitzungen wurde immer mitgeschrieben. Schon wegen der Nachwelt.

»Ja sicher. Aber das dauert dann, bis ich die Abschrift bekomme. Ich möchte noch heute Abend eine Zusammenfassung von Ihnen haben. Die werden da drin über manches reden, aber mich interessiert im Moment nur Artikel 3 Absatz 2. Wer hat dazu was gesagt? Was waren die wichtigsten Argumente? Dann kann ich mich vorbereiten und reagieren. Dann kann ich unsere Sache durchbringen. Aber jetzt müssen Sie wirklich reingehen, Sie kommen sonst zu spät.«

Ilsa rannte die Treppe hinauf, durch den kahlen Korridor und an den vielen Klassenzimmern vorbei, die jetzt Sitzungssäle waren. Diese nüchterne, bescheidene, karge Umgebung war ein Provisorium. Alles hier war behelfsmäßig. Und trotzdem wandte sich hier die Geschichte ihres Landes zum Besseren. Und Frau Selbert und sie, sie waren dabei!

Erst vor dem Raum 178 wurde sie langsamer. Sie holte einmal tief Atem und öffnete leise die Tür.

Die Abgeordneten hatten bereits ihre Plätze eingenommen, ganz vorne der Ausschussvorsitzende, Hermann von Mangoldt von der CDU. Er war kurz nach dem Krieg Innenminister in Schleswig-Holstein gewesen. Daneben saß der Stenograph – es war Herr Stratmann, und er nickte ihr verwundert zu. Ilsa schlich zu einem Stuhl ganz hinten. Außer Herrn von Mangoldt erkannte sie Friederike Nadig von der SPD und Helene Weber von der CDU, zwei der vier Frauen im Parlamentarischen Rat. Die eine war 1933 mit einem Berufsverbot belegt worden, die andere war in den Ruhestand versetzt worden. Aber jetzt waren sie wieder da.

Friederike Nadig hatte das Wort.

»Der erste Satz sollte so stehen bleiben«, sagte sie gerade. Ilsa blickte auf den Zettel, den ihr Frau Selbert in die Hand gedrückt hatte: *Alle Menschen sind vor dem Gesetz gleich*, hieß es dort.

»Eigentlich sind die Frauen darin eingeschlossen«, warf Helene Weber ein, »denn wir gehören auch zu den Menschen.«

Friederike Nadig fuhr unbeirrt fort: »Unser Antrag geht dahin, im zweiten Absatz zu sagen: *Männer und Frauen sind gleichberechtigt.*«

Das war der Änderungsantrag. Daneben hatte Frau Selbert den bisherigen Artikel notiert: *Männer und Frauen haben die gleichen staatsbürgerlichen Rechte und Pflichten.*

Frau Nadig sprach weiter: »Im dritten Absatz soll es heißen: *Niemand darf wegen seines Geschlechtes, seiner Abstammung und so weiter benachteiligt oder bevorzugt werden.*«

Ilsa sah wieder auf ihr Papier. So stand es dort auch.

Von nun an wogte die Debatte hin und her. Für gewöhnlich ging es im Ausschuss für Grundsatzfragen sehr gesittet zu, hatte Ilsa gehört, eher wie im Oberseminar. Aber heute unterbrach Frau Weber Herrn Bergsträsser, Herr Dehler fiel Frau Nadig ins Wort und Herr von Mangoldt ihnen allen. Ilsa schrieb drei gespitzte Bleistifte stumpf bei dem Versuch, den durcheinanderredenden Abgeordneten zu folgen. Die Worte prasselten nur so auf sie ein: Staatsbürgerliche Rechte und Pflichten – das Wort »grundsätzlich« muss hinein – nein, das Wort »grundsätzlich« muss wieder hinaus – das BGB ist nicht mehr haltbar … Ilsa schrieb und schrieb. Es schien auch immer heißer zu werden in dem Sitzungssaal. Ilsa spürte, wie sie ihr Kleid durchschwitzte. Doch auf einmal verkündete Herr von Mangoldt – urplötzlich, so kam es ihr vor –, mit dem Artikel 3 seien sie nun durch. Nach einer kurzen Pause gehe es weiter mit der Unantastbarkeit der Grundrechte.

Ilsa blickte erschrocken hoch. Die Abstimmung – hatte sie die Abstimmung versäumt? Wie lautete denn das Ergebnis? Während die Abgeordneten auf den Flur strömten, kam Herr Stratmann zu ihr nach hinten.

»Na, Fräulein Klasing, was machen Sie denn hier?«

Ilsa erklärte ihm, wie sie in die Sitzung geraten war.

»Sagen Sie – gab es denn keine Abstimmung?«, fragte sie dann. »Habe ich etwas verpasst?«

Herr Stratmann lächelte belustigt. »Ist ein bisschen anderes Tempo hier als auf der Sekretärinnenschule, nicht wahr?«

Er nahm ihren vollgeschriebenen Block in die Hand und blätterte ihn durch. Ilsa war peinlich berührt. Ihre Kürzel waren kaum noch zu entziffern, besonders gegen Ende.

Herr Stratmann legte den Block zurück auf den Tisch. »Aber keine Sorge, Sie haben nichts verpasst. Im Ausschuss für Grundsatzfragen gibt es fast nie Abstimmungen. Wenn sich die Abgeordneten nicht einig sind, kriegt der Hauptausschuss zwei Fassungen vorgelegt.«

Herr Stratmann blieb im Zimmer 178 zurück, aber Ilsa lief zum Fraktionszimmer der SPD. Dort angekommen, suchte sie sich einen Platz, um ihre Notizen für Frau Selbert aufzubereiten. Draußen begann es schon zu dämmern. Um Gottes willen. Aus dem ganzen Durcheinander würde sie nie klug werden. Sollte sie etwa zu Frau Selbert gehen und ihr sagen, dass sie der Aufgabe nicht gewachsen gewesen war? Dass sie in den nächsten Tagen sicherlich eine tadellose, fehlerfreie Mitschrift von Herrn Stratmann bekäme? Aber nein. Frau Selbert hatte ihr vertraut, und sie würde sie nicht enttäuschen. »Erst einmal Grund reinbringen«, sagte sie sich, einen Ausdruck ihrer Mutter aufgreifend. Wie oft hatte sie ihre Mutter diesen Satz sagen hören? Angesichts von Wäschebergen, die über Nacht geändert werden mussten. Angesichts von Hausaufgaben, die nach der Arbeit in der Schneiderei zu erledigen waren.

Ilsa suchte sich eine Handvoll Buntstifte und ein paar Blätter Papier zusammen. Jeder Abgeordnete bekam eine Farbe – Thomas Dehler Grün, Friederike Nadig Rot, Helene Weber Blau. Sie färbte die Äußerungen der Parlamentarier entsprechend ein. Dann strich sie alles durch, was sich nicht direkt auf den zweiten Absatz des Artikels 3 bezog, und auch manche Wiederholungen und Dopplungen. Gut. Weiter. Sie notierte die Hauptargumente eines jeden Abgeordneten und spannte schließlich ein neues Blatt Papier in die Schreibmaschine. So. Jetzt war die ganze Debatte auf wenige Aussagen geschrumpft. Sie schrieb:

26. Sitzung des Ausschusses für Grundsatzfragen

Zusammenfassung

Hermann von Mangoldt (CDU) möchte bei der ursprünglichen Formulierung bleiben: Männer und Frauen haben die gleichen staatsbürgerlichen Rechte und Pflichten. Hier soll seiner Ansicht nach wieder das Wort »grundsätzlich« eingefügt werden – wie in Weimar. Das erlaube Ausnahmen, zum Beispiel bei der Wehrpflicht. Oder bei der Wasserwehr.

Ludwig Bergsträsser (SPD) findet hingegen, wenn das Wort »grundsätzlich« wieder hineinkäme, könne man den ganzen Artikel streichen. »Das hat doch gar keinen Sinn.«

Friederike Nadig (SPD) besteht auf der neuen Formulierung: Männer und Frauen sind gleichberechtigt. Nur so könne das Familienrecht neu gestaltet werden, »insbesondere die Stellung der Ehefrau«.

Dann ist laut Thomas Dehler (FDP) jedoch »das Bürgerliche Gesetzbuch verfassungswidrig«.

Helene Weber (CDU) findet, in dem Satz »Niemand darf wegen seines Geschlechts benachteiligt werden« sei die Gleichberechtigung doch schon enthalten. Und in dem Satz »Alle Menschen sind vor dem Gesetz gleich« ebenfalls.

Nach Ansicht von Hermann von Mangoldt sind wir mit den staatsbürgerlichen Rechten und Pflichten anderen ohnehin »schon weit voraus – in der Schweiz können die Frauen noch immer nicht wählen«.

Friederike Nadig bilanziert: Jetzt haben wir »nichts anderes als das, was wir bereits haben«.

Fazit: Es bleibt bei dem Satz »Männer und Frauen haben die gleichen staatsbürgerlichen Rechte und Pflichten« und bei dem SPD-Änderungsantrag »Männer und Frauen sind gleichberechtigt«. Darüber entscheidet am 3. Dezember der Hauptausschuss.

Ilsa zog das Blatt aus der Maschine. Sie löschte das Licht, lief durch die menschenleeren Flure und winkte dem Nachtportier zu. Jetzt schnell zu Frau Selbert. Zwar war ein großer Teil der SPD-Fraktion im Hotel Drachenfelser Hof in Rhöndorf untergebracht, aber Frau Selbert hatte glücklicherweise ein Zimmer in der Nähe gemietet.

Als Ilsa bei ihr klopfte, öffnete sie in einer grünen, offenbar selbst gestrickten Jacke.

»Fräulein Klasing! Kommen Sie doch kurz rein.«

Das Zimmer war eng und karg, aber die Schreibtischlampe verbreitete ein warmes Licht. Daneben stand eine kleine Marienfigur aus Holz, einer der wenigen persönlichen Gegenstände im Raum.

»Die hat mein Sohn in der Gefangenschaft mit einer abgebrochenen Rasierklinge geschnitzt. Ich habe sie immer bei mir«, sagte Frau Selbert, als sie Ilsas verwunderten Blick sah.

Sie bot Ilsa einen Kräutertee und einen Stuhl an und setzte sich selbst wieder an den Schreibtisch, um das Papier zu studieren, das Ilsa ihr gereicht hatte.

»Natürlich hält Herr von Mangoldt an Weimar fest«, murmelte sie. »An der papiernen Gleichberechtigung: nur wählen und gewählt werden, mehr nicht. Dabei ist es doch eine Selbstverständlichkeit, dass wir heute weiter gehen müssen als in Weimar, nachdem die Frauen während der Kriegsjahre auf den Trümmern gestanden haben ... Und die Wasserwehr als Begründung! Fehlt nur noch die Deichpflicht ...«

Sie trank einen Schluck Tee und las dann weiter. »Dann ist das BGB verfassungswidrig – ganz genau, Herr Dehler, deswegen machen wir das doch ... Ach, Frau Weber. Nein, die Gleichberechtigung ist nicht enthalten in dem Satz, dass niemand wegen seines Geschlechtes benachteiligt werden dürfe – ich sehe sie schon vor mir, die Doktoranden, die uns nachweisen, dass die Frau im BGB keineswegs benachteiligt ist ... Und nein, Frau Weber, der Satz, dass alle Menschen vor dem Gesetz gleich sind, ist auch nicht, was wir wollen: Da geht es um die Rechtsanwendung, nicht die Rechtsetzung. Was nützt es uns, dass alle *vor* dem Gesetz gleich sind, wenn sie *im* Gesetz ungleich sind ...« Sie schüttelte den Kopf über all die Menschen, die keine Juristen waren und immerzu die Begriffe durcheinanderbrachten.

Dann schaute sie Ilsa an. »Gut gemacht. Das war eine kurze und präzise Zusammenfassung. Ich hatte schon befürchtet, Sie kämen mit einem Wust Material zu mir – oder gar nicht ...«

Ilsa lächelte, als ob ihr diese Möglichkeit nie in den Sinn gekommen wäre.

Frau Selbert machte keine Anstalten, Ilsa hinauszubitten.

Stattdessen fragte sie sie ein bisschen aus, nach diesem und jenem, nach ihrer Heimatstadt und ihrer Herkunft.

»Ach, Sie stammen aus Bonn? Was ist denn Ihr Lieblingsort hier? Was sollte man sich hier unbedingt ansehen?«

Ilsa überlegte. Minutenlang. Ein Lieblingsort? Hatte sie den überhaupt? Wenn sie durch Bonn lief, lauerte an jeder Straßenecke, hinter jeder Litfaßsäule, an jedem Trümmergrundstück eine Erinnerung.

»Mein Lieblingsort«, murmelte sie. Doch dann fiel ihr der Ort ein, an dem sie sich mit Abstand am wohlsten fühlte. »Der Parlamentarische Rat!«

Frau Selbert lachte. »Das trifft sich gut«, sagte sie. »Den kenne ich schon. Und für andere Besichtigungen bleibt ohnehin keine Zeit.«

»Früher hätte ich mein Viertel genannt«, gestand Ilsa. »Aber das gibt es nicht mehr. Die Schneiderei meiner Eltern auch nicht –«

Frau Selbert schien zu spüren, dass Ilsa nicht weiter über ihre Eltern sprechen wollte. Sie wechselte rasch das Thema. »Aus einer Schneiderei kommen Sie? Mein Vater war Gefängniswärter. Meine Schwestern und ich haben auf den Gängen im Gefängnis gespielt, wenn wir den Vater dort besucht haben. Wir haben uns auch mit den Gefangenen unterhalten. Vielleicht hat das zuerst mein Interesse für die Rechtswissenschaften geweckt«, fügte sie nachdenklich hinzu.

Dann fragte sie Ilsa nach ihrer Schulkarriere.

»Die musste ich abbrechen«, erzählte Ilsa. »Zu teuer.«

»So ist es mir auch ergangen«, sagte Frau Selbert. »Ich

musste die Realschule auch vor der Abschlussprüfung verlassen. Aber ich war immer besessen davon, mein Wissen zu erweitern. Von dem Geld, das meine Mutter für die Aussteuer vorgesehen hatte, habe ich Bücher gekauft. Und das erste Geschenk, das ich von meinem späteren Mann bekam, war Bebels ›Die Frau und der Sozialismus‹. Warten Sie, hier liegt es.«

Sie reichte Ilsa ein dickes Buch, dem man die häufige Lektüre deutlich ansah.

»Leihen Sie es sich ruhig aus. Sie brauchen Wissen, um Ihr eigenes Leben besser zu gestalten. Um bewusster zu leben.« Und als die Sozialdemokratin, die sie war, fügte sie hinzu: »Und um der Partei besser dienen zu können.«

Frau Selbert drückte Ilsa zum Abschied die Hand.

»Im Hauptausschuss sehen wir uns wieder – ich verlasse mich auf Sie!«

Ilsa nickte.

Auf dem Heimweg fühlte sie sich sonderbar beschwingt. Ilsa nahm sich fest vor, jeden Abend ein paar Seiten im Bebel zu lesen. Um ihr Leben besser zu gestalten. Um bewusster zu leben. Unter der nächsten Straßenlaterne fing sie damit an.

Es gibt keine Befreiung der Menschheit ohne die soziale Unabhängigkeit und Gleichstellung der Geschlechter.

Wenn es ihr Buch gewesen wäre, hätte sie den Satz unterstrichen. Sie drückte den Bebel an sich und eilte durch die Dunkelheit nach Hause, im festen Bewusstsein, dass sie Frau Selbert nicht im Stich lassen würde.

Kapitel 9

Ein paar Tage später musste Ilsa wieder an Frau Selberts Frage denken. Ihr Lieblingsort? Ganz einfach! Der Bonner Hauptbahnhof war das schönste Gebäude in der Stadt. Sie liebte den gelben Backstein und den roten Sandstein. Es war Freitag, und sie war direkt von der Arbeit hergekommen, um den Zug nach Leichlingen zu nehmen. Sie blickte auf die Bahnhofsuhr. Noch zehn Minuten. Vorsichtshalber ging sie schon einmal zum Gleis. Wochenlang hatte sie samstags arbeiten müssen, aber nun fuhr sie endlich, endlich wieder ins Bergische Land. Sie nestelte an dem roten Wollfaden, den sie um ihr Handgelenk geknotet hatte. Er war mittlerweile abgegriffen, das ursprünglich kräftige Rot verblasst.

»Bist du sicher, dass du nicht hierbleiben willst?«, hatte Charlie gefragt und den Krimi beiseitegelegt, den sie gerade las. Herr Adenauer hatte eine Vorliebe für Agatha Christie, und er hatte Charlie ein Dutzend Romane ausgeliehen, in die sie sich in jeder freien Minute vertiefte.

»Wir wollen im kleinen Kino in der Sternstraße ›Laura‹ gucken. Ist ein amerikanischer Film. Kostet nur 50 Pfennig.«

»Und Sonntag gehen wir wandern. Ins Siebengebirge«, ergänzte Emma. »Verbringst du das Wochenende wirklich lieber mit deiner alten Tante Sieglinde als mit uns?«

»Sie heißt Lindy, und sie ist nicht meine Tante. Sie ist meine Cousine«, hatte Ilsa ungnädig geantwortet. »Und ich fahre auf jeden Fall.«

»Lass sie«, hatte Charlie zu Emma gesagt und ihren Krimi wieder aufgeschlagen. »Vielleicht bringt sie noch ein paar späte Äpfel mit.«

Im Zug war es eng, es roch nach nassen Mänteln und kaltem Rauch. Doch es war nicht mehr so wie in den vorigen Wintern, als Hamsterer in offenen Güterwaggons unterwegs gewesen waren und in Dritte-Klasse-Wagen, aus denen man die Holzbänke rausgerissen hatte. Es gab wieder Sitzplätze.

In Köln stieg Ilsa um. Eine Fähre musste sie nicht mehr nehmen. Seit dem Frühjahr überquerten von Neuem Züge die Hohenzollernbrücke, und seit einigen Wochen war auch die Heumarktbrücke wieder in Betrieb. Die Zeit der Bötchen und Fähren näherte sich ihrem Ende. Sie blickte auf die Bahnhofsuhr. Hatte sie noch genügend Zeit, hinüber zum Dom zu laufen? Der Chor war ja immerhin wieder begehbar. Aber nein, besser nicht. Bloß nicht den Zug verpassen. Lieber lief sie dreißig Minuten auf dem Bahnsteig auf und ab, bis sie schließlich in den Zug nach Leichlingen steigen konnte. Rechtsrheinisch fuhr Ilsa weiter. Langsam, viel zu langsam ruckelte der Zug durch die Dunkelheit. Die anderen Fahrgäste schien das nicht zu stören. Gelassen saßen sie auf ihren Plätzen. Manche plauderten, manche schauten teilnahmslos vor sich hin, einige schliefen sogar. Ilsa nicht. Nachdem sie sich monatelang in Geduld gefasst hatte, konnte sie die letzten paar Minuten des Wartens kaum ertragen. Warum, warum war der Zug so langsam? Lange bevor er sich Leichlingen näherte, griff sie nach ihrer Tasche und postierte sich an der Waggontür. Sie versuchte, durch die Scheibe etwas zu erkennen. Ob Paul ihr entgegengelaufen käme? Oder würde Lindy ihn fest an der Hand halten? Als sie zu guter Letzt vor dem weißen Bahnhofsgebäude in Leichlingen hielten, sprang Ilsa als Erste aus dem Zug.

Lindy war nirgends zu sehen. Hatte sie sich verspätet? Ilsa wartete unschlüssig. Während ihre Mitreisenden den Bahnsteig zügig verließen, ließ Ilsa die Tasche zu Boden gleiten. Die Vorfreude, die sie unvorsichtigerweise empfunden hatte, war verfrüht gewesen.

Auf dem nun fast menschenleeren Bahnsteig trat der Schaffner auf sie zu. »Werden Sie abgeholt?«

Ilsa schüttelte den Kopf. Sie machte sich allein auf den Weg, vorbei am Zeitungskiosk (jetzt geschlossen) und am Kino (Vorstellung ausverkauft) und vorbei an Häusern mit Blumen im Vorgarten und einer Ziege im Stall. Leichlingen war völlig unzerstört.

Endlich trat sie durch das Hoftor und ging, wie sie es immer getan hatte, zur Küchentür. Bevor sie klopfen konnte, riss Lindy die Tür auf.

»Ilsa! Es tut mir so leid! Wir wollten dich abholen, aber Paul hat Fieber; er schläft schon, und ich wollte ihn nicht allein lassen …«

Sie drückte Ilsa an sich, aber Ilsa spürte, wie sich die Enttäuschung in ihr ausbreitete. Paul schlief schon. Sie hatte sich den ganzen Weg vom Bahnhof bis hierher vorgestellt, wie er ihr im Schlafanzug entgegengelaufen käme.

»Darf ich mal zu ihm reinschauen? Ich bin ganz leise«, sagte sie.

»Natürlich. Geh ruhig zu ihm.«

Ilsa kannte sich aus bei Lindy. Sie wusste, welche Dielen knarrten und welche nicht. Fast lautlos huschte sie durch den Flur. Die Tür zu Pauls Zimmer war nur angelehnt. Er sah tatsächlich rot und fiebrig aus, wie er da in seinem Kinderbett lag. Vorsichtig legte Ilsa ihm die Hand auf die Stirn. Sie war ganz heiß.

Sie ergriff Pauls Hand. Der rote Wollfaden fehlte. Oder war er nur verrutscht? Vorsichtig schob sie den Ärmel ein paar Zentimeter hoch. Nein, der Faden war wirklich nicht mehr da. Sie ließ Pauls Hand los, deckte ihn zu und verließ leise das Zimmer.

»Morgen ist Paul bestimmt wieder fidel. Mach dir keine Sorgen«, sagte Lindy, als sie zurück in die Küche trat.

Lindy hatte den Tisch mit Schwarzbrot, weißem Käse und Rübenkraut gedeckt. Es gab Apfelspalten und ein Stück Wurst.

»Greif zu, das ist alles für dich, ich habe schon mit Paul gegessen.«

Es schmeckte wunderbar. Und es war so viel. Jeder Bissen bestätigte Ilsa, dass es richtig gewesen war, damals mit Paul herzukommen. Und dass es richtig gewesen war, ihn hierzulassen. Die Stadtkinder in Bonn waren so dünn, auch jetzt noch. Manche Zehnjährige sahen aus wie sieben, manche Siebenjährige wie vier. Paul hingegen wirkte propper und rosig mit seinen fünfzehn Monaten.

»Was ist denn eigentlich aus Pauls rotem Armband geworden?«, fragte Ilsa wie beiläufig, während sie sich eine Scheibe Wurst abschnitt. Sie wollte nicht vorwurfsvoll klingen. »Hat er es verloren?«

Lindy setzte sich zu ihr an den Tisch. »Ach, das habe ich ihm abgenommen. Er wollte es nicht mehr tragen. Es hat so gekratzt, weißt du.«

Ilsa berührte ihr eigenes Armband. Wie häufig hatte sie den roten Faden angefasst und dabei an Paul gedacht.

Lindys Küchenschere lag in der Schublade unter dem Brotkasten. Ilsa wusste das, dort hatte sie schon immer gelegen, deshalb stand sie auf, nahm sich die Schere und zerschnitt den Faden, der kein Trost mehr war und der keinen Sinn mehr hatte, an ihrem Handgelenk. Die Schere fühlte sich kalt an. Den Faden warf sie in den Müll.

»Ilsa –«, setzte Lindy an, aber Ilsa unterbrach sie.

»Hast du von Walter gehört?«

Walter, Lindys Mann, galt seit vier Jahren als vermisst.

Lindy schüttelte den Kopf.

»Und wie kommst du zurecht? Auf dem Hof, meine ich.«

»Ganz gut. Die Baltruschats nehmen mir viel ab.«

Das war die Flüchtlingsfamilie, die in Lindys Anbau einquartiert worden war. Ach Gott, sie unterhielten sich wie zwei Fremde. Aber was hätte sie Lindy von ihrem Leben in Bonn berichten sollen? Während Lindy einen ganzen Hof bewirtschaftete, lief Ilsa mit ihrem Stenoblock durch die Pädagogische Akademie. Während Lindy ihren Sohn großzog, ging Ilsa ins Kino. Sie konnte ihr nicht von Frau Selbert erzählen, nicht von brünetten Männern und nicht von Hildegard Knef. Ilsa liebte Lindy, aber es kam ihr so vor, als ob das schlechte Gewissen und der Neid wie Unkraut in ihr emporwuchsen.

»Und wie geht es Paul?«, fragte sie schließlich.

Lindy berichtete von seinen kleinen Erlebnissen und Erfolgen: Er lief immer sicherer, er hatte Freundschaft geschlossen mit einem Flüchtlingsjungen, er begann zu sprechen –

»Wirklich?« Ilsa schrak hoch. »Was sagt er denn?«

Lindy sah aus, als bereute sie ihre Worte. »Ach, dies und das.«

Am nächsten Morgen erfuhr Ilsa dann, was Paul neuerdings sagen konnte. Seine Stimme riss sie aus dem Schlaf. »Lindy-Mama«, rief er, während er an den Stäben seines Gitterbettes rüttelte. »Lindy-Mama!«

Ilsa lief zu ihm, um ihn hochzunehmen. Aber Paul wollte nicht von Ilsa hochgenommen werden. Er wollte auch nicht von ihr gewickelt werden. Und er wollte sein Butterbrot so geschnitten haben, wie nur Lindy es konnte.

»Ist gut, du kleiner Piesepampel. Ich mache dir dein Brot«, sagte Lindy. »Setz dich so lange zu deiner Mama.«

Aber das wollte Paul auch nicht. Er krabbelte ganz ans andere Ende der Küchenbank.

Ilsa schmeckte das herrliche Schwarzbrot nicht mehr. Sie musste sich zwingen, es aufzuessen. Ob Paul sie vergessen hatte in den vergangenen Monaten? Oder hatte er ihr die Trennung übel genommen? Es ist doch nur auf Zeit, wollte sie ihm sagen. Sobald es geht, hole ich dich nach! Aber das konnte man einem Eineinhalbjährigen nicht erklären. Paul war viel zu klein. Die Zwänge des Arbeitsmarktes sagten ihm nichts. Die Sorgen alleinstehender Mütter erst recht nicht. Ilsa war fort und Lindy war da, das war alles, was er wusste.

Nachdem Paul mit dem Frühstück fertig war, wollte sie Lindy beim Abwasch helfen, aber Lindy winkte ab. »Macht ihr zwei mal lieber was zusammen«, sagte sie.

Aber was? Im Sommer waren Fingerspiele Pauls große Leidenschaft gewesen. Doch als Ilsa ihm mit »Das ist der Daumen, der schüttelt die Pflaumen« kam, lächelte er nicht einmal. »Möchtest du rausgehen?«, schlug sie vor.

Paul schaute weg.

»Wollen wir ein Buch lesen?«, fragte Ilsa wie eine gute Tante auf Besuch.

»Hase-Bu!«, rief Paul, und natürlich wusste Ilsa nicht, was das war. Paul stolperte los und kam mit einem Bilderbuch über zwei Kinder zurück, die im Wald verloren gingen und dabei auf eine Hasenfamilie trafen. Nachdem sie es zehn Mal vorgelesen hatte, wusste Ilsa sehr genau, was »Hase-Bu« war. Und beim letzten Mal rückte Paul immerhin nahe genug an sie heran, dass sie seine Stirn fühlen konnte. Er hatte tatsächlich kein Fieber mehr.

Nach dem Mittagessen – es gab Kartoffeln mit einer sämigen Specksoße – trug Ilsa Paul ins Kinderzimmer, um ihn zum Schlafen hinzulegen. Kein Problem. Sie kannte alle

Kniffe. Paul hörte am liebsten »Der Mond ist aufgegangen« und hatte es gern, wenn sie ihm beim Einschlafen über die Stirn strich, vom Haaransatz bis zur Nase. Doch nun stieß er ihre Hand weg und rief: »Nein, nein!«, sobald sie ansetzte zu singen. Schließlich musste Lindy ihn mit »Guten Abend, gute Nacht« beruhigen. Ilsa kam sich unendlich hilflos vor.

Am Nachmittag spielten Paul und Ilsa auf dem Küchenboden mit Bauklötzen, die noch aus Lindys Kindheit stammten. Während sie Türme und Türmchen bauten, betrachtete Ilsa ihren Sohn verstohlen und versuchte, ihre eigenen Züge oder die ihrer Eltern in seinem Gesicht wiederzufinden. Die grünblauen Augen hatte er von ihr, aber das Grübchen am Kinn – erinnerte das nicht an ihre Mutter? Und hatte ihr Vater nicht auch so viele Wirbel gehabt wie Paul? Es war ein Trost, ihre Eltern in Paul wiederzuentdecken. Aber es war auch schmerzlich. Denn Paul würde sie nie kennenlernen. Und sie würde sie nie um Rat fragen können, weder bei den kleinen Dingen noch bei den großen. Wie brachte man einem Kind das Radfahren bei? Und wie das Schwimmen? Wann musste man streng sein? Und wann nicht? Das musste sie alles selbst herausfinden.

Und Paul würde nicht nur ihren Vater nie kennenlernen – seinen auch nicht. Der hatte Paul aber zumindest eine Sache vererbt.

»Die Wimpern hat er von seinem Vater«, bemerkte Ilsa.

»So lang und dunkel – schade, dass er kein Mädchen ist«, erwiderte Lindy. »An einen Jungen sind sie eigentlich verschwendet.«

Das fand Ilsa nicht. Schöne Wimpern passten ausgezeichnet zu ihrem wunderschönen Paul. Sie gingen vom Turmbau zum Guck-guck-Spiel über. Paul schlug die Hände vors Gesicht und nahm sie weg, sobald Ilsa »Guck, guck« rief. Er lachte sich schief dabei, und Ilsa verschaffte das Spiel eine gute Sicht auf das Grübchen und die Wimpern und den ganzen Paul. Schließlich, nach vielen Stunden auf dem Küchenfußboden und nachdem Ilsa ihm Herrn Martins Cadbury-Riegel geschenkt hatte, war Paul so weit, dass er sich von Ilsa ins Bett bringen ließ und auch ihr Schlaflied duldete.

»Er fremdelt«, erklärte Lindy, als die beiden Frauen später noch zusammensaßen. »Das ist ganz normal.«

»Ja, schon! Aber doch nicht mit mir!«, rief Ilsa.

In der Nacht wurde sie davon wach, dass Paul im Kinderzimmer wimmerte. »Magst du zu mir kommen? Ins große Bett?«

Paul kam mit und verbrachte den Rest der Nacht bei Ilsa. Dort schlief er sofort wieder ein. Ilsa nicht. Sein Haar kitzelte sie, seine kalten Füße berührten ihre Beine, seine Hand landete in ihrem Gesicht. Aber das war nicht der Grund dafür, dass sie nicht schlief. Vor allem wollte sie keine Minute mit Paul verpassen. Deshalb lag sie einfach neben ihm. Bis zum Morgen.

Nachdem sie den ganzen Samstag gebraucht hatten, sich nahezukommen, mussten sie sich am Sonntagnachmittag wieder trennen.

»Wir gehen lieber nicht mit zur Bahn. Es ist einfacher für

Paul, sich hier zu verabschieden«, entschied Lindy, und natürlich hatte sie recht. Wie immer.

Also lief Ilsa allein durch Leichlingen, wartete allein am Bahnsteig und stieg allein in den Zug nach Köln.

Sie drückte sich in ihre Ecke des Abteils und mied den Blick der anderen Passagiere. Hätte sie die Stelle beim Parlamentarischen Rat nicht annehmen und lieber bei Lindy bleiben sollen? Aber sie konnte ihrer Cousine nicht ewig auf der Tasche liegen, sie musste doch eigenes Geld verdienen. Hätte sie Paul gleich mit nach Bonn nehmen sollen, trotz der befristeten Stelle? Aber wer sollte ihn hüten, während sie auf der Arbeit war?

Doch während sie in der Pädagogischen Akademie mit Aktenmappen treppauf und treppab lief, saßen Lindy und Paul in Leichlingen und aßen Speck und spielten mit Klötzchen. Dabei war Paul doch ihr Sohn, nicht Lindys. Ilsa erschrak. Hatte sie das eben wirklich gedacht? Wie konnte sie nur? Nach allem, was Lindy für sie getan hatte und immer noch tat. Wie konnte sie da eifersüchtig sein?

Sie haderte mit sich, bis sie in den Bonner Bahnhof einfuhr.

Sonntags war für Ilsa der Bonner Hauptbahnhof das scheußlichste Gebäude in der Stadt. Sie hasste den gelben Backstein und den roten Sandstein. Es war später Abend, und sie machte sich allein auf den Heimweg in die Königstraße.

Kapitel 10

Ilsa hatte ihren freien Nachmittag dazu genutzt, Wolle zu kaufen. Flaschengrün, weich und bestimmt warm. Paul brauchte eine neue Mütze. Sie würde nachher in der Küche die Maschen zählen und mit den Stricknadeln klappern. Wie die fürsorgliche Mutter, die sie nicht war.

Aber erst hatte sie noch etwas anderes zu tun. In der Nähe des Wollgeschäfts gab es ein Trümmergrundstück, und Ilsa hatte es sich zur Pflicht gemacht, daran vorbeizugehen, wann immer sie in der Gegend war. An einer der Mauern klebte ein verblichenes Plakat. Im Sommer nach dem Kriegsende hatte die Militärverwaltung diese Plakate überall angeschlagen: an Litfaßsäulen und Trümmermauern und Hauswänden. Die meisten Leute waren daran vorbeigeeilt, viele hatten absichtlich weggeguckt, und irgendwann waren die Plakate wieder verschwunden. Nur das eine war aus irgendeinem Grund übrig geblieben. Darauf stand »Ihr habt ruhig zugesehen und es stillschweigend geduldet«. Die Buchstaben waren verblasst, aber Ilsa kannte sie auswendig. Zum ersten Mal hatte sie im Frühsommer 45 davor gestanden. »Die haben leicht reden«, hatte ein Mann neben ihr gesagt. »Die Amis und die Tommys. Wenn die hier gelebt hätten, hätten die auch stillgeschwiegen. Der Terror war einfach zu groß. Da konnte man nichts tun.«

Ilsa hatte dem Mann widersprochen: »Mag sein, dass nachher nicht mehr viel zu machen war. Die Schuld liegt früher. Die ersten Pogrome sind in aller Öffentlichkeit passiert, und niemand hat was gesagt.«

Der Mann hatte abgewunken. »Sie waren damals doch sowieso noch ein Kind.« Dann war er weitergeschlurft.

Ilsa nicht. An diesem Tag und an vielen folgenden Tagen hatte sie sich gezwungen, die Fotos aus den Konzentrationslagern anzusehen, die die Alliierten befreit hatten: die aufgestapelten Leichen, die bis zum Skelett abgemagerten Körper, den einen Jungen, der direkt in die Kamera starrte. Immer mit dem gleichen Gefühl von Scham und Grauen. Die Bilder verloren nie ihre Macht über Ilsa.

Doch als sie diesmal näher kam, stand schon jemand vor den Fotos, ganz dicht, als versuchte er, in den Massengräbern die einzelnen Menschen zu erkennen.

Es war Herr Martin. Er fuhr auf, als sie neben ihn trat.

»Fräulein Klasing – ich dachte –«

Er strich sich über die Augen und setzte die Brille wieder auf, die er abgenommen hatte. »Ich fürchte immer, jemanden zu erkennen auf solchen Fotos.«

»Haben Sie jemanden verloren – aus Ihrer Familie?«, fragte Ilsa vorsichtig und verfluchte sich sogleich für ihren Ausdruck. Verloren! Als ob die Menschen auf den Bildern verloren gegangen waren!

Aber Herr Martin schüttelte bloß den Kopf.

»Nein, ich nicht, aber meine Verlobte; von ihrer Familie gab es 1942 das letzte Lebenszeichen.«

»Sie haben eine Verlobte?«, fragte Ilsa überrascht. »Ist sie mit Ihnen nach Bonn gekommen?«

»Nein, sie ist nicht mitgekommen«, antwortete Herr Martin.

Ilsa hätte gern noch weiter nachgefragt, aber es kam ihr aufdringlich und unpassend vor. Doch Herrn Martin hier allein stehen zu lassen, mit den Fotos und den Fragen und den Erinnerungen, schien ihr ebenfalls falsch. Er war so bleich.

»Wohin gehen Sie?«, fragte sie daher. »Haben wir den gleichen Weg?«

»Ich glaube nicht –« begann, Herr Martin, aber dann schloss er für einen winzigen Moment die Augen und setzte erneut an: »Vielleicht doch. Jedenfalls dann, wenn Sie noch auf einen Kaffee mit mir ins Café Müller kommen. Darf ich Sie einladen?«

»Sie dürfen.«

Nebeneinander gingen sie in Richtung Römerplatz, und beide hingen ihren Gedanken nach. Im Café umfingen Ilsa sofort Friedensgerüche: nach buttrigem Gebäck und gutem Tabak. Und nach echtem Kaffee. Bohnenkaffee! Wann hatte sie sich zuletzt eine Tasse leisten können? Sie wusste es nicht mehr. Zwölf Mark kostete ein Pfund. Herr Martin schien ihre Gedanken erraten zu können: Er bestellte ein Kännchen für sie beide.

Ilsa ließ sich auf einen gepolsterten Stuhl sinken. Der

Kaffee kam auf einem versilberten Tablett. Er war heiß und bitter und süß, und sie trank ihn in möglichst kleinen Schlucken. Am Nebentisch servierte eine Kellnerin Pflaumenkuchen. Dabei stieß sie versehentlich Ilsas Tasche, die an der Stuhllehne hing, zu Boden. Die Wolle fiel heraus. Herr Martin hob sie auf und reichte sie Ilsa.

»Das wird Ihnen bestimmt gut stehen, dieses dunkle Grün«, sagte er. »Was soll es werden? Ein Schal?«

Ilsa lächelte unverbindlich.

»Ich wollte mich längst bei Ihnen und Ihren Mitbewohnerinnen melden«, sagte Herr Martin. »Ich trage die ganze Zeit schon die Texte mit mir herum, die ich Fräulein Weber versprochen hatte.«

Er nahm eine Mappe aus seiner Aktentasche. Ilsa öffnete sie und sah lauter Zeitungsartikel: »Die letzte Woche der tausend Jahre«, »Ende und Anfang«, »Der Tod von Buchenwald«. Sie waren auf sehr dünnem Papier gedruckt.

Herr Martin hatte also auch eine Artikelsammlung – so wie sie! Nur hatte er sie selbst geschrieben und nicht nur ausgeschnitten.

»Wie Ihr Freund, Herr Stratmann, schon angemerkt hat, wurden die Zeitungen mit den Bomben über Deutschland abgeworfen. Die letzten Ausgaben dann nicht mehr.«

Bei dem Wort »Freund« schienen Herrn Martins Mundwinkel ganz leicht zu zucken. Aber vielleicht hatte Ilsa sich das auch nur eingebildet. Überhaupt hatte sie Herrn Martin noch nie so genau betrachtet wie jetzt im Café. Er trug die braunen Haare ein bisschen länger, als man das früher gern gesehen hätte. Seine Augen waren auch braun – kastanien-braun? Kaffeebraun? Ilsa wandte den Blick rasch ab. Warum dachte sie über die Augenfarbe eines jungen Mannes nach, der einen Hang zum Schulmeistern und überdies eine Ver-lobte hatte? Sollte sie nicht längst nach Hause gehen mit ihrer Wolle? Aber dazu konnte sie sich nicht überwinden. Im Café war es warm, es duftete nach süßem Gebäck. Gerade hatte jemand ein Blech mit Bärentatzen aus dem Ofen geholt. Das Klirren der Kuchengabeln und der Porzellanteller und das Stimmengewirr lullten sie ein.

»Wie kam es denn eigentlich, dass Sie aus Deutschland weggegangen sind?«, fragte sie nach einer Weile.

Herr Martin fingerte eine Zigarette aus der Schachtel, die vor ihm lag, und zündete sie an.

»Ich wollte wieder reden, ohne zu flüstern«, sagte er schließ-lich. »Aber vor allem ging es um Lou. Louisa, meine Verlobte, galt als ›jüdischer Mischling‹. Wir haben ziemlich lange ge-braucht, aber irgendwann haben wir uns durch das Gestrüpp der Auswanderungserlaubnisse, Reichsfluchtsteuer-Bestäti-gungen und Vermerke geschlagen – gerade noch rechtzeitig, wie sich herausstellte.«

Er nahm einen tiefen Zug von seiner Zigarette.

»Aber da hatte ich schon lange gewusst, dass ich nicht in Deutschland bleiben konnte. Eigentlich wusste ich es seit dem Vorfall mit dem SA-Mann.«

Ilsa blickte ihn fragend an, unterbrach ihn aber nicht.

»Damals war ich ein Referendar. Ich saß also in der Biblio-thek, mit meinen Gesetzestexten und Lehrbüchern. Es war ganz still, man hörte nur das Rascheln von Papier, hier und da ein Räuspern. Ich knobelte an einem schwierigen Fall herum –«

Ilsa lächelte ein kleines bisschen. So konnte sie sich Herrn Martin gut vorstellen.

»Plötzlich wurde die Tür aufgerissen, ein paar SA-Männer stürmten herein. ›Juden raus! Nicht-Arier raus!‹, riefen sie. Neben mir packte ein Kommilitone seine Sachen zusammen und ging. Anstatt ihm irgendwie beizustehen, blieb ich einfach dort sitzen in meiner geliebten Bibliothek. Überrumpelt. ›Sind Sie arisch?‹, fragte mich einer der SA-Männer. Und anstatt zu sagen: »Das geht Sie gar nichts an!‹, sagte ich: ›Ja.‹ Ich gab prompt und pünktlich Auskunft, als hätte das alles seine Richtigkeit.«

Ilsa lächelte nicht mehr. Bestimmt hatte Herr Martin angesichts der SA-Männer das Gleiche gespürt wie sie angesichts ihres Blockwartes: Abscheu und Angst und Scham.

»Da wusste ich, dass im Dritten Reich kaum einer bleiben würde, wer er war. Es würde uns alle zu Komplizen machen. Im Schlachthaus bleibt niemand sauber.«

Ilsa dachte daran, wie sie mit ihren Mitschülerinnen vor der brennenden Synagoge gestanden hatte. Herr Martin hatte recht. »Das hier, das infiziert uns alle. Hier bleibt keiner unschuldig.« Das hatte ihre Mutter häufig beim Abendbrot gesagt. Nein, getuschelt.

»Aber indem Sie ins Exil gegangen sind, haben Sie auch keinem geholfen«, sagte Ilsa.

»Das ist mir klar«, erwiderte Herr Martin. »Aber ich habe

mich zumindest nicht weiter mitschuldig gemacht. Wem haben Sie denn geholfen, indem Sie hiergeblieben sind?«

Auch keinem. Das wusste Ilsa schon seit Langem.

»Mit meinen Zeitungsartikeln habe ich versucht, gegen die Nazis anzuschreiben«, sagte Herr Martin.

»Ja – in London. Wo sie Ihnen nichts anhaben konnten.«

Das klang allzu schnippisch. Um etwas Versöhnliches zu sagen, fügte Ilsa hinzu: »Aber Ihrer Verlobten haben Sie geholfen.«

»Nicht wirklich«, sagte Herr Martin brüsk. Er drückte seine Zigarette so heftig aus, dass er sich fast die Finger verbrannte.

Ilsa fragte nicht weiter. Stattdessen blätterte sie wieder in Herrn Martins Mappe. Die meisten Artikel behandelten das Kriegsgeschehen – »In Paris kennt die Freude keine Grenzen«, »Im Felde besiegt« –, aber es gab auch ein paar kleine Theater- oder Filmrezensionen. Die Bühnenfassung eines Buchs von Agatha Christie war Herrn Martin *nicht spannend und nicht subtil* genug, aber einer Vicki-Baum-Verfilmung bescheinigte er eine *saubere, zuweilen sogar innerlich berührende Analyse von Einzelcharakteren.* Und da, ganz unten in der Mappe: »40 Jahre Relativitätstheorie«. Vier Spalten über Physik, und das mitten im Krieg – nichts anderes hatte sie von Herrn Martin erwartet. Ilsa musste lächeln.

Herr Martin warf ihr einen verlegenen Blick zu. »Ich weiß auch nicht, warum ich das alles aufgehoben habe. Aber vielleicht nützen die Artikel Ihrer Freundin ja noch etwas.«

Ilsa steckte die Mappe vorsichtig in ihre Tasche, zu der

flaschengrünen Wolle. Dabei fiel ihr Blick auf die Armbanduhr. Gleich sechs! Warum war sie eigentlich noch hier? Sie
trank mit dem Verlobten einer anderen Frau Kaffee, während
ihr eigener Sohn mit kalten Ohren in Leichlingen saß und von
seiner abwesenden Mutter nicht einmal eine Mütze bekam.
Schnell erhob sie sich.

»Ich muss los. Sonst nehmen wir hier noch zusammen das
Abendessen ein.«

Herr Martin sah nicht so aus, als ob ihm das etwas ausmachen würde, aber er stand ebenfalls auf und half ihr in den
Mantel. Sie gab ihm die Hand.

»Vielen Dank. Und bis bald.«

Beim Hinausgehen glaubte Ilsa zu hören, wie Herr Martin
bei der Kellnerin einen Cognac bestellte. Vielleicht fiel es ihm
auch schwer, sich von der Kaffeehaus-Kulisse zu trennen, so
wie ihr. Vielleicht scheute er sich auch, nach Hause zu gehen,
wo offenbar niemand auf ihn wartete.

In der folgenden Woche saßen Ilsa und Charlie jeden Abend
zusammen in der Küche. Ilsa teilte ihre Zeit genau zwischen
Frau Selberts Bebel und Pauls Mütze auf. Sie las das dicke
Buch mit einem spitzen Bleistift in der Hand und machte
sich auf dem Rand einer alten Zeitung Notizen. Das Kapitel
»Die Frau in der Zukunft« hatte Frau Selbert mit einem
Lesezeichen markiert:

Die Frau steht dem Mann als Freie, Gleiche gegenüber und ist
Herrin ihrer Geschicke ... Sie kann ihre geistigen Fähigkeiten
nach Bedürfnis entwickeln; sie wählt für ihre Tätigkeit diejenigen

Gebiete aus, die ihren Wünschen und Neigungen entsprechen, und ist unter den gleichen Bedingungen wie der Mann tätig.

Ilsa bekam bei der Lektüre rote Wangen und dachte daran, dass sie keineswegs *unter den gleichen Bedingungen wie der Mann tätig* war. Sie hatte keine Vorstellung, was die Stenographen oder gar die Abgeordneten verdienten, aber sie vermutete, dass es nicht 75 Pfennig in der Stunde waren. Sie und die anderen Sekretärinnen waren Farbtupfer im Grau der Anzüge. Aber sie waren nie diejenigen, die vorn am Rednerpult standen; sie waren nicht einmal diejenigen, die in der Nähe des Rednerpultes saßen und die Ergebnisse protokollierten. All die Frauen, die sie jeden Tag durch die Gänge der Pädagogischen Akademie eilen sah, hielten unauffällig den Laden am Laufen. Sie blieben im Hintergrund. Mit vier Ausnahmen: Frau Nadig, Frau Selbert, Frau Weber und Frau Wessel. Den vier Frauen im Parlamentarischen Rat.

Energisch klappte Ilsa das Buch zu. Genau an dieser Stelle würde sie am nächsten Tag weiterlesen. Doch jetzt musste sie sich der flaschengrünen Wolle widmen.

»Passt gut zu deinen Augen«, bemerkte Charlie. »Sieht aber ziemlich winzig aus, die Mütze.«

»Die ist ja auch nicht für mich«, erwiderte Ilsa. »Die ist für einen kleinen Jungen auf Lindys Hof.«

»Der Junge von den Baltruschats?« Charlie wusste mittlerweile einiges über den Hof in Leichlingen. Einiges aber auch nicht.

»Hm«, machte Ilsa. Sie hasste es zu lügen. Aber was blieb ihr anderes übrig?

Während Ilsa an Pauls Mütze strickte, vertiefte sich Charlie in Herrn Martins Artikel und kritzelte Anmerkungen auf bräunliches Papier voller Holzsplitter. Und während Ilsa die Strickwaren – für einen kleinen Schal reichte die Wolle schließlich auch noch – in ein Paket schnürte, schichtete Charlie ihre nach Feierabend abgetippten Seiten sorgfältig in eine hellgrüne Mappe, die sie extra für diesen Zweck gekauft hatte. Für die Arbeitsproben war das holzhaltige Papier natürlich nicht gut genug; Charlie gelang es, stattdessen blütenweißes Vorkriegspapier aufzutreiben.

»Was meinst du? Klingt das wie ein echter Zeitungsartikel von einem echten Zeitungsredakteur?«, fragte Charlie schließlich, als sie Ilsa ein Blatt zum Lesen gegeben hatte. Ungewohnt verzagt klang sie.

»Aber ja!«, rief Ilsa. »Klingt ganz echt! Genauso wie im ›Rheinischen Merkur‹.« Sie umarmte ihre Freundin.

Doch Erfolg war Charlie trotzdem nicht beschieden mit ihren Bemühungen, und Ilsa auch nicht.

Nach nur wenigen Tagen erreichte Ilsa ein kurzer Brief von Lindy:

Meine liebe Ilsa,
es tut mir so leid, aber ich musste Deine schönen Sachen aufribbeln – die Mütze ist viel zu klein! Paul ist ganz schön gewachsen diesen Herbst, auch sein Kopf! Ich strick ihm eine neue Mütze aus der Wolle, ja?
Kuss, Lindy

Und Charlie, die sich einen kostbaren Nachmittag freigenommen hatte für ihr Vorstellungsgespräch bei der Zeitung, stopfte nach ihrer Rückkehr jedes einzelne blütenweiße Blatt in die Brennhexe. Nur die hellgrüne Mappe behielt sie zurück.

Kapitel 11

Ilsa hatte Charlie den ganzen Weg bis zur Redaktion beglei-
tet. Sie hatte ihr den Kragen gerichtet und ihr fest die Hand
gedrückt. »Das wird schon!«, hatte sie mit aufmunterndem
Lächeln gesagt, aber dann hatte sie nicht länger warten können, weil ihre Mittagspause zu Ende war und sie wieder zur
Arbeit musste.

Also lief Charlie allein um den Block, bis es Zeit war, die
Klingel zu drücken, neben die jemand einen abgerissenen Zettel mit den Worten »Lokalredaktion« gepappt hatte. Dank der
neuen Schuhe aus Pirmasens war sie schließlich wieder gut
zu Fuß. Und es regnete auch nicht; sie würde also nicht tropf-
nass und mit roter Nase zum Vorstellungsgespräch erscheinen.
Sondern frisch und dynamisch und mit leicht geröteten Wangen. Während sie den anderen Passanten auswich, ging sie in
Gedanken die Antworten auf mögliche Fragen durch. Woher
sie kam, was sie nach Bonn verschlagen hatte, ob sie früher
schon einmal für eine Zeitung geschrieben hatte. Und sie rief
sich die Artikel zum politischen Tagesgeschehen ins Gedächt-
nis, die sie gelesen hatte. In der Pressestelle in der Görrestraße
hatte sie sich lauter alte Ausgaben der »Kölnischen Rundschau«
und des »Rheinischen Merkurs« ausgeborgt, um kenntnisreich

über Bonns Aussichten, Bundeshauptstadt zu werden, plaudern zu können.

Vor dem Redaktionsgebäude hielt sie inne. 15 Uhr. Sie holte tief Luft, rückte ihren Hut zurecht und drückte auf die Klingel.

Ein junger Mann ließ Charlie eintreten, während ein anderer Redakteur sich an ihr vorbeidrängte und verkündete: »Kinder, ich muss weg – PK im Rathaus!«

Die Redaktion war in zwei Zimmern untergebracht. In das erste hatte man so viele Schreibtische und Redakteure gequetscht wie nur möglich; die Luft stand vor Zigarettenqualm, und die Schreibmaschinen klapperten.

»Ich brauche eine Verbindung nach Frankfurt«, beschwor ein Mann die Telefonistin. »Fräulein? Fräulein –« Fluchend warf er den Hörer auf die Gabel und versuchte es erneut.

»Und ich brauche den Leitartikel über die neue Rheinbrücke«, rief ein Mann mit schlecht gebundener Krawatte über den Lärm hinweg. »Warum gehen die Arbeiten nicht voran? Wie soll Bonn je Hauptstadt werden ohne Brücke? Schlafen Sie mir nicht ein beim Schreiben – drei Spalten!«

Er wandte sich um und erblickte Charlie in dem Trubel. »Sind Sie Fräulein Weber? Kommen Sie mit.«

Die Redaktion war genauso hektisch und chaotisch, wie Charlie sie sich erhofft hatte. Sie konnte sich gut vorstellen, wie sie, den Stenoblock in der Hand, hereingestürmt kam und anfing, einen Artikel in die Maschine zu hämmern.

Der Mann mit der schiefen Krawatte schloss die Tür zum zweiten Zimmer hinter Charlie und reichte ihr die Hand.

»Müller«, sagte er. »Sie kommen zum Vorstellungsgespräch? Wie schnell tippen Sie denn?«

Er ließ sich in den schweren Schreibtischstuhl fallen und bedeutete Charlie, sich ebenfalls zu setzen.

»300 Anschläge in der Minute«, antwortete Charlie.

»Und Steno können Sie auch?«

»Ja. So schnell können Sie gar nicht reden, wie ich stenographiere«, gab Charlie zurück und blickte ihn direkt an.

»Wollen wir wetten? Ich war früher Sportreporter«, antwortete Herr Müller.

»Na dann mal los!«, entgegnete Charlie angriffslustig und zog ihren Block aus der Handtasche.

Doch dann zeigte Herr Müller auf den überquellenden Aschenbecher, den vollen Papierkorb und die leeren Kaffeetassen, die sich auf einem Tablett stapelten. »Wir brauchen hier dringend eine ordnende weibliche Hand«, sagte er. »Sie sehen es ja selbst.«

Charlie blickte ihn verwirrt an. »Sie meinen – was meinen Sie? Räumen denn die Redakteure hier auf?«

»Die Redakteure? Nein, natürlich nicht. Sie sind doch hier, weil Sie bei uns als Sekretärin anfangen wollen.«

Charlie lächelte gezwungen.

»Nein, in der Anzeige war von einer Redakteursstelle die Rede. Darauf habe ich mich beworben. Sicher wäre Steno von großem Nutzen bei Interviews oder Pressekonferenzen, bestimmt wäre das Maschineschreiben hilfreich beim Tippen der Artikel ...«

Charlie schob Herrn Müller ihre Unterlagen herüber.

»Sehen Sie – hier sind meine Arbeitsproben. Ich habe Artikel verfasst zu allen möglichen Themen – Film, Theater, Politik, zur Rationierung von Butter …«

Herr Müller schlug die grüne Mappe auf und blätterte durch das feine weiße Papier, ohne richtig hinzusehen. Sein spitzbübischer Gesichtsausdruck war verschwunden. Stattdessen blickte er Charlie mit einer Mischung aus Verwunderung und Herablassung an.

»Mein liebes Fräulein – Ihnen ist schon klar, dass wir einen Krieg verloren haben?« Er sprach mit ihr wie mit einem Kind. »Wissen Sie, wie viele Millionen Männer aus der Gefangenschaft heimgekehrt sind? Und was meinen Sie, was die jetzt machen? Die suchen Arbeit. Die wollen ihre Familien ernähren. Und da glauben Sie, ich gebe eine meiner kostbaren Redakteursstellen einem jungen Mädchen, das ein bisschen Steno kann? Sicher nicht.«

»Aber –«, setzte Charlie an, doch Herr Müller ließ sie nicht zu Wort kommen.

»Meinen Sie, die Leute wollen lesen, was Sie über die Rationierung von Butter zu sagen haben? Ich glaube kaum.«

Er schob die Mappe zu ihr zurück und stand auf. Das Gespräch war zu Ende. Charlie, eben noch eine gestandene Frau von dreißig Jahren, Sekretärin des Ratspräsidenten, war innerhalb von Minuten zu einem Mädchen geworden, das ein bisschen Steno konnte. Sie ging durch das Redaktionsbüro, das in der gleichen Zeitspanne von einem liebenswürdigen Chaos zu einer reinen Männerwirtschaft geworden war. Erst jetzt sah sie, dass auf allen Schreibtischen die Aschenbecher überquollen, dass auf der Fensterbank die ungespülten Kaffeetassen auf die neue Sekretärin warteten. Aber nicht auf sie, ganz sicher nicht.

Zu Hause schob Charlie ihre gesammelten Werke, jede einzelne Arbeitsprobe, in die Brennhexe. Die alten Ausgaben der »Rundschau« stopfte sie hinterher, auch wenn man die noch gut hätte brauchen können. In der Mansarde wurde es beinahe warm. Aber nur für einen winzigen Moment. Dann fröstelte Charlie genauso, wie sie hier seit Herbstanfang immer gefroren hatte. Dennoch konnte sie sich nicht aufraffen, hinunter in die warme Küche zu gehen und mit den anderen zu reden und zu scherzen. Sie konnte sich auch nicht dazu bequemen, den Rock zu nähen, bei dem sich der Saum gelöst hatte, oder die Bluse zu waschen, die sie am nächsten Tag anziehen wollte. Sie blieb einfach in ihrem abgeschabten Sessel sitzen und zog bloß ihre Bettdecke um sich. Sie sah Herrn Müller mit den Lachfältchen vor sich, der sie jederzeit als Sekretärin eingestellt hätte, mit der man schäkern konnte, aber niemals als Redakteurin. Sie würde sich weiterhin damit begnügen müssen, die Gedanken anderer Leute aufzuschreiben, anstatt sich ihre eigenen zu machen.

Neben dem Sessel lagen noch ein paar alte Ausgaben vom »Merkur«, und Charlie nahm müßig ein Exemplar in die Hand. Die Werbung für ein Haarfärbemittel fiel ihr ins Auge: »Lass das Vergangene vergessen sein! Muss Dir denn jeder ansehen, was Du an Schwerem erlebt hast?«, hieß es darin. »Sei lieber, wie Du früher warst – mit Kleinol Hesha Simplex.« Charlie strich sich über den Schopf – diesen Ratschlag beherzigte sie schon seit Langem. Mit Erfolg, wie es schien, zumindest hatte ein Mann, der ein Mädchen mit Stenokenntnissen erwartete und nicht allzu genau hinsah, sie für eines gehalten. Sie blätterte zu den Stellenanzeigen, in denen Sekretärinnen ein passender Wirkungskreis versprochen wurde, und weiter zu den Heiratsannoncen. Sie wunderte sich über den »alleinstehenden Herrn mit tadelloser Vergangenheit«, der mit einer »tüchtigen Hausfrau mit sonnigem Herzen« eine »glückliche Lebensgemeinschaft« begründen wollte. Wer hatte wohl in diesen Zeiten eine tadellose Vergangenheit? Und wer ein sonniges Herz? Dann stolperte Charlie über das Inserat eines »strebsamen Metzgermeisters«, »1,68 Meter groß, blond, gesund, aufrichtiger Charakter, vielseitig erfahren«, der eine Ehekameradin suchte. »Etwas Vermögen erwünscht.« Charlie stutzte. Die Anzeige kam ihr bekannt vor. Sie nahm sich die Ausgaben des »Rheinischen Merkur« eine nach der anderen vor und fand den strebsamen Metzgermeister in jeder einzelnen von ihnen. Nur: Seine Größe variierte. Mal war er 1,68 Meter groß, mal 1,76, einmal gar 1,98 Meter. Was hatte das zu bedeuten? Wer veröffentlichte wohl jeden Tag leicht abgewandelt die gleiche Anzeige? Konnte das wirklich ein strebsamer Metzgermeister sein? Charlie richtete sich auf und warf die Bettdecke von sich. Das war bestimmt kein Metzger. Das war jemand, so dachte Charlie nach Wochen der Krimi-Lektüre, der eine Geheimbotschaft veröffentlichte. Ein Verbrecher wahrscheinlich! Für einen Moment erwog sie, sich auf die Annonce zu melden und zu schauen, was geschah. Aber nein, was, wenn wirklich ein Verbrecher auf den Plan trat? Ein

Schieber vielleicht, der seinen Kompagnons die Ankunft von Ware kundtun wollte? Ein alter Nazi, der früheren SS-Kameraden beim Untertauchen half?

Mit einer spitzen Schere schnitt Charlie die Anzeigen aus und ordnete sie nach Datum in ihrer hellgrünen Mappe. Dann nahm sie einen Bleistift und ein Blatt holzhaltiges Papier und begann zu schreiben. Obwohl sie sehr schnell schrieb, konnte der Bleistift ihren Gedanken kaum folgen.

Rosa Peters hatte 50 Pfennig gespart, indem sie ihrer Vermieterin die Zeitung abgeschwatzt hatte. Nun saß sie so dicht neben dem Ofen wie nur möglich und ging die Annoncen durch: erst den Stellenmarkt, dann die Heiratsanzeigen, denn brauchen konnte sie beides, eine Arbeit ebenso wie einen Mann. Sie markierte ein Inserat, in dem eine perfekte Stenotypistin gesucht wurde, und eines, in dem einer Sekretärin eine »angenehme Beschäftigung« versprochen wurde, dann blätterte sie weiter und stieß auf einen »Kaufmann, 46 Jahre alt, viel jünger aussehend«, der eine »gute Mutter für sein sechsjähriges Bübchen« suchte. Rosa zückte den Bleistift, doch da sah sie den Nachsatz: »Einheirat in Geschäftsbetrieb angenehm.« Sie ließ den Stift wieder sinken. Damit konnte sie leider nicht dienen. Sie verfügte über keinen Geschäftsbetrieb und auch sonst über nicht viel, nur über ein Zimmer, bei dem sie mit der Miete im Rückstand war.

Rosa seufzte und blätterte leise die Seite um. Sie hatte sich angewöhnt, alles leise zu tun, jedes Rascheln, Klappern und

Poltern zu vermeiden, denn ihr Zimmer war nur durch einen dicken Vorhang vom Wohnraum der Vermieterin abgetrennt. Wenn diese Radio hörte, nutzte Rosa die Gelegenheit zum Räuspern und Husten. Aber sonst war ihre Bleibe sehr gemütlich.

Auf der folgenden Seite erblickte Rosa eine Annonce, die ihr schon am Vortag aufgefallen war. »Ein strebsamer Metzgermeister, 1,68 Meter groß, blond, gesund, aufrichtiger Charakter, vielseitig erfahren« erbat Zuschriften unter »R 5220«. Doch halt – war er nicht gestern noch viel größer gewesen? Sie erinnerte sich, dass sie gestutzt hatte bei der Angabe, er sei 1,98 Meter groß. Fast zwei Meter – das war ihr etwas übertrieben vorgekommen.

Rosa kramte die Zeitungen der vergangenen Woche hervor, die sie zum Verfeuern neben dem Ofen platziert hatte, und schlug in jeder Ausgabe die Heiratsanzeigen auf. Tatsächlich! Der »strebsame Metzger« fand sich in jedem Exemplar, doch von Tag zu Tag schrumpfte oder wuchs er. Was hatte das zu bedeuten? Es konnte doch kein Tippfehler sein. Nein, bestimmt handelte es sich um eine Geheimbotschaft. Rosa war wie elektrisiert. Vielleicht kommunizierten Verbrecher auf diese Weise miteinander? Sie schnitt alle Anzeigen sorgfältig aus, versah sie mit Quelle und Datum und legte sie in eine Schachtel. Rosa verschob ihre Suche nach einem Mann und/oder einem Arbeitsplatz auf später, setzte ihren Hut auf und ging zur nächsten Polizeiwache. Das war doch sicherlich ihre Pflicht als Bürgerin.

»Ich habe einen Hinweis für Sie«, sagte Rosa eifrig zu dem diensthabenden Polizisten und schob ihm die Schachtel mit den Zeitungsanzeigen über den Tresen. Erst jetzt bemerkte sie, dass sie in der Eile den kleinen Karton genommen hatte, in dem ihre Vermieterin als junges Mädchen ihre Glanzbilder aufbewahrt hatte. Den Deckel zierte ein pausbäckiger Engel mit goldenen Flügeln.

Der Polizist musterte erst den rotwangigen Engel, dann Rosa.

»Mein liebes Fräulein«, sagte er zu ihr und aschte neben die Kaffeetasse, in der schon einige Zigarettenstummel lagen. »Ihnen ist schon klar, dass wir hier einer ernsthaften Arbeit nachgehen? Wissen Sie, wie wenig Leute wir haben? Und da glauben Sie, ich setze einen meiner Männer darauf an, Ihren Rosenbilder-Karton durchzusehen? Ganz sicher nicht.«

Er wandte sich wieder den Akten zu, in denen er vor Rosas Ankunft gelesen hatte. Das Gespräch war zu Ende.

Rosa verließ die Polizeistation, die Schachtel mit den Anzeigen fest in den Händen.

Zu Hause hängte sie Mantel und Hut auf. Das Hochgefühl über ihre Entdeckung war verpufft. Sie war so niedergeschlagen, dass sie sich gar nicht ermahnen musste, keinen Lärm zu machen. Sie machte ohnehin keinen, grau und unbedeutend, wie sie sich fühlte. Rosa kniete sich vor den Ofen, um die Schachtel hineinzustopfen. Dann hielt sie inne. Sie hatte keinen Mann und keine Arbeit, nur ein halbes Zimmer und Mietschulden. Aber deshalb war *ihre Entdeckung noch lange nicht wertlos. Rosa straffte sich. Mit geradem Rücken setzte sie sich an den Tisch und begann zu schreiben. Eine Zuschrift an die Chiffre R 5220. Mal sehen, wer sich darauf melden würde. Ein Metzgermeister? Oder jemand ganz anderes? Als sie fertig war, verschloss sie das Kuvert sofort, frankierte es und warf es in den Briefkasten an der Straßenecke. Bevor sie es sich anders überlegen konnte.*

Charlie streckte sich. Die letzten Zeilen hatte sie fast im Dunkeln geschrieben. Sie hörte Emma und Ilsa die Treppe hinaufkommen und legte die eng beschriebenen Seiten rasch in ihre Mappe, um keine Fragen beantworten zu müssen. Es fiel ihr schwer, Rosa allein zu lassen, und sie konnte es kaum abwarten, am nächsten Tag weiterzuschreiben.

Kapitel 12

Herrenbesuch! Fast zwei Wochen waren vergangen, seitdem Ilsa mit Herrn Martin im Café Müller Kaffee getrunken hatte. Nun saßen sie dicht gedrängt um den Küchentisch: Ilsa, Charlie und Emma auf der einen Seite, Hans und Herr Martin auf der anderen. Herr Dreesen hatte sich zurückgezogen, um eine philosophische Hausarbeit zu schreiben – Ilsa hatte ihn ohne viel Aufhebens hinauskomplimentiert, weil sie fürchtete, Herrn Martin mit seiner hilfsbereiten Art ansonsten für den Rest des Abends an Platon zu verlieren. Herrn Stratmann hatte Ilsa diesmal nicht eingeladen.

»Ich dachte, du fändest ihn charmant«, hatte Emma bemerkt.

»Und letztes Mal hat er Johannisbeerlikör mitgebracht«, hatte Charlie eingeworfen.

Ilsa hatte die Schultern gehoben.

»Herr Martin und Herr Stratmann, die passen einfach nicht zusammen.«

»Und warum lädst du dann den einen ein und nicht den anderen?«, hatte Charlie weiter nachgehakt.

Darauf hatte Ilsa keine Antwort gehabt.

Also saßen sie zu fünft in der Küche. Es gab Kartoffelsuppe – Emma hatte von daheim Speck mitgebracht – und

Obstbrand aus Leichlingen. »Dazu ist die Gute Luise also auch gut«, hatte Charlie gesagt und sich schon einmal einen Fingerbreit eingeschenkt. Mittlerweile hatten sie aber alle weit mehr als einige Fingerbreit davon getrunken.

»Sie haben noch gar nicht von Ihrem Besuch in der Zeitungsredaktion berichtet«, sagte Herr Martin schließlich zu Charlie. »Wann haben Sie Ihren ersten Auftrag?«

Charlie berichtete auf lustige und muntere Weise von ihrem Erlebnis und traf bei den Worten »Mein liebes Fräulein« auch sehr gut Herrn Müllers Ton. »Aufträge bekomme ich von dort also nicht so bald«, sagte sie, »aber das macht nichts.«

Herr Martin ließ sich von ihrer wegwerfenden Ausdrucksweise nicht täuschen.

»Lassen Sie sich nicht entmutigen«, sagte er. »Sie können gut schreiben. Geben Sie mir ruhig Bescheid, wenn Sie neue Texte fertig haben.«

Charlie schien etwas sagen zu wollen, überlegte es sich dann aber doch anders. Sie nickte bloß.

Am anderen Ende des Tisches schwenkte Hans eine Ausgabe des »Spiegel«. »Wir sind ein schizophrenes Volk, und das ist der Beweis«, sagte er gerade. Er las vor: »Wer ist der größte Politiker der Vergangenheit? Unsere Leser haben geantwortet: Erster Platz: Bismarck. Zweiter Platz: Churchill. Dritter Platz: Stresemann. Dann Hitler, dann Stalin.«

Herr Martin griff nach der Zeitschrift. »Na, das charakterisiert unsere Gesellschaft doch ziemlich gut. Da findet man sie alle wieder: die Anhänger des Kaiserreichs, die der Weimarer Republik, die Nazis, die Kommunisten …«

»… und diejenigen, die meinen, wenn wir den Krieg schon verloren haben, dann nur gegen den größten Politiker aller Zeiten«, fuhr Ilsa fort.

Sie nahm ihm die Zeitschrift aus der Hand und studierte ebenfalls die Liste. »Aber wo sind die Anhänger der neuen Bundesrepublik?«

»Na, hier an diesem Tisch natürlich«, sagte Herr Martin.

»Sind wir das?«, fragte Ilsa nachdenklich.

»Sicher. Wer denn sonst? Wir haben die Pflicht, mitzumachen. Irgendwer muss doch das Erbe dieser Staatskatastrophe antreten. Wir können nicht abseits bleiben.«

»Willst du etwa Pg werden, Teddy?«, fragte Hans verblüfft.

»Natürlich«, antwortete Herr Martin, ebenfalls überrascht. »Du etwa nicht?«

»Eigentlich möchte ich nichts lieber, als vom Staat für den Rest meines Lebens in Ruhe gelassen zu werden. Ich habe eine Überdosis Politik gehabt.«

»Aber Hans«, rief Ilsa, »es geht hier nicht darum, mit Siebzehn zum Verbluten in die Normandie geschickt zu werden und Gebrüll aus dem Volksempfänger zu hören …«

»… sondern es geht darum, Plakate zu kleben und sich in den Stadtrat wählen zu lassen«, ergänzte Herr Martin. »Und wenn einem etwas nicht passt, sagt man das und tritt im Zweifelsfall wieder aus – und niemand kann einem deswegen was.«

Hans schenkte Obstbrand nach. »Trotzdem. Politik ist ein schmutziges Geschäft. Das ist nichts für mich.«

»Das glaube ich dir nicht«, sagte Herr Martin. »Wenn dem

wirklich so ist – warum gibst du dann eine Mark für den ›Spiegel‹ aus und liest ihn auch noch gründlich?«

Ilsa wechselte einen Blick mit Herrn Martin und dachte an Frau Selbert und ihren Rat, Wissen anzuhäufen, um politisch etwas bewirken zu können. Und um das eigene Leben besser zu gestalten. Und sie dachte an ihren Bebel. Den hatte sie schon halb durch.

Sie blätterte weiter in der Zeitschrift.

»Ha! Ich habe sie doch noch gefunden, die Anhänger der neuen Republik.« Ilsa zeigte auf eine Spalte. »Hier. Bei der Frage, wer Regierungschef werden soll. Adenauer ist auf dem ersten Platz.«

»Mein Adenauer?«, fragte Charlie. Jetzt griff sie nach der Zeitschrift.

»Er ist also dein Adenauer, ja?«, sagte Ilsa neckend. »Vielleicht steigst du ja mit ihm in höchste Ämter auf. Da wird er immer noch eine Sekretärin brauchen.«

»Vielleicht.« Ganz überzeugt klang Charlie nicht.

Plötzlich drehte Herr Martin das Küchenradio lauter. »Benny Goodman«, rief er und sprang auf. Das Stück klang wirklich mitreißend, fand Ilsa. Und da sie nicht wenig Birnenschnaps getrunken hatte, da sie nicht ungern tanzte und da Herr Martin in seinem blauen Pullover durchaus kein unangenehmer Anblick war, streckte sie ihm die Hand hin. »Darf ich bitten?«, fragte sie.

»Sie dürfen.«

Schwungvoll glitten sie über Frau Fassbenders Linoleum. Herr Martin tanzte gar nicht so steif, wie Ilsa vermutet hatte.

Sein Pullover roch nach seinem britischen Waschmittel und dem Rauch seiner Chesterfields.

»Ich sehe schon, Fräulein Klasing, wir werden uns auf irgendwelchen Parteitagen wiederbegegnen«, sagte Herr Martin.

»Sicher! Und gegeneinander kandidieren«, antwortete Ilsa.

»Nein, ich werde Ihre Kandidatur unterstützen – für was auch immer.«

Ilsa spürte ein Flattern im Magen.

Emma und Hans folgten ihrem Beispiel und wiegten sich vor der Spüle im Takt. Nur Charlie war sitzen geblieben. Sie tanzte nicht gern.

In dem Moment trat Frau Fassbender in einem gelben Bademantel in die Küche.

»Meine Lieben, Sie sind zu laut. Frau Berger und ich legen Patiencen, verlieren aber langsam die Patience.« Ohne große Umstände machte sie das Radio aus und griff nach dem »Spiegel«.

»Den nehme ich mit. Gute Nacht.« Die Tür fiel krachend hinter ihr zu.

»Gut, dass du dich nicht für Politik interessierst, da macht das ja nichts«, sagte Herr Martin zu Hans.

Hans grinste.

»Wir sind eine merkwürdige Generation«, fügte Herr Martin hinzu, nachdem er sich wieder gesetzt hatte. »Nach allem, was war, lassen wir uns jetzt von unseren Zimmerwirtinnen herumkommandieren.«

»Oh, ich hatte schon schlechtere Kommandeure«, bemerkte Hans.

Da kehrte Frau Fassbender zurück.

»Gute Nacht. Beehren Sie uns gerne wieder«, sagte sie und hielt den Herren die Tür auf, so dass es keinen Zweifel gab: Der Abend war zu Ende.

Am Montag passte Herr Martin Ilsa auf dem Gang der Pädagogischen Akademie ab.

»Im Theater gibt es Thornton Wilder. Samstag um acht.« Ilsa sagte, ohne zu zögern, zu. Deshalb traf sich das Grüppchen in gleicher Besetzung am darauffolgenden Wochenende wieder. Vor der Turnhalle der Clara-Schumann-Schule, in der das Bonner Schauspiel untergekommen war, gingen Charlie, Emma und Ilsa auf und ab. Sie stampften mit den Füßen, um sich warm zu halten.

»Das klingt ja vielversprechend«, sagte Ilsa und deutete auf ein Schild an der Tür: »Das Theater ist geheizt«, stand dort in Großbuchstaben.

»Was schauen wir eigentlich?«, fragte Charlie.

»»Unsere kleine Stadt««, erwiderte Ilsa. »Herr Martin hat die Billetts besorgt.«

»Sehr nett von ihm. Aber nicht weiter schwierig«, befand Charlie. Das stimmte, denn seit der Währungsreform blieben den Schauspielern und Musikern die Zuschauer weg. Nun, da es für Geld wieder etwas zu kaufen gab, hatten die Leute kein Geld mehr, jedenfalls nicht für solch flüchtige Vergnügungen.

Als Herr Martin und Hans um die Ecke bogen, sah Ilsa zufällig gerade zu Emma hin. Emmas Gesicht schien aufzuleuchten. Oder war das bloß das Licht der Straßenlaterne?

Ilsa hakte Charlie unter und ging mit ihr zusammen in die Halle. Doch als sie ihre Plätze suchten, geriet sie aus irgendeinem Grund trotzdem neben Herrn Martin. Sie behielt ihren Mantel an, denn trotz des Schildes war es in der Halle kalt. Um sie herum husteten und raschelten die Leute prophylaktisch, wie das in Theatern üblich ist. Auch Ilsa räusperte sich. Ihre Eltern hatten wenig Geld für Theaterbesuche gehabt, aber ins Weihnachtsmärchen hatten sie sie trotzdem jedes Jahr mitgenommen. Wie sehr hatte sie bei »Peterchens Mondfahrt« um Herrn Sumsemann gebangt! Und wie sehr hatte ihr die Königin der Nacht Angst gemacht! Ob Paul auch irgendwann so mit ihr im Theater sitzen würde? Vielleicht bei etwas weniger frostigen Temperaturen?

Sie wandte sich Herrn Martin zu: »Sie wissen bestimmt, worum es geht, oder?«

»Das Stück besteht aus drei Akten«, flüsterte Herr Martin zurück. »Der erste Akt heißt ›Das tägliche Leben‹, im zweiten geht es um ›Liebe und Heirat‹ und im dritten – na, ich nehme an, Sie ahnen, wovon er handelt.«

Das Licht verlosch, das Raunen und Knistern verebbte, und als ein Mann mit Pfeife im Mundwinkel auf die Bühne trat, vergaß Ilsa die Kälte und den Turnhallen-Geruch und die halb leeren Stuhlreihen. Für ein paar kurze Stunden war sie in der kleinen Stadt Grover's Corners, New Hampshire. Als die Schauspieler sich am Schluss verbeugten, klatschte sie länger als alle anderen.

Während sie sich nach draußen schoben, sagte Hans: »Wenn sich unser Leben auch aus drei Akten zusammensetzt, haben wir mit dem dritten Akt begonnen. Jetzt würde ich gern den zweiten Akt erleben. Oder wenigstens den ersten.«

»Ja? Würden Sie das?«, fragte Emma und schaute ihn forschend an.

Herr Martin unterbrach sie: »Ich schlage vor, wir gehen noch hinüber zu mir, mein Zimmer ist ja gleich um die Ecke.«

Tatsächlich wohnte er nur ein paar Schritte entfernt. Auch er war bei einer Witwe in der fast unzerstörten Südstadt untergekommen. Sie schien jedoch etwas duldsamer – oder schwerhöriger – als Frau Fassbender zu sein. Jedenfalls hielt Herr Martin seine Gäste im Flur nicht zum Flüstern an. Der ausgetretene Teppich und der Spiegel erinnerten Ilsa dennoch an die Königstraße.

»Im Salon leben zwei Jura-Studenten«, erklärte Herr Martin. »Und hier wohne ich.«

Als er die Tür zu seinem Zimmer öffnete, hätte Ilsa beinahe laut aufgelacht. Herr Martin hatte sich in der Bibliothek seiner Vermieterin eingerichtet. Bücherstapel umzingelten sein Feldbett, Bücher und Zeitungen türmten sich auf dem Tisch, auf dem Kopfkissen lag ein kleiner Thornton-Wilder-Band.

»Schauen Sie sich ruhig um«, sagte Herr Martin, »ich brühe so lange einen Tee auf.«

»Soll ich Ihnen helfen?«

»Nein, nein, ich mache das schon.«

Seine Besucher drängten sich um die Bücherwände. Charlie vertiefte sich sofort in einen Krimi. Emma und Hans widmeten sich dem Regal mit der englischen und amerikanischen Literatur.

»Ich bin so hungrig nach all diesen ausländischen Stücken und Filmen und Büchern!«, rief Emma.

»Ja? Sind Sie das?«, fragte Hans und guckte sie aufmerksam an.

»Ich habe das Gefühl, ich müsste alles nachholen.«

»So geht es mir auch«, sagte Hans und griff nach einem Band von Hemingway. Emma setzte sich in einen niedrigen Sessel, und er nahm auf der Armlehne Platz. Zusammen beugten sie sich über das schmale Büchlein. Emma hatte ganz rote Wangen. Hans ebenfalls, so schien es Ilsa.

Sie beschloss, die beiden allein zu lassen. Deshalb ging sie zum Regal gegenüber und strich mit der Hand über die Buchrücken. Dort standen offenbar die ledergebundenen Klassiker. An einer Goethe-Gesamtausgabe lehnte eine Schwarz-Weiß-Fotografie. Sie zeigte eine junge Frau, der die Haare ins Gesicht wehten und die einen jungen Mann anlachte. Der junge Mann sah aus wie Herr Martin und doch nicht wie Herr Martin, denn so unbeschwert hatte Ilsa ihn noch nie gesehen. Im Hintergrund konnte Ilsa den Turm von Big Ben erkennen. Sie nahm das Bild in die Hand. War die junge Frau Lou? Herrn Martins Verlobte? Als sie es zurückstellen wollte, fiel das Foto um, und Ilsa konnte erkennen, was auf der Rückseite stand:

Frühjahr 1939
Endlich. Hier ist England! Hier ist England!
In Liebe L.

Sie hörte Herrn Martin mit dem Teegeschirr klappern und lehnte das Bild wieder an den Goethe-Sammelband. Rasch nahm sie ein anderes Buch aus dem Regal. Herr Martin sollte nicht denken, dass sie ihm hinterherspionierte.

Ihr Gastgeber öffnete die Tür mit dem Ellbogen und kam mit einem voll beladenen Tablett ins Zimmer. Ilsa trat schnell hinzu. Sie beeilte sich, die Bücher auf dem Tisch wegzuräumen und Platz zu machen für die Kanne und für fünf Tassen, die nicht zusammenpassten.

»Ich würde Ihnen die Bände gern ausleihen«, sagte Herr Martin, während er den Tee einschenkte. »Aber mir gehören nur die allerwenigsten. Die meisten hat meine Vermieterin erstaunlich gut durch den Krieg gebracht. Und Beziehungen zur Buchhandlung Bouvier hat sie auch.«

Herr Martin setzte sich auf sein Feldbett, Hans und Emma blieben in dem niedrigen Sessel, und Charlie und Ilsa nahmen auf dem Fußboden Platz. Es war gemütlich mit all den Büchern und dem heißen Tee und dem Geplauder. Waren das jetzt ihre Freunde, fragte sich Ilsa. War das ihr Freundeskreis? Andererseits hatte sie niemandem in der Runde von Paul erzählt. Wie einsam einen so ein Geheimnis machte! Wie es wohl wäre, sich den anderen anzuvertrauen? Zum Beispiel Charlie? Ilsa blickte hinüber zu ihrer Mitbewohnerin, die gerade mit viel Elan eine Geschichte von der Arbeit erzählte. »Ein Rundfunkmensch aus Frankfurt bringt jede Woche kistenweise Riesling von den Hessischen Staatsweingütern nach Bonn und wirbt für Frankfurt als Hauptstadt. Herr Adenauer meint –«

Ilsa lächelte. Dann stellte sie sich vor, wie sie in das Geplänkel hineinplatzte: »Übrigens, Herr Martin, die flaschengrüne Wolle, die so gut zu meinen Augen passt, habe ich gar nicht für mich gekauft. Und Charlie, die Mütze war nicht für den kleinen Baltruschat-Jungen – die war für meinen unehelichen Sohn. Das macht euch doch nichts aus, oder?« Allein bei dem Gedanken an die fassungslosen Gesichter der anderen wurde Ilsa kalt. Wenn schon ihre Schulfreundinnen, die sie ihr Leben lang gekannt hatten, so verächtlich auf Paul reagiert hatten, wie sollten dann diese Menschen, denen sie vor wenigen Monaten zum ersten Mal begegnet war, Verständnis und Mitgefühl aufbringen? Irgendwann, wenn sie Paul zu sich holen konnte, würde sie sich alldem stellen, vielleicht auch der Verachtung. Aber jetzt noch nicht. Jetzt wollte sie ihre Freunde noch behalten. Obwohl die so vieles nicht von ihr wussten. Und obwohl sie ahnte, dass es auch sehr viel gab, was sie über die anderen nicht wusste.

Kapitel 13

»Die Frau, die während der Kriegsjahre auf den Trümmern gestanden und den Mann ersetzt hat, hat einen moralischen Anspruch darauf, so wie der Mann bewertet zu werden!«, rief Frau Selbert.

Sie selbst stand nicht auf den Trümmern, sondern hinter einem Katheder, von dem früher wohl die Professoren auf ihre Studenten geschaut hatten. Nun war es Frau Selbert in ihrem hellen Kostüm, die auf eine Ansammlung von Männern in dunklen Anzügen hinunterblickte. Der Hauptausschuss. Es war der 3. Dezember, und man beriet über die Gleichberechtigung.

Ilsa applaudierte Frau Selbert innerlich, aber äußerlich begnügte sie sich damit, ihre Worte sehr schnell mitzuschreiben. Sie saß hinten im Saal, in einem der größten Räume der Pädagogischen Akademie. Ilsa fühlte sich gut informiert – schließlich kannte sie Frau Selberts Argumente bereits –, und sie fühlte sich in Hochstimmung, denn die anderen Abgeordneten hatten Frau Selbert nicht viel entgegenzusetzen. Sie musste sogar ein kleines bisschen lächeln, als Adolf Süsterhenn von der CDU versuchte, Frau Selberts Aussagen mit dem Hinweis auf die Deichpflicht und die Sonderbestimmungen für Schwangere zu entkräften.

Die Deichpflicht! Also wirklich. Und Frau Webers Empörung darüber, dass Frau Selbert die Presse über die letzte Sitzung informiert hatte, konnte sie auch nicht teilen.

»Ich weiß nicht, wie viele entrüstete Telegramme ich bekommen habe. Diese Dinge sind ganz falsch wiedergegeben worden«, sagte Frau Weber.

Ilsa verzog die Mundwinkel. Frau Selbert hatte eben den besseren Draht zur Presse, ganz einfach. Und das entscheidende Argument hatte sie sich für den Schluss aufgehoben: der Hinweis auf die kommende Bundestagswahl.

»Alle ›Aber‹ sollten hier ausgeschaltet sein«, sagte Frau Selbert. »Auf 100 Wähler kommen 170 Wählerinnen. Und die werden kein Verständnis für Ihre Einwände haben.«

Ilsa blickte auf, als der Ausschussvorsitzende Carlo Schmid rief: »Ich lasse über den Antrag Frau Dr. Selberts abstimmen: Männer und Frauen sind gleichberechtigt. Wer für den Antrag ist, der hebe jetzt die Hand.«

Ilsa umklammerte ihren Stift. Fast vergaß sie zu atmen. Die Spannung war kaum zu ertragen. Die Arme der Ausschussmitglieder gingen hoch. Einer nach dem anderen. Sieben, acht, neun. Es waren neun.

»Wer gegen Frau Dr. Selberts Antrag ist, der hebe jetzt die Hand«, fuhr Schmid fort. Ilsa zählte, Carlo Schmid ebenfalls. Neun, zehn, elf. Elf Stimmen. Schmid verkündete: »Der Antrag ist mit elf gegen neun Stimmen abgelehnt.«

Ilsa ließ ihren Stift fallen, anstatt das Ergebnis zu notieren. Abgelehnt! Wie war das möglich? Elf zu neun! Männer und Frauen sind gleichberechtigt – das war nicht die Realität, und nun war es nicht einmal mehr ein Anspruch, den man an die Wirklichkeit haben konnte.

Ilsa war wie betäubt. Mechanisch packte sie ihre stumpfen Bleistifte und ihren Notizblock zusammen. Ohne die Politiker und Referenten und Stenographen wahrzunehmen, die auf den Gang strömten, verließ sie den Raum. Erst als sie Frau Selberts Stimme hörte, schaute sie hoch.

»Fräulein Klasing, wir haben viel zu tun! Ich werde Sie brauchen in den kommenden Tagen und Wochen.«

»Aber wir – Sie haben verloren –«

Frau Selbert schüttelte den Kopf.

»Noch nicht! Die zweite Lesung ist im Januar – nicht viel Zeit, aber genug! Genug für Briefe, Vorträge, Artikel …«

Erst jetzt fiel Ilsa auf, dass Frau Selbert nicht niedergeschlagen wirkte.

»Sind Sie denn gar nicht – sind Sie nicht enttäuscht?«, fragte sie.

»Enttäuscht?« Frau Selbert sah beinahe verblüfft aus. »Natürlich nicht. Das hätte ich in meinen kühnsten Träumen nicht erwartet. Einen größeren Dienst hätten uns die Bürgerlichen gar nicht leisten können.«

Ilsa war irritiert. »Nein? Hätten sie nicht?«

»Das Thema gehört jetzt uns. Jetzt sind wir die Partei der Gleichberechtigung. Und das bei dem heutigen Frauenüberschuss.«

Wieder schüttelte Frau Selbert den Kopf.

»Also, ich zähle auf Sie! Ich muss wieder rein; es geht jetzt um die Rechte der unehelichen Kinder.«

Ilsa blieb unschlüssig im Gang stehen. In ihrem Kopf begannen die Gedanken zu rasen. Nach kurzem Zögern schlüpfte auch sie zurück in den Saal und suchte sich einen Platz ganz hinten.

Friederike Nadig stellte den SPD-Antrag vor: »Das uneheliche Kind steht dem ehelichen gleich. Es gilt mit seinem natürlichen Vater als verwandt.«

Ilsa stieg das Blut in den Kopf. Natürlich war Paul mit seinem Vater verwandt. Mit wem denn sonst? Es war ja keine unbefleckte Empfängnis gewesen. Aber Frau Wessel vom Zentrum sah das anders: »Bei einem erheblichen Teil der unehelichen Kinder ist gar nicht feststellbar, wer der Vater ist.«

Ilsa hielt Stift und Block fest umklammert und schrieb kein Wort mit.

Frau Weber von der CDU empfand die Angelegenheit ebenfalls ganz anders als Ilsa: »Eine Gleichstellung ist niemals möglich, weil das Kind nicht in die Familie hineingeboren wurde. Das Kind ist schuldlos, aber tragisch getroffen.«

Tragisch getroffen! Ihr Paul! Und wessen Schuld war das wohl? Die der leichtfertigen Mutter wahrscheinlich, die nach Ansicht Frau Wessels nicht einmal eingrenzen konnte, wer der Vater war. Ilsa zitterte.

Dann schilderte Herr Renner, einer der beiden kommunistischen Abgeordneten, die Zukunft unehelicher Kinder in den düstersten Farben: bestenfalls als billig entlohnte Hilfskraft, schlimmstenfalls im Gefängnis. Ilsa traten vor Wut die Tränen in die Augen.

Sie war dann auch gar nicht mehr überrascht, als Frau Nadigs Antrag abgelehnt wurde. Mit zwölf zu neun Stimmen.

Während sie hinausging, hörte sie Herrn Renner sagen: »Diese Verfassung ist der Sieg des 18. Jahrhunderts über das 20.« Am liebsten hätte sie ihm lauthals zugestimmt. Was für ein elender Tag.

Ein paar Schritte den Gang hinunter war ein Bad. Ilsa eilte an Herrn Renner und den anderen Abgeordneten vorbei, warf die Tür hinter sich zu, lehnte sich an ein Waschbecken und spritzte sich Wasser ins Gesicht. Ein paar Tropfen landeten auf ihrer Bluse. »Atmen nicht vergessen!«, hörte sie in ihrem Kopf die Stimme ihres Vaters. Sie atmete so lange tief ein und aus, bis ihre Hände nicht mehr zitterten, bis ihr Puls sich beruhigte und bis keine Bilder von Paul mehr durch ihren Kopf schossen. Das dauerte eine ganze Weile. Als sie schließlich in den Spiegel sah, waren ihre Augen immer noch etwas gerötet. Aber da war nichts zu machen. Sie konnte nicht den Rest des Tages in diesem Bad verbringen. Also zupfte sie den Kragen ihrer Bluse zurecht, strich die Haare glatt und vertrieb den bitteren Ausdruck von ihrem Gesicht. Dann trat sie auf den Korridor.

»Fräulein Klasing!«

Es war Herr Martin. Er musterte sie eigenartig. »Darf ich Sie zu einem späten Mittagessen einladen? Sie sehen so aus, als könnten Sie es gebrauchen.«

O ja. Eine warme Mahlzeit konnte sie gut gebrauchen, und Herrn Martins Gegenwart ebenfalls. Ein kleines Gespräch über Film und Theater – das würde sie ablenken und aufheitern. Zusammen gingen sie in die Kantine, die vom Restaurant »La Roche« betrieben wurde. Ilsa hatte noch nie dort gegessen, aber schon viel Gutes gehört. Gern ließ sie ihre mitgebrachten Brote unausgepackt. Die würden sich auch bis zum Abend halten. Herr Martin hatte einen Tisch im fast leeren Rondell angesteuert. Durch die riesigen Fensterscheiben waren der graue Rhein und die grauen Wolken zu erkennen. Ilsa widmete sich der Speisekarte und entschied sich für das zweitgünstigste Gericht: »Frankfurter Kartoffeln mit Siedewurst und Salat«.

Es tat, gut mit Herrn Martin zu reden, über dies und das, über das Stück von Borchert, das nun auch bald nach Bonn käme. Doch plötzlich sagte Herr Martin: »Das ist ja gerade noch mal gut gegangen.«

»Was meinen Sie?«

»Na, die beiden Abstimmungen heute. Zur Gleichberechtigung und den unehelichen Kindern.«

»Gut gegangen?«, fragte Ilsa und spießte das letzte Stückchen Kartoffel auf die Gabel.

»Die SPD will mit ihren Anträgen das BGB aushebeln. Das gibt ein Rechtschaos! Das ist das Letzte, was wir brauchen in diesem Schlamassel.«

Entgeistert sah sie ihn an: Innerhalb von Sekunden hatte sich der hilfsbereite, freundliche Teddy Martin wieder zu dem Mann verwandelt, der er am Anfang ihrer Bekanntschaft gewesen war: zu einem Juristen, der eine feste Meinung zu allem hatte, besonders zu Dingen, von denen er gar nichts wusste. Ilsa fühlte, wie der Zorn erneut in ihr hochstieg, aber Herr

Martin merkte davon nichts. Ahnungslos – und ohne zu bedenken, dass Ilsa die Schule abgebrochen hatte und keine Juristin war und kein Oberregierungsrat – referierte er über die römische Rechtskultur und Kant und das alte Europa, die angeblich alle in dem Wälzer steckten. Nach ein paar Minuten hielt sie es nicht mehr aus. Sie legte Messer und Gabel beiseite.

»Wir halten jetzt einen Zipfel der Macht in der Hand«, unterbrach sie ihn, »und den müssen wir nutzen.«

»Wer hält einen Zipfel der Macht?«, fragte Herr Martin.

Ilsa war konsterniert. Begriff er wirklich nicht, was sie ihm sagen wollte?

»Na, Frau Selbert. Stellvertretend für uns Frauen. Und ich auch – jedenfalls ein bisschen.«

Jetzt sah Herr Martin fassungslos aus. »Dieses Land – unser Land – ist verwüstet; Millionen wohnen noch in Nissenhütten und Kellern. Wir arbeiten hier unverdrossen an einer Verfassung, aber wenn wir Pech haben, verschwinden wir trotzdem noch alle hinter dem Eisernen Vorhang.« Herr Martin redete sich in Rage. »Unseren Landsleuten in der Sowjetzone droht das sowieso – und da sorgen Sie sich darum, dass die Gleichberechtigung im BGB zu kurz kommt? Das BGB hat selbst die Nazis überstanden. Es ist unser Erbe. Müssen wir jetzt unbedingt hingehen und es zertrümmern?«

Wie Ilsa diesen schulmeisterlichen Ton hasste! »Vielen Dank für Ihren Hinweis. Ohne Sie wäre mir gar nicht aufgefallen, dass unser Land – ist es überhaupt Ihr Land? – unter Schuttbergen begraben liegt«, sagte sie frostig. Sie beugte sich über den Tisch. »Aber jetzt – in diesen Trümmern – ist die

Geschichte formbar. Jetzt können wir die Lage der Frauen in diesem Land ändern. Aller Frauen. Wir müssen das Grundgesetz dazu benutzen, die Dinge zu verbessern.«

»Ja, schon«, sagte Herr Martin, »aber doch nicht, um die Reste bürgerlicher Ordnung abzuräumen. Ehe, Familie ...«

»Und die unehelichen Kinder – die gefährden die bürgerliche Ordnung? Diese Kinder haben alle einen Vater, und die Mütter können den auch sehr wohl benennen.«

»Aber Gewissheit gibt es in diesen Fällen nie –«

»Und bei den ehelichen Kindern, da gibt es sie?«

»Es erscheint mir höchst unpassend, dieses Thema beim Mittagessen mit Ihnen zu besprechen«, sagte Herr Martin unbehaglich. Er blickte sich um, aber außer dem Kellner war um diese Zeit niemand mehr im Lokal. Ein Glück, so konnten sie sich ungestört streiten.

»Es mag ja sein, dass diese Frauen aus den Zeitumständen heraus gestrauchelt sind. Trotzdem darf man ihr leichtfertiges Verhalten nicht noch honorieren –«

Ilsas Hände zitterten jetzt so sehr, dass sie ihre Serviette nicht zusammenfalten konnte, aber er merkte gar nicht, wie er sich um Kopf und Kragen redete.

»Ich weiß nicht, warum Sie auf einmal so wütend sind«, sagte er schließlich, »aber ich bin nicht Ihr Feind. Ich habe Sie nur zum Essen eingeladen, weil Sie so blass aussahen –«

»Aus Mitleid haben Sie mich eingeladen?«

Nun verlor auch Herr Martin die Geduld. »Machen Sie sich keine Sorgen – ich werde mein Mitgefühl künftig für mich behalten.«

Ilsa hielt einen Moment inne, dann brach es aus ihr hervor: »Ein uneheliches Kind zu haben, ist für die Frauen in dieser Gesellschaft ein derartiger Makel, dem ist jede Ehe vorzuziehen; selbst wenn man dabei praktisch unmündig wird.«

»Unmündig – das ist wohl doch übertrieben ...«

»Wenn Sie Ihre Verlobte heiraten, werden Sie über alles bestimmen: über den Namen, den Wohnort, den Arbeitsplatz, das Vermögen ...«

»Da meine Verlobte in den Trümmern unseres Londoner Hauses verbrannt ist, werde ich nicht in die Verlegenheit kommen, ihr meinen Namen oder meinen Wohnort aufzuzwingen.«

Ilsa schwieg betroffen.

»Herr Martin, es tut mir leid –«, setzte sie an, aber Herr Martin zückte sein Portemonnaie und bedeutete dem Kellner, herzukommen. Er drückte ihm viel zu viel Trinkgeld in die Hand und verließ das Restaurant, so rasch er konnte.

Kapitel 14

Am 9. Oktober 1940 saß Louisa Schneider im Keller eines Hauses in Hallywell Crescent, London, und lauschte auf das Dröhnen der Junkers- und Dorniers-Flugzeuge. »Nein, es sind Heinkel iii«, sagte Mrs Bird neben ihr. »Das höre ich am Brummen.« Lou nickte. Sie sagte wenig in diesem Keller und überhaupt in diesem neuen Leben, weil ihr immerzu die englischen Wörter fehlten.

Das kleine Haus in Beckton verfügte über einen Keller – ungewöhnlich in dieser Gegend. Das war ein Glück für Lou und die anderen Mieter, denn so mussten sie ihre Nächte nicht in den U-Bahn-Stationen oder in den öffentlichen Bunkern verbringen. Aber das Haus lag auch nicht weit entfernt von den Royal Docks, und das war Pech. Viele der deutschen Bomben trafen ihre Nachbarschaft – »more than our fair share«, wie Mrs Bird bemerkte.

Und obwohl Lou natürlich wusste, dass die Hafenanlagen das Ziel der Luftwaffe waren, fühlte es sich so an, als würden die Bomber sie persönlich heimsuchen; als hätte Hitler die Flugzeuge eigens ausgeschickt, um sie doch noch zu kriegen, nachdem sie ihrer schrecklich fremden Heimat im vorigen Sommer endlich entkommen war.

Lou hatte eine englische Zeitung dabei. Doch die würde sie nicht lesen. Das Licht ging aus, die Sirenen heulten. Dann das Pfeifen der Bomben, die Einschläge, das Knattern der Artillerie, das zwischen den Häusern widerhallte. Schließlich ein Krachen und Bersten, Lou hatte den Mund voller Kalkstaub.

»Near one«, sagte Mrs Bird.

Lou ließ ihre Zeitung los. Sie war völlig zerknittert, und ihre schweißnassen Hände waren voller Druckerschwärze. Das Licht flackerte wieder auf. Gegenüber nahmen die beiden Jungs von Mrs Young ihr Kartenspiel wieder auf. Es hieß »Warplanes«, und auf jeder Karte war die Silhouette eines deutschen oder britischen Flugzeugs zu sehen. Nach 33 Nächten im Keller konnten alle Mieter die Silhouetten recht genau unterscheiden, aber niemand so gut wie Mrs Bird.

Mrs Young nahm ihre Stricknadeln zur Hand. Aus einem aufgeribbelten Pullover fertigte sie etwas Neues für ihre Jungs; Lou konnte noch nicht erkennen, was. »Make do and mend!«, stand allerorts auf den Plakaten, und Lou war dankbar, dass Mrs Young der Anweisung folgte, denn das Klappern der Nadeln hatte etwas Beruhigendes.

Sie versuchte, an etwas Tröstliches zu denken, aber es fiel ihr schwer. Die Gegenwart war beängstigend, der Gedanke an die Vergangenheit schmerzlich und die Zukunft, nun ja, die Zukunft … Lou entschied sich, ihrem liebsten Tagtraum nachzuhängen, und das war der, in dem Teddy aus dem Internierungslager nach Hause kam. Ach, Teddy. Er war im Mai als »enemy alien« abgeführt worden. Lou war noch dem

Lastwagen hinterhergestürzt, aber das hatte natürlich nichts genützt. Erst war er nach Seaton gekommen (sie hatte auf einer Landkarte nachgucken müssen, wo das eigentlich lag – in Devon) und dann auf die Isle of Man. Aber dort, in der Irischen See, war er sicherlich besser aufgehoben als sie in London.

Sie stellte sich also vor, wie sie in ihrem winzigen, schäbigen Zimmer irgendeiner alltäglichen Beschäftigung nachging – zum Beispiel Tee kochen. Sie würde vor dem kleinen Ofen stehen und mit dem Kessel hantieren. Sparsam würde sie die Teeblätter noch einmal aufgießen, bis sie den letzten Rest Geschmack abgegeben hatten. Sie würde sehr gut aussehen an dem Tag, an dem Teddy nach Hause kam – zufällig trüge sie genau dann ihr bestes Kleid, zufällig wäre sie gerade beim Friseur gewesen und hätte einen frisch gewaschen Kopf. Natürlich gäbe es auch keine Luftangriffe. Nein, an dem Tag, an dem Teddy nach Hause kam, würde alles perfekt sein. Sie sah ihn genau vor sich, wie er in der Tür stünde, blass und dünn wahrscheinlich, aber irgendwie trotzdem strahlend. Lou hatte sich genau überlegt, was sie dann täte. Sie würde ihm einen Antrag machen. Es würde der zweitbeste Tag ihres Lebens sein, nur übertroffen vom besten Tag ihres Lebens: dem Tag, an dem der Krieg zu Ende wäre und sie Post von ihren Eltern bekäme. Ach so, und natürlich hätte die richtige Seite gewonnen.

Doch plötzlich war der Keller von beißendem Rauch, von schwarzgrauem Staub erfüllt, und Lous Tagtraum war dahin. Sie presste sich ein nasses Tuch auf den Mund. Sie musste würgen und husten, ihr wurde schwummrig. Das Krachen und

Poltern war ohrenbetäubend. Mrs Young drückte ihre Kinder an sich. Lou hatte niemanden, den sie an sich drücken konnte –

Am 9. Oktober 1940 gingen 686 Bomben auf London nieder, eine davon auf Hallywell Crescent, Beckton. Lou hatte Hitler nicht entkommen können. Ebenso wenig wie Mrs Bird und Mrs Young und deren Jungs. Und als Teddy kurz darauf die Isle of Man verlassen und nach London kommen durfte, fand er Lou nicht mehr vor. Weder Tee kochend noch sonst wie, und einen Antrag bekam er auch nicht.

Kapitel 15

Ilsa saß allein im Fraktionszimmer. Es war dunkel, nur auf ihrem Arbeitstisch brannte noch die Lampe, nur das Klappern ihrer Schreibmaschine war noch zu hören. Die Abgeordneten und die Kolleginnen waren bereits gegangen. Das war fast jeden Abend so, denn Frau Selbert hatte den »Kampf mit den Gewalten« aufgenommen, wie sie zu sagen pflegte. Und Ilsa kämpfte mit.

Am Tag nach der Niederlage im Hauptausschuss hatte Frau Selbert ihr einen Stapel Adressen in die Hand gedrückt. »Die habe ich von Herta Gotthelf vom SPD-Frauenbüro. Das sind alles Gewerkschaftsfunktionärinnen und Landtagsabgeordnete und Vorsitzende von Frauenverbänden. Jede von denen muss Post von uns kriegen – damit sie wiederum an den Parlamentarischen Rat schreiben und sich für unseren Antrag aussprechen.«

Also hatte Ilsa Unmengen Briefe geschrieben und eingetütet und frankiert und adressiert.

Gerade eben hatte Frau Selbert noch einmal bei Ilsa reingeschaut.

»Ich habe noch etwas für Sie«, hatte sie zu Ilsa gesagt. »Der Artikel für den ›Vorwärts‹ muss abgetippt werden. Bis morgen früh – sonst geht er nicht mehr mit in den Druck. Schaffen Sie das?«

Ilsa hatte genickt.

»Wunderbar! Dann bis morgen.«

Frau Selbert war nach Hause gegangen, um eine Ansprache für den Frauenfunk vorzubereiten. Und Ilsa hatte ein neues Blatt in ihre Schreibmaschine eingespannt. Aber ihre Gedanken wanderten zurück ins »La Roche«, zu ihrem Streit mit Herrn Martin. Wie so oft in den letzten Tagen.

Sie wusste, dass sie recht gehabt hatte: Männer und Frauen, eheliche und uneheliche Kinder – sie alle waren gleichwertig. *Natürlich* waren sie das. Herr Martin hatte unrecht mit seinen kleinlichen Bedenken. *Natürlich* hatte er das. Rechtschaos – nicht im Ernst. Und dann seine Bemerkung über die gestrauchelten Frauen und deren leichtfertiges Verhalten. Sobald sie daran dachte, grollte sie ihm.

Aber ebenso gut wusste Ilsa, dass sie ungerecht gewesen war. Sie konnte nicht anders, sie stellte sich vor, wie Herr Martin allein durch London lief, ein Witwer, ohne je ein junger Ehemann gewesen zu sein. Sie sah ihn vor sich, wie er in irgendeinem kleinen Zimmer seine Zeitungsartikel schrieb, um dem Exil einen Sinn zu verleihen. Einen Sinn übrigens, den sie ihm bei anderer Gelegenheit abgesprochen hatte.

Ilsa seufzte. Vorerst war sie ohnehin zu beschäftigt, um sich weiter mit Herrn Martin zu streiten. Oder sich mit ihm zu versöhnen.

Sie legte das Manuskript neben ihre Schreibmaschine und begann zu tippen. Gut, dass Frau Selbert solch eine leserliche

Handschrift hatte. Klack, klack, klack. Und gut, dass Ilsa so schnell an der Maschine war. Eine halbe Stunde höchstens, dann könnte sie Feierabend machen. Doch sie hatte noch keine Seite geschrieben, als das Telefon auf dem Tisch neben ihr schrill klingelte. In der Erwartung, irgendein Ratsmitglied mit irgendeinem wichtigen Anliegen in der Leitung zu haben, nahm Ilsa den Hörer ab. Stattdessen hörte sie Lindys Stimme.

»Ilsa? Bist du das? Gott sei Dank, dass ich dich erreiche –«

»Ist was mit Paul?«, unterbrach Ilsa sie. »Ist alles in Ordnung?«

Aber ihr war schon in diesem Moment klar, dass nicht alles in Ordnung war – sonst hätte Lindy sich niemals in die Gaststätte aufgemacht, um sie von dort aus auf der Arbeit anzurufen. Sofort sah sie Lindys Heuboden vor sich, von dem ein kleines Kind leicht herabstürzen konnte; sofort dachte sie an all die Nägel und Schrauben, die ein kleines Kind leicht verschlucken konnte. Ihr wurde eiskalt.

»Was ist mit ihm?«

»Er hat über vierzig Grad Fieber. Liegt teilnahmslos in seinem Bettchen. Kann kaum schlucken. Doktor Schäfer war eben da – er meint, es ist Scharlach.«

Ilsa atmete tief ein.

»Ich glaube, es ist besser, du kommst her.«

Ilsa blickte auf die Uhr. Den letzten Zug konnte sie gerade noch erwischen, wenn sie sich jetzt sputete. Aber es würde knapp.

»Ich komme – ich nehme den nächsten Zug«, rief sie in den

Hörer, während sie schon nach ihrem Mantel griff. Fast unleserlich kritzelte sie eine Nachricht für eine Kollegin auf einen Zettel: »Bitte kümmern Sie sich um Frau Selberts Artikel – ich muss weg. Notfall. Danke!! I.K.«

Dann rannte sie los. Atemlos kam sie am Bahnhof an, jagte durch die Bahnhofshalle und über den Bahnsteig und sprang in den Waggon, kurz bevor der Zug sich in Bewegung setzte. Völlig erschöpft ließ sie sich in einen Sitz fallen. Sie hatte Seitenstechen. Und sie hatte jetzt zwei Stunden Gelegenheit, darüber nachzugrübeln, was für eine schlechte Mutter sie war. Sie war in Bonn ins Theater und ins Kino und ins Café gegangen und hatte Paul alleingelassen, und nun lag er mit vierzig Fieber im Bett, und sie war nicht da. Ausgerechnet Scharlach. Ungebeten drängten sich ihre Kindheitsfreundin Lilli und die Mutter ihrer Klassenkameradin Henni in ihr Bewusstsein, die an Scharlach gestorben waren. Natürlich, seit ein paar Jahren war Scharlach nicht mehr gefährlich. Für die, die Penicillin hatten. Aber sie hatte keines, und Paul hatte keines, und sie würden auch nicht so leicht an die kostbaren Fläschchen drankommen. Ilsa versuchte, die kleine Lilli und Hennis Mutter aus ihren Gedanken zu vertreiben, sah an ihrer Stelle nun aber Frau Selbert vor sich. Denn sie war nicht nur eine schlechte Mutter, nein, eine schlechte Sekretärin war sie außerdem, denn Frau Selbert hatte sie schließlich auch im Stich gelassen.

Als Ilsa in Leichlingen endlich aus dem Zug sprang, war es kalt und neblig. Sie hetzte durch die dunklen Straßen zu Lindys Hof. Wie immer brannte in der Küche Licht. Ilsa öffnete schwer atmend die Küchentür, aber Lindy war nicht dort. Also schlich sie, noch in Hut und Mantel, durch die Diele zum Kinderzimmer. Dort war Lindy gerade dabei, Paul einen kühlen Halswickel zu machen. Paul ließ alles willenlos über sich ergehen, und das machte Ilsa mehr Sorgen als alles andere. Normalerweise hätte er sich gewehrt gegen ein Handtuch mit kaltem Quark.

Lindy deckte Paul gut zu und zog Ilsa dann mit sich in die Küche. Ilsa legte den Mantel und den Hut ab und wusch sich an der Spüle gründlich die Hände, während Lindy ihr von Pauls Himbeerzunge und dem hochroten Rachen erzählte. Ilsa konnte Lindy ansehen, dass sie in der vorigen Nacht wenig Schlaf gefunden hatte.

»Geh ins Bett«, sagte sie daher, »ruh dich aus. Ich bleibe bei ihm.«

Ilsa ging zurück in Pauls Zimmer und zog einen Stuhl an sein Bett. Im Licht der kleinen Lampe konnte sie es nicht erkennen, aber sie vermutete, dass Paul die roten Wangen und den kleinfleckigen Ausschlag hatte, die für Scharlach typisch waren. Er fühlte sich glühend heiß an.

Ilsa saß lange da. Schließlich entfernte sie den Halswickel. Irgendwann bekam Paul Schüttelfrost, und sie packte ihn in mehrere Decken, irgendwann bekam er Durst, und sie machte ihm einen Tee. Irgendwann nickte sie selbst ein auf ihrem Stuhl.

Morgens war Pauls Fieber etwas gesunken, und mittags konnte Ilsa ihm ein wenig Brühe aufdrängen. Doktor Schäfer kam vorbei. Er sah Paul in die verhangenen Augen. »Typischer

Scharlach-Blick. Penicillin wäre gut. Haben wir aber nicht.«
Er legte das Fieberthermometer zurück in seine abgewetzte
Ledertasche. »Macht nichts. Er schafft's auch so. Ihr Bub ist
hart wie Kruppstahl.«

Ilsa fuhr bei der Formulierung zusammen, aber Doktor
Schäfer legte ihr eine Hand auf den Arm. »Wird schon.« Das
fand sie trotzdem tröstlich.

Als Paul schlief, ging Ilsa rasch zur Gastwirtschaft, um auf
der Arbeit anzurufen. Sie sprach von hohem Fieber und plötzlichen Schluckbeschwerden, bloß sagte sie nicht, dass sie es
gar nicht war, sondern Paul, der vor Fieber glühte und vor
Schüttelfrost zitterte.

»Und könnten Sie mich bei Frau Selbert entschuldigen?«,
bat Ilsa noch. »Ich musste ihren Artikel liegen lassen.«

»Ist gut. Kommen Sie erst wieder, wenn Sie gesund sind.
Stecken Sie hier bloß keinen an. Das braucht keiner, so kurz
vor Weihnachten«, sagte ihre Kollegin.

Dann gab Ilsa noch schnell ein Telegramm auf, um Frau
Fassbender und ihren Mitbewohnerinnen Bescheid zu geben:
»Notfall bei Familie in Leichlingen. Bleibe ein paar Tage.«
Sonst machten die sich noch Sorgen oder – schlimmer noch –
hielten sie für eine leichtfertige Person, die die Nächte weg-
blieb und deren Zimmer man besser an eine zuverlässigere
Person vermietete.

Am Abend stieg das Fieber wieder, Paul jammerte im
Schlaf, bis er völlig apathisch dalag, so dass Ilsa panisch seinen
Atem überprüfte. Ilsa hatte eine Matratze in Pauls Zimmer
geschleift und neben dem Kinderbett ihr Lager aufgeschlagen.

Doch sie tat kein Auge zu. Erst am folgenden Tag hatte Ilsa den Eindruck, es ginge langsam aufwärts. Paul war nicht mehr so teilnahmslos, sondern interessierte sich für sein Hasenbuch und brachte ein müdes Lächeln zustande, als Ilsa es mit dem Guck-guck-Spiel versuchte. Nachmittags schlief er wieder, und Ilsa ging zu Lindy in die Küche.

»Ich habe Neuigkeiten«, setzte Lindy an, als Ilsa zu ihr auf die Küchenbank rutschte. Sie schob ihr eine Teetasse hin. »Es gibt ein Lebenszeichen von Walter. Er ist in Russland und wird bald nach Hause kommen.«

Ilsa umarmte Lindy. »Und das sagst du erst jetzt? Gott sei Dank! Wann denn?«

»Ich weiß es nicht. Bald.«

Ilsa ergriff Lindys Hand. »Ich freue mich so für dich. Und für Walter.«

Sie hatte Lindys Mann immer gern gemocht. Aber als sie abends auf ihrer Matratze lag, fragte sie sich, in welchem Zustand Walter aus der Gefangenschaft nach Hause käme. Bestimmt wäre er nicht mehr der Mann, den Lindy vor fast fünf Jahren zuletzt gesehen hatte. Ob Pauls Anwesenheit ihm überhaupt recht wäre? Würden Lindy und Walter sich nicht ein eigenes Kind wünschen?

Und überhaupt: Wie konnte sie Paul nach der Sache mit dem Scharlach wieder zurücklassen in Leichlingen? Er brauchte sie doch. Pfeiffersches Drüsenfieber, Masern, Keuchhusten, ein verstauchter Knöchel, ein gebrochener Arm – all das würde Paul ereilen wie jedes andere Kind auch. Wie konnte sie ihm da nicht beistehen? Wie konnte sie einfach wieder nach Bonn fahren, ohne ihn? Nach diesen Tagen und Nächten an seiner Seite schien ihr das beinah unmöglich.

Und doch musste sie am nächsten Tag aufbrechen. Mit roten Augen und reichlich Schuldgefühlen. Das Fieber war weg, und sie konnte auf der Arbeit nicht länger fehlen.

»Da sind Sie ja wieder. Wie schön«, sagte ihre Kollegin freundlich, als Ilsa in die Fraktion zurückkehrte. Und, etwas misstrauischer: »Sie sind nicht mehr ansteckend, oder?«

Ilsa schüttelte den Kopf und nahm einen Stoß Protokolle in Empfang, die abgeheftet werden mussten. Doch bevor sie ihren Arbeitsplatz erreichte, fing Frau Selbert sie ab.

»Auf ein Wort, Fräulein Klasing«, sagte sie und führte sie in ein leeres Klassenzimmer, in dem sonst der Redaktionsausschuss tagte.

»Unser Artikel hat es übrigens nicht mehr in den ›Vorwärts‹ geschafft«, sagte Frau Selbert, während sie sich an ein Pult setzte.

»Es tut mir leid«, setzte Ilsa mit klopfendem Herzen an, aber Frau Selbert winkte ab und bedeutete Ilsa, ebenfalls Platz zu nehmen. »Das macht nichts. Er erscheint nächste Woche. Mir geht es um etwas anderes.«

Frau Selbert sah sehr ernst aus, und Ilsa schichtete nervös die Protokolle, die vor ihr lagen, zu einem Stapel auf.

»Ich habe Sie am Dienstagabend ja noch gesehen – da wirkten Sie kerngesund. Und Minuten später hatten Sie plötzlich solches Fieber, dass Sie nach Hause gehen mussten?«

Ilsa spürte Panik in sich aufsteigen. Würde Frau Selbert sie jetzt zur Rede stellen? Würde sie der Fraktion erzählen, dass Ilsa gar nicht krank gewesen war? Würde sie ihr – Atmen nicht vergessen! – etwa kündigen?

Sie brachte es nicht über sich, Frau Selbert anzulügen, aber sie konnte sich auch nicht überwinden, ihr die Wahrheit zu sagen. Also blieb sie erst einmal stumm.

»Ich habe Ihnen ja schon einmal gesagt: Wir halten einen Zipfel der Macht in der Hand. Das müssen wir ausnutzen. In aller Weite, in aller Tiefe. Denn es passiert einem nicht oft, dass man etwas Revolutionäres machen und die Dinge zum Besseren wenden kann. Dass man an einem Schalthebel sitzt.«

Frau Selbert richtete ihre blauen Augen auf Ilsa.

»Und Sie – Sie lassen diesen Schalthebel einfach los, Sie lassen diese Chance verstreichen. Warum? Für eine Liebelei? Wegen einer kranken Tante? Wegen einer kleinen Erkältung?«

Frau Selbert saß aufrecht da in ihrem dezenten Hemdblusenkleid. Ilsa dagegen war auf ihrem Stuhl zusammengesunken. Sie hatte Frau Selbert enttäuscht. Ausgerechnet! Diese Frau – gefasst und klug und selbstbewusst – musste Ilsa ja nun für eine Lügnerin halten. Frau Selbert hatte sich selbst und ihr Leben sicher völlig im Griff. Würde sie Verständnis haben für Leute, die derart in die Bredouille geraten waren wie Ilsa? Bestimmt nicht.

Andererseits hatte Frau Selbert im Ausschuss ja für die Rechte der unehelichen Kinder gestimmt. Ilsa schaute sie zweifelnd an. Plötzlich hatte sie das überwältigende Bedürfnis, sich jemandem anzuvertrauen – und warum nicht einer ernsten und klugen Person? Viel zu verlieren hatte sie nicht mehr – als unzuverlässig galt sie ja ohnehin schon.

Ilsa holte also tief Luft, dann berichtete sie mit stockender Stimme von Paul und dem Scharlach und ihrer Cousine in Leichlingen. Und von dem Kindsvater. Nachdem sie erst einmal angefangen hatte, schien sie kaum aufhören zu können mit dem Erzählen.

Frau Selbert hörte zu und unterbrach sie nicht. Auch nachdem Ilsa geendet hatte, blieb sie noch einen Moment still.

»Wissen Sie, wie ich Anwältin geworden bin?«, fragte sie schließlich.

Ilsa schüttelte den Kopf.

»Als ich mein Abitur nachgeholt habe, als ich Jura studiert habe, als ich promoviert wurde und meine Staatsexamina gemacht habe – da war ich schon verheiratet und hatte zwei kleine Kinder.«

Ilsa schloss die Augen. Das hätte sie sich denken können. Natürlich hatte Frau Selbert – ganz im Gegensatz zu ihr – alles geschafft, alles auf einmal. Aber als Ilsa wieder aufschaute, lächelte Frau Selbert, als wüsste sie, was Ilsa dachte.

»Sie glauben doch nicht, dass ich das allein gestemmt habe. Ich habe morgens um sechs das Frühstück für die Familie gemacht, den Jungs die Kleider rausgelegt – dann war ich weg. Im Zug nach Marburg. Erst um zehn Uhr abends war ich wieder zu Hause. Was meinen Sie, wer sich in der Zwischenzeit um die Kinder gekümmert hat? Das waren mein Mann und meine Mutter. Wer hat den Haushalt geführt? Eine meiner Schwestern. Und dann das Geld! Verdient habe ich in dieser Zeit ja auch nichts. Der Vermieter hat uns die Miete gestundet. Freunde halfen mit Geld aus. Einer steuerte sogar etwas bei, damit ich mir einen ordentlichen Mantel und einen Koffer für die Fahrt kaufen konnte. Denn noch nicht mal dafür reichte es bei uns.«

Frau Selbert breitete die Arme aus. »Was ich Ihnen damit sagen will: Niemand schafft irgendetwas allein. Man muss sich Hilfe holen.«

Ilsa biss sich auf die Unterlippe. Sie hatte ja keine –

Wieder war es, als hätte Frau Selbert ihre Gedanken gelesen. »Ich weiß – Sie haben keine Eltern, keine Schwester, keinen Mann. Das macht es schwieriger für Sie. Aber trotzdem müssen Sie sich Hilfe holen. Ihre Cousine in Leichlingen ist zu weit weg. Sie brauchen jemanden hier in Bonn.«

Frau Selbert blickte auf die Uhr. »Ich muss jetzt zur Fraktionssitzung.« Sie legte Ilsa die Hand auf den Arm. »Geben Sie mir Bescheid, falls Paul einen Rückfall hat.«

In der Tür drehte sie sich noch einmal um. »Und trotz aller Unterstützung hatte ich im Referendariat einen Nervenzusammenbruch.«

Mit diesen Worten schloss sie die Tür hinter sich.

Ilsa wurde ganz schwach vor Erleichterung. Frau Selbert hielt sie nicht für eine unzuverlässige Person, die zur Unwahrheit neigte. Sie würde der Fraktion nichts erzählen, und sie würde sie nicht entlassen. Frau Selbert war selbstbewusst und gefasst und ernst – sie war all das, was Ilsa schon lange von ihr geglaubt hatte. Aber sie war noch mehr. Nämlich mitfühlend.

Sie brauchen jemanden hier in Bonn. Ilsa nahm gedankenverloren eines der Protokolle, die vor ihr lagen, in die Hand.
Hier in Bonn ... Sie wusste jemanden, der in ihrer Nähe war,
näher ging es gar nicht. Aber dann würde sie sich dazu durchringen müssen, die ganze Geschichte zu erzählen. Von Pauls
Vater und von Paul, von Jazzmusik und falschem Hering, von
Tanztee und Brennnessel-Spinat. Konnte sie das?

Ilsa lehnte sich zurück in ihren Stuhl und dachte an ihre
Freundin Henni. Wenn Henni sie damals, im Sommer 1945,
nicht in ein feuchtes Kellerlokal geschleppt hätte, dann wäre
alles ganz anders gekommen.

Kapitel 16

Alles hatte damit angefangen, dass Ilsas Freundin Henni die Tanzwut gepackt hatte. Im Sommer 1945 war Henni fast jeden Abend ausgegangen, obwohl es kaum Alkohol und nichts zu essen gab. Ilsa nicht. Sie hatte in der feuchten Kellerwohnung gesessen, in die sie nach dem schweren Bombenangriff eingewiesen worden war, und nicht die geringste Lust verspürt, sich Henni anzuschließen. Aber das ließ Henni nicht gelten.

»Komm mit«, befahl sie Ilsa eines Abends, »du kannst doch nicht allen Ernstes hier bleiben wollen.« Sie blickte vielsagend auf Ilsas abgeschabte Couch und auf die Sperrholzplatte im Fenster. Ilsa sagte nichts. Sie hatte fast zehn Stunden angestanden für ein Brot. Die wertvollen Kalorien beim Tanzen zu verbrennen, schien ihr nicht ratsam. Und sie hatte noch viel zu tun. Brennnesseln auf Trümmergrundstücken suchen, zum Beispiel.

Henni schaute sie fest an. »Sie haben mich in die Rüstung gesteckt und zur Flak eingezogen. Dann die endlosen Nächte im Luftschutzkeller – aber jetzt will ich so viel vom Leben erraffen wie möglich. Und du kommst mit!«

Ilsa hatte keine Kraft, Henni zu widersprechen. Also ging

sie mit. In einen Tanzschuppen, der im Grunde auch nur ein feuchter Keller war. »Da hätte ich ebenso gut zu Hause bleiben können«, sagte sie Henni, aber ihre Freundin hörte sie gar nicht. »Guck mal, es gibt Bier! Bestimmt wieder so eine dünne Plörre, aber immerhin!«

Henni besorgte zwei Gläser.

»Wenn bloß erst unsere Jungs wieder hier wären, dass ich nicht immer bezahlen muss«, sagte sie nach einem Blick in ihr Portemonnaie.

»Henni!«

»Natürlich nicht *nur* deswegen.«

Ilsa trank einen kleinen Schluck Bier. Es schmeckte nach fast nichts, aber vielleicht waren trotzdem ein paar Nährstoffe drin. Ilsa und Henni blieben in der Nähe des Eingangs, weil Henni noch eine andere alte Schulfreundin treffen wollte: Gerda. Während sie warteten, schauten sich beide in dem Lokal um.

»Nur ganz junge Bengels da«, sagte Henni. »Was will man machen. Und dahinten zwei Tommys.«

Ende Mai waren die Amerikaner, die Bonn ursprünglich erobert hatten, durch britische Soldaten abgelöst worden. Ilsa hatte sich noch nicht ganz an die flott geschnittenen sattbraunen Uniformen gewöhnt. An den federnden Gang, die lässige Art zu rauchen. Die alliierten Soldaten sahen genauso siegreich aus, wie sie waren.

Auch die beiden britischen Soldaten hier im Lokal wirkten wohlgenährt und selbstbewusst, wie sie da an der improvisierten Theke standen und sich mit zwei jungen Frauen unterhielten. Ilsa beobachtete sie noch, als Gerda zu ihr trat und ihrem Blick folgte.

»Tommy-Liebchen«, sagte Gerda. »Werfen sich jedem an den Hals, der ihnen ein paar Nylonstrümpfe verspricht.« Sie presste die Lippen aufeinander.

Ilsa schaute Gerda an, abgestoßen wegen des verächtlichen Tons, aber Henni neckte sie: »Mit wem willst du denn tanzen, wenn nicht mit den Tommys? Mit den Bübchen?«

Gerda schüttelte den Kopf und sagte nachdrücklich: »Ich möchte mich einem echten, festen, klaren deutschen Mann bewahren.«

Henni lachte. »Na, dann wirst du mit mir vorliebnehmen müssen.«

Das Gespräch wurde vom Kreischen einer Klarinette unterbrochen. Die Musiker waren da. Von nun an konnten sie kein Wort mehr miteinander wechseln, und Ilsa bedauerte es nicht. Zunächst stand sie abseits und schaute zu. Der Kellerraum war erfüllt von heiß-kaltem, verrückt-tollem Jazz. Die Mädchen, die jungen Bengels, die britischen Soldaten, alle tanzten dicht an dicht; rote Wangen, schweißnasse Gesichter, das Wasser tropfte von den Wänden. Im schummrigen Licht wirkten die Bewegungen hektisch, fiebrig. Irgendwann stellte Ilsa ihr leeres Glas ab und ließ sich von Henni in das Gewühl hineinziehen. Henni zeigte ihr die Tanzschritte, und Ilsa erkannte, wie ausgehungert sie eigentlich war, und es war kein Hunger, den man mit Brennnesseln und Kleie-Brot stillen konnte. Als Henni Ilsa am nächsten Samstag wieder abholte, hatte sie keine Einwände. Sie war frei von Bomben, frei von

Verdunklung, frei vom Blockwart, und sie stürzte sich ins Vergnügen.

Wieder tanzten Ilsa, Henni und Gerda abwechselnd zusammen. Wieder waren vor allem junge Frauen im Raum. Bis auf die beiden britischen Soldaten ganz hinten. Es waren die gleichen wie beim letzten Mal. Der eine löste sich plötzlich von der Wand, an der er gelehnt hatte, und schob sich durch das Gedränge zu Ilsa hinüber. »May I?«, fragte er. Ilsa war zwar nicht auf der Suche nach einem festen deutschen Mann, aber auch nicht bereit, sich von einem völlig Fremden herumwirbeln zu lassen. Sie wollte schon den Kopf schütteln, als sie Gerda hinter sich sagen hörte: »Tanzen mit den Tommys – das ist eine Beleidigung für die deutschen Männer, die sich fürs Vaterland aufgeopfert haben.«

Entschlossen sagte sie: »Yes, you may.«

Der Brite nahm ihre Hand. »I'm Robert, by the way.«

Ilsa nannte ebenfalls ihren Namen, und mehr sagten sie erst einmal nicht, weil die Musik wieder einsetzte. Robert tanzte gut. Seine Uniform duftete nach feinem Waschmittel – nicht nach dem grauen, aus Tierknochen hergestellten Pulver, auf das Ilsa angewiesen war.

Während sie tanzten, versuchte Ilsa, sich an die englischen Vokabeln zu erinnern, die sie auf der Handelsschule gelernt hatte. Immerhin hatte sie eine Eins gehabt. Und das Wörterbuch – das Wörterbuch musste in dem Koffer sein, den sie Lindy geschickt hatte, damals, als die Bombardierungen anfingen. Vielleicht konnte Lindy ihr das irgendwie zukommen lassen … Aber halt – wie viele Gespräche plante sie denn eigentlich zu führen mit diesem fremden Mann, mit diesem »Robbert«? Sie kannte ihn ja gar nicht. Vielleicht war er ein Pilot. Vielleicht hatte er die Bombe über ihrem Elternhaus abgeworfen. Oder, wenn nicht über ihrem, dann über dem Elternhaus eines anderen? Doch andererseits – und an dieser Stelle geriet Ilsa aus dem Rhythmus – wusste sie erst recht nicht, was die deutschen Soldaten, was »unsere Jungs« gemacht hatten. Im Osten. Und anderswo.

Robert merkte offenbar, dass sie nicht in den Takt zurückfand, denn er schlug einen *drink* vor. Er bedeutete Ilsa, am Rand der Tanzfläche zu warten, und bahnte sich selbst einen Weg zur improvisierten Bar. Als er ihr das dünne Bier reichte und selbst einen Schluck nahm, verzog er das Gesicht. Er sagte etwas, aber Ilsa konnte ihn wegen der Musik nicht verstehen, und schließlich zupfte er sie am Ärmel und deutete zur Tür. Ilsa folgte ihm und war sich bewusst, dass Henni und Gerda ihr hinterherguckten. Draußen fingerte Robert ein Päckchen aus seiner Tasche. »Cigarette?«

Ilsa nahm an und fühlte sich sehr verrucht, als sie an der Zigarette zog. Die deutsche Frau rauchte doch nicht! Nun – sie jetzt schon. Wenn auch hustend. Wegen der Ausgangssperre begannen die meisten Tanzveranstaltungen früh, deshalb war es noch hell draußen. Die Luft fühlte sich warm und sommerlich an. Ilsa nippte an ihrem Bier und schaute Robert verstohlen ins Gesicht. Das Auffälligste an ihm waren die Wimpern. So lang und so dunkel! Durch den Kontrast zu seinen hellen Augen – waren sie grün? Blau? – wirkten sie noch dunkler.

»Where are you from?«, fragte Ilsa schließlich. Das war eine der Fragen aus dem Englischunterricht, die ihr eben wieder eingefallen waren.

»London.«

Ilsa war noch nie irgendwo gewesen, schon gar nicht außerhalb Deutschlands, deshalb sagte sie: »Tell me about it.«

Also erzählte Robert. Ganz langsam, aber dennoch begriff sie nur die Hälfte. Er hatte einen anderen Akzent als ihre Lehrerin damals. Sie glaubte jedenfalls zu verstehen, dass er von Jazzclubs und Kinos und Bars und Museen und Parks berichtete. »There are still piles of rubble. But blackout's over. That's something.«

Ilsa lächelte höflich. Wovon sprach er wohl? Bevor sie wieder hineingingen, drückte sie vorsichtig die Zigarette aus, die er ihr gegeben hatte. Die war nur halb aufgeraucht, die konnte man noch gut gebrauchen.

Drinnen war es stickig nach der lauen Luft draußen, aber das vergaß Ilsa, sobald sie wieder mit Robert auf der Tanzfläche war. Jetzt war die Musik weniger hektisch, langsamer, vor allem die Klarinette war zu hören. In der Menge konnte Ilsa Henni und Gerda nicht sehen, und sie suchte auch nicht nach ihnen. Robert führte wirklich gut. Nicht dass sie viele Vergleichsmöglichkeiten hatte – schließlich waren die Männer während ihrer ganzen Jugend knapp gewesen. Viel zu früh, um zehn Uhr, ging das Licht an. Der Klarinettist und die anderen Musiker packten ihre Instrumente ein. Ausgangssperre. Robert und Ilsa ließen sich von der Menschenmenge nach draußen treiben.

»I'll take you home«, sagte Robert.

Er nahm ihren Arm und sang ihr leise ins Ohr: »April skies are in your eyes, but darling don't be blue.«

Sie musste Lindy wirklich dringend um das Wörterbuch bitten.

»Would you like to meet again?«, fragte Robert, als sie vor ihrer Kellerwohnung angelangt waren. Ilsa musste nicht lange überlegen. Dafür reichte ihr Vokabular.

»Yes.«

Robert holte sie am folgenden Tag nicht direkt an der Wohnung ab – wegen der Nachbarn. Er wartete am Ende der Straße. Ilsa sah ihn, bevor er sie entdeckte. Er lehnte an einer Trümmermauer, musterte die Passanten und rauchte – auf eine weltgewandte Weise, so kam es Ilsa vor. Sie wurde langsamer, als sie die Worte erkennen konnte, die jemand in den letzten Kriegsmonaten auf die Mauer gepinselt hatte: »Bonn bleibt treu!«, stand da. »Lieber tot als Sibirien!« Ilsa hielt inne. Wer hätte damals gedacht, dass es außer Tod und Sibirien noch etwas Drittes gab? Und dass Robert dieses Dritte war? In dem Moment schaute er auf und lächelte sie breit an.

Ilsa begleitete ihn zum Tanztee. Es gab tatsächlich Tee und Tanz, wie der Name versprach, dazu spielte eine Militärkapelle. Und so ging es weiter. Sie ließ sich in Roberts Welt hineinziehen; sie liebte den Tee und den Sherry, die Musik und Charlie Chaplin, das Waschmittel und die Bilder von London in ihrem Kopf. Sie las Bücher, die »Miss Pettigrew« und »Miss Buncle« hießen und bekam, so versicherte ihr Robert, einen

»lovely accent«. Sie schlief mit dem Wörterbuch unter ihrem Kopf. Sie hatte dieser liebenswürdigen, kultivierten Welt absolut nichts entgegenzusetzen. Aber ab und zu waren kleine Ausflüge in Ilsas Welt unvermeidlich, und dort stieß die Kombination Besetzte und Besatzer auf wenig Wohlwollen.

Einmal, als die Straßenbahnen wieder fuhren, waren Ilsa und Robert gemeinsam in der Linie 3 unterwegs in die Gronau. Es war voll und eng, und als die Bahn abrupt bremste, fiel Ilsa Robert in die Arme. Sie lachte und verharrte dort einen Moment länger als nötig. Doch während sie sich wieder aufrichtete, zischte ihr ein junger Mann zu: »Sie brauchten fünf Jahre, um uns zu besiegen, euch können sie in fünf Minuten kriegen.«

Dieser Vorwurf brachte Ilsa stärker aus dem Gleichgewicht als das Bremsmanöver zuvor. Sie schaute sich um. Hatte jemand im Abteil die Bemerkung gehört? Robert jedenfalls nicht. Sie beschloss, darüber hinwegzugehen, doch da schaltete sich eine alte Dame ein, die ein Medaillon am Ripsband um den Hals trug. Sie raunte Ilsa zu: »Sie untergraben Sitte und Anstand mit Ihrem Benehmen, junge Frau! Ihretwegen verliert Deutschland seine Würde!«

Ilsa wurde bleich. »Was erlauben Sie sich eigentlich? Was geht Sie mein Privatleben an?«

Jetzt hatte auch Robert mitbekommen, dass etwas nicht stimmte, und er ließ nicht locker, bis Ilsa ihm den Wortwechsel übersetzt hatte. Robert redete eindringlich auf die Dame und den jungen Mann ein, doch die beiden verstanden sichtlich kein Wort.

»Tell them what I just said«, sagte er zu Ilsa.

Ilsa schüttelte den Kopf.

»Please.«

»Also gut.« Ilsa wandte sich an die alte Dame. »Lieutenant Robert Wilson gibt zu bedenken, dass Deutschland nicht wegen der Liebesangelegenheiten einer Sekretärin seine Würde verloren hat, sondern wegen des größten Verbrechens in der Menschheitsgeschichte.«

Robert nickte. Dann nahm er ihre Hand und zog sie zur Tür. »Now let's get off that train.«

Dabei hatte der junge Mann unrecht gehabt. Es dauerte weit länger, Ilsa zu kriegen, als fünf Minuten. Und ohne die Regierung Attlee wäre es vielleicht gar nicht dazu gekommen.

Im August 1946 saßen Ilsa und Rob – der mittlerweile ein bezauberndes Deutsch sprach, wie Ilsa fand – im »Reichshof« in der Wurzerstraße und aßen Muscheln mit Schwarzbrot.

»Ich habe übrigens eine sehr gute Nachricht«, sagte Rob. »Die Regierung hat das Heiratsverbot aufgehoben – britische Soldaten können jetzt deutsche Frauen heiraten.«

Ilsa schaute ihn unverwandt an. »Ist das so? Wie schön. Aber was habe ich damit zu tun?«

»*Fraulein* Klasing«, rief Rob in gespielter Empörung. Er betonte die Umlaute immer noch auf diese rührende Art. »Wollen Sie mir damit sagen, dass Sie noch keinen Antrag bekommen haben von den Streitkräften Seiner Majestät?«

Ilsa schüttelte den Kopf. »Keinen einzigen.«

Unvermittelt wurden beide ernst.

»Willst du denn – würdest du …«

»Ja!«

An dem Abend lud sie ihn zum ersten Mal nach Hause ein, in ihre Kellerwohnung mit der Sperrholzplatte im Fenster. In dem Moment, als Rob an die Tür klopfte, kam ihr das Zimmer noch schäbiger vor als sonst. Aber als er auf dem Sofa saß, wirkte das nicht mehr so abgewetzt. Und als seine Blumen auf dem Tisch standen –, Schnittblumen! Wo um alles in der Welt hatte er die her? – wirkte der nicht mehr so verkratzt. Die Lampe verbreitete ein gelbes Licht, und der Kaffee, den Rob mitgebracht hatte, verströmte seinen Duft. Mit Rob darin wirkte das Zimmer nicht mehr so kärglich wie zuvor. Sondern wie ein warmer, glücklicher Ort.

Rob blieb die ganze Nacht bei Ilsa. Und die folgende. Und die danach auch.

»Bekommst du keinen Ärger mit deinen Vorgesetzten?«, fragte Ilsa, während sie in ihrem sehr schmalen Bett lag und Rob neben ihr saß.

»Die drücken ein Auge zu«, sagte er, während er seine Hände über jeden Zentimeter ihrer Haut gleiten ließ.

»Willst du mich vermessen?«, fragte Ilsa noch, aber dann sagte sie nichts mehr.

Erst beim Frühstück – es gab Robs Kaffee und sonst nichts – sprachen sie weiter. Rob erzählte von dem Leumundszeugnis, das er für die Heirat bei seinem Vorgesetzten beantragen musste.

»Du übrigens auch. Du brauchst eines vom Bürgermeister«, erklärte er Ilsa. »Und eine politische Unbedenklichkeitsbescheinigung.«

Ilsa nickte. »Was ist eigentlich mit deiner Familie? Was werden deine Eltern sagen, wenn du eine deutsche Ehefrau nach Hause bringst?«

Rob wischte ihre Bedenken beiseite.

»Meine Mutter wird jedes junge Mädchen lieben, das ›Miss Pettigrew‹ liebt. Und das mich liebt.«

Und so begann Ilsa sich darauf vorzubereiten, Mrs Wilson zu werden. Sie verbrachte Stunden mit ihrem Wörterbuch, um einen Brief an Robs Eltern aufzusetzen. Lange grübelte sie darüber nach, ob sie ihn mit »Yours truly« oder mit »Sincerely« beenden sollte. Oder gar mit »Love«? Rob lachte über ihre Bedenken und legte das kleine Schreiben seinem nächsten Brief in die Heimat bei. Ilsa verbrachte auch viele Stunden in einer Warteschlange, um ein Leumundszeugnis vom Bürgermeister zu bekommen.

»Und du?«, fragte sie Rob drängend. »Was sagt dein Vorgesetzter?«

»Ich warte noch auf den richtigen Moment«, antwortete Rob. »Er ist zurzeit so gehetzt.«

»Haben denn deine Eltern schon geantwortet? Was schreiben sie?«

Sein Lächeln verschwand.

»Sie werden sich schon daran gewöhnen.«

»Oh.«

Sie werden sich schon daran gewöhnen. Das klang beunruhigend, aber Ilsa erlaubte es sich nicht, sich deswegen zu ängstigen. Das tat sie erst Wochen später, als sie wirklich Grund zur Sorge hatte.

»Rob?«

»Ja, Darling?«

Rob saß auf ihrem Sofa und las in einer englischen Zeitung.

»Wir müssen heiraten.«

»Aber das tun wir doch«, antwortete Rob abwesend.

»Nein, wir *müssen* heiraten. Bald. Unbedingt«, sagte Ilsa.

Rob blickte auf, und Ilsa konnte zusehen, wie sich erst Verstehen und dann Entsetzen in seinem Gesicht breitmachte. Aber nur für ein paar Augenblicke, dann hatte er sich wieder im Griff. Er lächelte und zog Ilsa an sich. Und während er Ilsa in vielen Details schilderte, wie sein Sohn Rob – natürlich würde es ein Sohn werden, und natürlich hieße er wie sein Vater – mit ihm Fußball spielte, entspannte sich Ilsa. Sie konnte es fast selbst vor sich sehen: ihren Rob und den kleinen Rob und den Fußball. Und sich selbst, wie sie mit einem Tablett Scones – oder was auch immer es war, das man als gute englische Hausfrau für seine Lieben backte – zu ihnen trat. Sie lehnte sich an Rob, den großen Rob, wie sie ihn jetzt in Gedanken nannte, und überlegte, ob sie morgen nicht bei »Puppenkönig« nach einer Wiege schauen sollte.

Doch am folgenden Tag kam Rob nicht zum vereinbarten Treffpunkt. Ilsa sagte sich, dass etwas dazwischengekommen war, kein Grund zur Beunruhigung, das konnte schließlich passieren. Aber am Tag darauf kam er auch nicht. Nachdem sie ihn drei Tage lang nicht gesehen hatte, ging sie zu dem beschlagnahmten Haus in der Beethovenstraße, in dem Robert untergebracht war. Ilsa musste lange klopfen, bevor Sergeant Jones an die Haustür kam. Er war Roberts Zimmernachbar, sie kannte ihn vom Tanztee. Sergeant Jones mied ihren Blick, so kam es ihr jedenfalls vor, und erklärte ihr, Lieutenant Wilson sei versetzt worden.

»Was? Wohin denn? Warum?«, brach es aus Ilsa hervor. Sie vergaß sogar, Englisch zu sprechen.

Sergeant Jones hob die Schultern.

»I don't know. Our Empire is quite large«, sagte er mit schiefem Lächeln und schloss die Tür.

Ilsa blieb auf dem Treppenabsatz stehen, ohne sich zu rühren. O Gott. Sie stand hier wie ein gefallenes Mädchen. O Gott. Sie *war* ein gefallenes Mädchen. Aber sie konnte sich nicht vorstellen, dass Robert, ihr Rob, sie auf diese Weise alleingelassen hatte. Sicher waren seine böswilligen Vorgesetzten schuld. Sie hatten ihn nach Kalkutta oder zurück nach Hause geschickt, und er würde sich melden, sobald er konnte. Andererseits – andererseits hatte er bei der Nachricht von ihrer Schwangerschaft erschüttert ausgesehen, fassungslos, bevor es ihm gelungen war, den Schock zu überspielen. *Sie werden sich schon daran gewöhnen.* War er zu dem Schluss gekommen, dass seine Eltern sich nicht an eine deutsche Schwiegertochter und einen deutschen Enkel gewöhnen würden? Und dass er diesen Kampf auch nicht mit ihnen ausfechten wollte? Dass Ilsa diesen Zwist nicht wert war? Nein, das war unmöglich. So sehr konnte sie sich nicht in ihm getäuscht haben.

Ilsa klopfte erneut so lange an die Tür, bis Sergeant Jones, dem sie allmählich lästig fiel, ihr öffnete. Sie drängte ihn, ihre Adresse zu notieren und ihr zu versprechen, sich zu melden, wenn er etwas von Robert hörte. Als das nicht passierte, wandte sie sich an seinen direkten Vorgesetzten, dann an Oberstleutnant Pirie, den britischen Kommandanten in Bonn. Erst als sie alle hochrangigen Briten mit Ausnahme der Königs angeschrieben hatte, musste sie sich sagen, dass es unmöglich für sie war, Lieutenant Robert Wilson zu finden. Wenn der nicht gefunden werden wollte.

Ilsa hatte ihre Freundinnen vernachlässigt. Sie hatte Henni und Gerda monatelang nicht gesehen. Aber jetzt waren sie verabredet. Sie würden zusammen einen Ersatzkaffee im Café Krimmling trinken, und Ilsa würde ihren Freundinnen berichten, was geschehen war. Es nieselte, und Ilsa stand für einen Moment vor dem Vorhang, der die Cafébesucher vor der kalten Herbstluft schützte. Sie tupfte sich das regennasse Gesicht ab, als sie die Stimmen von Henni und Gerda erkannte. Sie schienen einen Tisch ganz in der Nähe der Tür zu haben.

»Ich kann mir schon denken, was sie uns erzählen will«, hörte sie Gerda sagen. »Sie hat sich mit diesem Tommy eingelassen, und nun hat er sie sitzengelassen mit einem Balg. Veronika Dankeschön.«

Ilsa erstarrte. Dann vernahm sie Hennis Stimme.

»Gerda, kannst du es ihr wirklich übel nehmen, dass sie von einem geträumt hat, der sie mitnimmt in ein anderes Land? Mag ja sein, dass sie sich herumgetrieben hat –«

»Sie ist ein Flittchen, das ist sie. Selbst schuld an ihrem Unglück.«

Ilsa ließ die Hand sinken, mit der sie den Vorhang eben noch beiseiteziehen wollte. Was war schlimmer – Gerdas unbarmherzige Worte oder Hennis selbstgerechtes Mitleid? Durch den Nieselregen ging sie nach Hause. Keine Eltern mehr, kein Verlobter, keine Freundinnen. Aber ein Kind. Der Regen rann ihr in den Kragen, das Pfützenwasser lief ihr in die Schuhe. Sie fühlte sich verloren, und das war sie auch. Wenn sie jetzt bloß in die Windmühlenstraße laufen könnte. Sie sah den Lichtschein vor sich, der immer durch die beschlagenen Fenster der Schneiderei auf die Straße gedrungen war. Sie hörte das Surren der Nähmaschine und das Zischen des Bügeleisens. Hätten ihre Eltern ihr Vorwürfe gemacht? Hätten sie sich für sie geschämt? Vielleicht. Vielleicht auch nicht. Ilsa würde es nie erfahren.

Als sie die Tür zu ihrem Zimmer aufschloss, sah das genauso erbärmlich aus, wie es war, und überhaupt nicht mehr wie ein warmer, glücklicher Ort.

Und im Winter wurde das Zimmer noch viel kärglicher und klammer. Die Wände glitzerten vom Raureif. Ilsa blieb jeden Tag so lange wie möglich auf der Arbeit, weil es dort etwas wärmer war. Aber irgendwann musste sie dann doch nach

Hause, sie musste nach Nahrungsmitteln anstehen, sie musste gucken, ob es schon Fett auf die zweite Dekade gab (gab es nicht), und sie musste auf ihrer Brennhexe falschen Hering braten. Der Hering bestand aus geriebenen Kartoffeln und Haferflocken, die sie mit Essig und Zwiebeln übergoss. Ilsa hatte das Rezept von ihrer Nachbarin, die gesagt hatte: »Man muss sich schon was einfallen lassen, damit man nicht verhungert.«

Ja, das musste man, aber Ilsa fiel nichts mehr ein. Nur das eine: zu Lindy zu fahren, aufs Land. Sie hatte sich zwar vorgenommen, in ihrer Kellerwohnung auszuharren, damit Robert sie hier fände, wenn er sie suchte. Aber mittlerweile fürchtete sie um den kleinen Rob in ihrem Bauch. Sie konnte ihm keinen Vater bieten, und nun nicht einmal mehr etwas zu essen.

Also kündigte Ilsa ihre Stelle als Sekretärin, die sie ja ohnehin bald verloren hätte, und packte ihre wenigen Besitztümer in einen Rucksack. Damit sah sie genauso aus wie die Hamsterer, die mit ihr zusammen im Kartoffelzug nach Leichlingen fuhren und die versuchen wollten, ihre Schaukelpferde und Zylinder und Uhren gegen Essen einzutauschen. Es gab keine Sitzplätze, und es roch nach feuchten Mänteln und ungewaschenen Körpern. Nach vielen Stunden konnte Ilsa sich in Leichlingen endlich aus dem Waggon quetschen. Als sie den vertrauten Weg zu Lindys Hof ging, war sie erstaunt, *wie* vertraut das alles noch aussah. So heil. Hier war nichts kaputtgegangen, es gab keine Bombentrichter und Trümmergrundstücke, und die Häuser hatten noch ihre

Fenster. Lindys auch. Bevor Ilsa bei ihr klopfen konnte, riss ihre Cousine die Küchentür auf: »Nur eine Scheibe Brot für jeden, mehr gibt es nicht!«

Ilsa zerrte sich das Tuch vom Kopf. »Lindy, ich bin's!«

Lindy schaute in Ilsas spitzes, blasses Gesicht. Entschuldigend sagte sie: »Hier stehen jeden Tag dreißig Städter vor der Tür und wollen etwas zu essen. Komm erst einmal rein.«

Sie schob Ilsa in die warme Küche, nahm ihr den sperrigen Rucksack ab und bestand darauf, ihr eine Tasse mit heißer Milch in die Hand zu drücken. Ilsa trank die Milch so gierig, dass sie sich die Zunge verbrannte, und Lindy stellte Leberwurstbrote für sie auf den Küchentisch. Ilsa bemühte sich, nicht zu schlingen, aber ihre guten Tischmanieren hatte sie ebenso eingebüßt wie die meisten anderen Dinge. Erst als kein Krümel mehr auf ihrem Teller lag und sie endlich ihren Mantel abgelegt hatte, sagte Lindy: »So. Jetzt erzähl mal.«

Und natürlich musste Ilsa ausgerechnet in Gegenwart ihrer Cousine in Tränen ausbrechen – ihrer Cousine, die sich immer gerade hielt, die allein einen Hof bewirtschaftete und deren Mann vermisst wurde. Irgendwie brachte sie die Geschichte aber trotzdem heraus.

Lindy drückte ihre Hand, als sie fertig war. »Bleib erst mal hier. Ich kann Hilfe gebrauchen.«

Also blieb Ilsa, obwohl sie irgendwann zu schwerfällig und zu voluminös war, um eine große Hilfe zu sein.

Im Frühjahr holte Lindy eine Kiste mit Bauklötzen und Babykleidern und Bilderbüchern vom Speicher.

»Wie schön für den kleinen Rob!«, rief Ilsa und nahm ein Mützchen in die Hand.

»Aber Ilsa«, sagte Lindy behutsam. »Du willst das Baby doch nicht ernsthaft immer noch Rob nennen? Dein Rob kehrt nicht zurück. Weißt du, die sind nicht zum Heiraten hierhergekommen.«

Ilsa nickte. Natürlich hatte Lindy recht, aber es war schwer, die Hoffnung aufzugeben.

»Und überhaupt, vielleicht wird es ja auch ein Mädchen!«

Aber es wurde kein Mädchen, es wurde ein Junge, der niemals mit seinem Vater Fußball oder irgendetwas anderes spielen würde. Und er trug nicht den Namen seines Vaters, sondern den Namen ihres Vaters: Paul.

Im Sommer überwand sich Ilsa, zum Amt zu gehen, um ihre finanzielle Lage zu besprechen. Der Beamte schaute sie mitleidig an. Zu diesem Zeitpunkt, nach sehr vielen verächtlichen Blicken und Bemerkungen auf den Straßen von Leichlingen, wusste sie längst, dass Mitleid das Beste war, das sie erwarten konnte. Deshalb lächelte sie den Beamten dankbar an, bevor sie sich von ihm erklären ließ, dass »Unterhaltsansprüche gegen den Vater eines unehelichen Kindes einer deutschen Mutter in England nicht geltend gemacht werden können«.

»Und was heißt das?«, fragte Ilsa.

»Das heißt, Sie kriegen nichts.«

Ilsa erhob sich.

»Hören Sie – Sie sind nicht allein in dieser Lage. Zehntausenden Frauen geht das so. Ich weiß gar nicht, wie viele ich schon in diesem Büro sitzen gehabt habe.«

Aber war das ein Trost? Robert und sie waren doch etwas Besonderes gewesen und nicht einer von Zehntausenden anderen schäbigen Fällen.

Kapitel 17

Ilsa sprang auf. Genug mit den Erinnerungen! Sie packte den Stapel mit den Protokollen und schob den Stuhl zurück. Sie war zwar allein in diesem leeren Klassenzimmer in der Pädagogischen Akademie, aber nicht allein in dieser Lage. Zehntausenden ging es ebenso. Und vor allem war sie nicht allein in ihrem Leben. Sie hatte Frau Selbert auf ihrer Seite, und sie hatte Menschen in Bonn, die ihr helfen würden. Die wussten zwar noch nichts davon, aber das würde sie ändern. Gleich heute Abend. Irgendwann musste sie es ja wagen.

Auf dem Weg von der Arbeit nach Hause ging sie beim Metzger vorbei, und als Charlie und Emma aus dem Büro und aus der Universität kamen, stand sie schon am Herd und zerließ ein bisschen Speck in einer gusseisernen Pfanne. Bratkartoffeln waren sicher eine passende Beilage für das Gespräch, das sie nun führen musste. Während ihre Mitbewohnerinnen sich an der Spüle die Hände wuschen, ließ Ilsa Kartoffelscheiben und Zwiebelwürfel in das brutzelnde Fett gleiten. Als die anderen den Tisch deckten, versuchte sie, den richtigen Einstieg zu finden. Gar nicht so leicht, denn Charlie hatte sich mal wieder in Fahrt geredet.

»Was würdet ihr von einem neuen Mitbewohner halten?«,

platzte sie schließlich heraus. Sie hielt den Blick fest auf die blassen Kartoffeln in der Pfanne gerichtet. Sie waren noch weit davon entfernt, knusprig und golden auszusehen.

Nur mit Mühe brachte Ilsa es fertig, sich umzudrehen und ihre Freundinnen anzuschauen: Emma mit den Gabeln in der Hand, Charlie mit der Wasserkaraffe.

»Aber Ilsa, du meinst doch nicht etwa die neue Kollegin aus der Fraktion?«, rief Emma bestürzt, und auch Charlie schüttelte den Kopf: »Ist viel zu eng bei uns. Passt kein Feldbett mehr rein.«

Ilsa versuchte es noch einmal. »Ich meinte einen etwas kleineren Mitbewohner.«

Charlie glaubte zu verstehen. »Du bist schwanger«, sagte sie langsam.

Ilsa fuhrwerkte mit dem Pfannenwender in den Bratkartoffeln herum. »Nein, bin ich nicht.«

Herrgott, es konnte doch nicht so schwer sein, den anderen von Pauls Existenz zu erzählen. Aber sie hatte Gerdas Stimme – »Flittchen!« – noch allzu deutlich im Ohr.

Es half nichts, sie musste es ohne Umschweife und Umschreibungen aussprechen. Schnell und ohne Atempause sagte sie: »Ich habe einen Sohn. Paul wird im Sommer zwei und lebt bei meiner Cousine Lindy. Ich möchte ihn zu mir nehmen.«

Emma schwieg, aber Charlie fragte: »Wer ist denn der Vater?«

»Ein britischer Lieutenant«, sagte Ilsa, mehr zur Pfanne als zu ihren Freundinnen.

»Hast du – war das einvernehmlich?«, fragte Charlie und blickte ihr direkt ins Gesicht. Ilsa wusste auf einmal viel mehr über Charlie als noch vor einer Minute. Und gleichzeitig stürmten Fragen auf sie ein. Was hatte sie wohl mitgemacht? Wo war sie eigentlich bei Kriegsende gewesen? Aber jetzt war es erst einmal an Ilsa, Fragen zu beantworten.

»Ja, es war einvernehmlich«, sagte sie. »Sehr einvernehmlich.« Charlie nickte. »Gut.«

»Wir waren verlobt«, sagte Ilsa, wie um sich zu rechtfertigen.

»Ein Kinderbett würden wir schon noch unterkriegen«, sagte Charlie nachdenklich.

»Dann hast du nichts dagegen?«, fragte Ilsa.

»Nein. Ein Kind gehört zur Mutter«, sagte Charlie bestimmt. »Auch wenn deine Cousine sicher ganz wunderbar ist«, fügte sie schnell hinzu.

Ilsa wandte sich Emma zu, die die ganze Zeit noch nichts gesagt hatte.

»Und was meinst du, Emma?«, fragte sie zaghaft.

Emma wurde ganz rot. »Wie konntest du nur?«, rief sie. »Du hast ein Kind? In Leichlingen? Einen Sohn?«

Ilsa ließ die Arme hängen, den Pfannenwender in der Hand, und die Erleichterung, die sich fast schon angeschlichen hatte, war auf einen Schlag verschwunden. Es wäre auch zu schön gewesen, wenn Emma und Charlie beide nichts gegen uneheliche Kinder und deren Mütter gehabt hätten. Zu schön, um wahr zu sein. Veronika Dankeschön. Flittchen. Emma war nicht Gerda, und solche Wörter waren ihr in Ilsas

Gegenwart noch nie über die Lippen gekommen. Doch das hieß ja nicht, dass sie nicht ebenso dachte wie Gerda. Dass sie so wie Gerda glaubte, Ilsa sei selbst schuld an ihrer Lage. Ilsa vergaß, dass sie vorhin eine Zwiebel geschält hatte, und fuhr sich mit der Hand über das Gesicht. Jetzt brannten ihre Augen, und ihre Sorgen krochen wieder heran – wo sollte sie hin mit Paul? Wer sollte ihn hüten? Würde sie ihn doch nicht zu sich holen können?

Als Emma zu ihr hintrat, sie fest umarmte und ihr dann auf den Kragen weinte, war sie sprachlos.

»Wie konntest du nur?«, rief Emma wieder. »Seit einem halben Jahr sind wir Freundinnen! Und immer, wenn du nach Leichlingen fährst und mit Äpfeln oder Pflaumen wiederkommst, lässt du den kleinen Kerl da zurück? Und uns sagst du kein Wort?«

»Aber Emma«, schalt Charlie sanft. »Kannst du dir nicht vorstellen, dass Ilsa das nicht leichtgefallen ist? Übrigens, die Bratkartoffeln brennen an.« Sie entwand Ilsa behutsam den Pfannenwender.

Während sie zusammen aßen – zwei der drei Anwesenden leicht verweint –, besprachen sie, wie es weitergehen sollte.

»Wir haben zwei Dinge zu erledigen«, sagte Charlie, und Ilsa liebte sie für dieses Wort: wir. Charlie zählte auf: »Erstens musst du mit Frau Fassbender reden. Zweitens müssen wir überlegen, wer auf den Kleinen aufpasst, während du auf der Arbeit bist.«

»Ja, ja – das machen wir gleich«, unterbrach Emma sie. »Erst einmal erzählst du uns von Paul. Spricht er? Läuft er? Wie ist er so? Wie geht es ihm?« Sie salzte die Kartoffeln nach. »Das ist doch das Wichtigste«, sagte sie, und Ilsa liebte sie für diese Worte: das Wichtigste.

»Er läuft im Laufschritt«, sagte sie stolz. »Man kommt kaum mit.« Aber als sie von Pauls Scharlach und von seinen Sprachfertigkeiten – »Lindy-Mama!« – berichtete, verlor sich ihre Stimme, und schließlich verstummte sie. Emma legte ihr die Hand auf den Arm. Nach einer kurzen Pause ergriff Charlie wieder das Wort.

»Damit wären wir wieder bei der Frage, wer an Lindys Stelle auf ihn aufpasst. Frau Fassbender und Frau Berger? Vielleicht auch du, Emma? Oder Herr Dreesen? Ihr scheint mir nicht ganz ausgelastet zu sein mit der Universität.«

»Es gibt noch ein Problem«, wandte Ilsa vorsichtig ein. »Das Geld – ich kann nicht viel bezahlen fürs Kinderhüten …«

Anstelle einer Antwort lächelte Charlie breit und deutete auf den Korb mit all den Strümpfen, die gestopft werden mussten, und all den Röcken, deren Saum lose war. »Bist du etwa nicht in einer Schneiderei groß geworden?«, fragte sie. »Und hast du da nichts gelernt?«

Doch zunächst einmal musste sich Ilsa dazu durchringen, bei Frau Fassbender vorzusprechen.

»Schieb es nicht auf«, sagte Charlie resolut. »Geh jetzt gleich zu ihr.«

Ilsa schaute von Charlie zu Emma und zurück. »Kommt ihr nicht mit?«

Charlie schüttelte den Kopf. »Das musst du allein machen.«

Ilsa stand auf, ging langsam die Treppe hoch zu ihrem Zimmer und strich sich vor dem Spiegel die Haare glatt. Dann griff sie nach einer »Spiegel«-Ausgabe vom vorigen Monat, die sie in der Pressestelle bekommen hatte. Konnte nicht schaden.

»Herein«, hörte sie Frau Fassbenders gebieterische Stimme, nachdem sie beklommen an deren Tür geklopft hatte.

Ilsa war noch nie im Zimmer ihrer Vermieterin gewesen. Die Tapete und die Vorhänge waren ebenso verblichen wie der Charme des ganzen Raumes. Er war so vollgestellt, dass Ilsa zunächst Frau Berger gar nicht bemerkte, die auf einem niedrigen Sessel am Fenster saß.

Sie lächelte ihr nervös zu und streckte dann Frau Fassbender die mitgebrachte Zeitschrift hin. »Ich dachte, das könnte Sie interessieren.«

Frau Fassbender griff sogleich danach. »Vielen Dank«, sagte sie. Und da Ilsa keine Anstalten machte zu gehen: »Gibt es sonst noch etwas?«

Ilsa holte tief Luft. »Ich möchte Sie etwas fragen. Um etwas bitten.«

Frau Fassbender blickte sie erwartungsvoll an. »Ja?«

»Es ist so – ich habe –«

Wunderbar. Schon jetzt geriet sie ins Stocken.

Frau Fassbender, die mittlerweile einige Menschen erlebt hatte, die mit ihrer Miete im Rückstand waren, glaubte zu ahnen, was nun kommen sollte.

»Setzen Sie sich. Möchten Sie einen Schluck?«

Ilsa ließ sich auf dem Fußteil des plüschigen Sessels nieder und nahm das Kristallglas, das Frau Fassbender ihr reichte. Konnte auch nicht schaden.

Sie nippte daran. Pflaumenlikör. Bestimmt aus Leichlingen. Dann nahm sie sich zusammen.

»Ich möchte Sie bitten, noch einen Mieter aufzunehmen. Einen kleinen Mieter. Meinen Sohn, der bei meiner Cousine im Bergischen Land aufwächst.«

So, jetzt war es raus. Ilsa zwang sich, aufzublicken.

Frau Fassbender sah sie unverwandt an.

»Sie nennen sich Fräulein Klasing. Daraus schließe ich, dass Sie mit dem Kindsvater nicht verheiratet sind. Oder waren.«

Ilsa nickte. Sie stellte ihr Glas vorsichtig neben sich. Auf dem Tisch lagen so viele Spitzendeckchen, dass man die Tischplatte kaum sehen konnte.

»Wo ist der Vater? Gefallen?«

Ilsa schüttelte den Kopf. »Er ist weg. Er – er war ein britischer Soldat.«

Frau Fassbender ließ ihren Blick durchs Zimmer wandern – vom angeschlagenen Kristallglas über den vergilbten Vorhang bis zum abgewetzten Teppich.

»Als mein Mann noch lebte, haben wir dieses Haus alleine bewohnt. Wir hatten so viele Einladungen zum Essen und zum Tee, dass ich Ausreden erfand, um nicht hinzugehen. Wir hatten so viele Theater- und Opern-Abonnements, dass ich die Karten oft der Haushälterin schenkte. Die übrigens furchtbar nachlässig war beim Hemdenbügeln. Fand ich damals. Wir hatten so viel Silberbesteck, dass es mir lästig wurde, es zu putzen. Es putzen zu lassen. Und nun? Nun habe ich fünf Mieter und lebe in einem Raum, von dem ich früher glaubte, er sei eigentlich zu klein für ein Schlafzimmer.«

Ilsa sagte nichts dazu. Frau Fassbender hatte immer noch mehr Platz und mehr Dinge und mehr intakte Fensterscheiben als die meisten anderen Leute. Aber sie war nicht in der Position, sie darauf hinzuweisen.

»Aber zumindest«, sagte Frau Fassbender, »ist es ein ehrbares Haus. Es ist kein Haus für gefallene Mädchen und deren Kinder.«

Frau Berger erhob sich und ging hinüber zu Frau Fassbender. »Aber Rosie«, sagte sie und legte ihr die Hand auf die Schulter.

Ilsa erkannte, dass es nicht Emma war, die so dachte wie Gerda. Sondern ihre Vermieterin: die Person, die sie dauerhaft von Paul trennen konnte. Und das offenbar auch wollte.

»Das meinst du doch nicht so, Rosie«, sagte Frau Berger. »Ich kenne dich doch.«

»Ach ja? Möchtest du gern, dass hier außer unseren drei Grazien und dem Studenten – und dessen Huhn – ein Junge wohnt, der nachts weint ...«

»Er schläft sehr gut«, warf Ilsa ein.

»... der die Treppe hoch- und runterpoltert ...«, fuhr Frau Fassbender fort.

»Er ist sehr leise«, unterbrach Ilsa.

»... und der dauernd hustet und schnupft und irgendwelche Kinderkrankheiten anschleppt?«

»Er hat eine robuste Gesundheit«, behauptete Ilsa und unterschlug den Scharlach.

Frau Fassbender schüttelte Frau Bergers Hand ab. »Der Junge kann nichts für Ihr liederliches Verhalten. Aber hier kann er nicht wohnen.«

»Frau Fassbender, bitte überlegen Sie es sich noch einmal«, sagte Ilsa flehentlich. »Wir sind doch bisher gut miteinander ausgekommen. Ich habe die Miete immer pünktlich bezahlt, fast immer war ich es, die die Treppe gewischt hat –«

»Ja, wir sind gut miteinander ausgekommen. Das war auch, bevor Sie mich angelogen haben.«

»Wundert Sie das?«, brach es aus Ilsa hervor.

Frau Fassbender sagte nichts.

»Hätten Sie mir denn das Zimmer vermietet, wenn ich mit meinem Mädchennamen und mit meinem Kind an der Hand vor Ihrer Tür gestanden hätte?«, rief Ilsa.

»Nein, das hätte ich nicht.«

»Warum überrascht es Sie dann, dass ich nicht die Wahrheit gesagt habe?«

Frau Fassbender breitete die Arme aus. »Wie dem auch sei: Ich möchte Ihren Jungen hier nicht haben. Und Sie auch nicht, wenn ich es mir recht überlege.«

Frau Fassbender saß kerzengerade in ihrem Sessel, die Hände lagen ruhig in ihrem Schoß. Ilsa hatte bisher nicht viel über ihre Vermieterin nachgedacht, aber wenn man sie gefragt hätte, hätte sie sie als eine nette Dame beschrieben: ein bisschen herrisch vielleicht, ein bisschen bitter in den Resten ihrer großbürgerlichen Existenz. Nicht gerade milde, aber nicht so – so unnachgiebig. Doch jetzt verstand Ilsa, dass Frau Fassbender sich nicht wirklich unterschied von der alten Dame mit dem Ripsband in der Linie 3. Als Nächstes würde sie ihr auch noch vorwerfen, dass Deutschland ihretwegen seine Würde verloren habe.

»Vor Weihnachten kündige ich niemandem«, sagte Frau Fassbender und drückte den Rücken noch weiter durch. »Aber im Januar müssen Sie sich etwas Neues suchen. Dass Sie sich für ein paar Nylonstrümpfe mit einem Tommy eingelassen haben, ist Ihre Sache. Die Sitten sind einfach völlig verroht. Aber ich möchte damit nichts zu tun haben. Das ist ein ordentliches Haus.«

Frau Berger legte ihr erneut die Hand auf den Arm: »Und auch das meinst du nicht so, Rosie.«

Ilsa stand auf und warf dabei versehentlich ihr Glas mit dem Likör um. Die klebrige Flüssigkeit sickerte in sämtliche Deckchen ein, aber Ilsa nahm kaum wahr, wie die ganze Spitze verdarb. Sie war damit beschäftigt, Frau Fassbender fest ins Gesicht zu schauen. Den bittenden Unterton hatte sie völlig eingebüßt, als sie sagte: »Die Sitten sind verroht? O ja, das sind sie. Aber nicht, weil ich mit einem Lieutenant angebändelt habe. Das ist viel früher passiert. Die Sitten sind verroht, seit meine Klassenkameradinnen vor der brennenden Synagoge Lieder gesungen haben. Da war es aus mit der Moral. Aber mit dem britischen Soldaten oder meinem Paulchen hat das nichts zu tun.«

»Sie hat recht, und das weißt du auch«, sagte Frau Berger zu Frau Fassbender.

Sie nahm Ilsas Arm und schob sie fast zur Tür hinaus. »Wir sprechen nachher weiter«, sagte sie leise, bevor sie die Tür schloss.

Ilsa ließ sich auf den Treppenabsatz sinken. Sie lehnte sich an das gedrechselte Geländer, das sie tatsächlich oft geputzt hatte. Jetzt war ihr nicht mehr kämpferisch zumute. Was nun? Sie hatte keine Wohnung mehr. Sie konnte Paul nirgends unterbringen, sie konnte nicht einmal sich selbst unterbringen. Wohin sollte sie jetzt? Ihr war kalt, und sie zog die Strickjacke enger um den Oberkörper. Dass Charlie vorhin noch erwogen hatte, Frau Fassbender könnte auf Paul aufpassen! Aufpassen! Sie ließ ihn ja nicht mal ins Haus.

Ilsa saß lange auf der Treppe. Aus Frau Fassbenders Zimmer drang Stimmengemurmel. Sie konnte keine einzelnen Wörter verstehen, aber es schien ihr so, als ob vor allem Frau Berger spräche. Irgendwann hörte sie das Knarren der Dielen und das Quietschen der Kleiderschranktür. Das Scharnier müsste man auch mal wieder ölen, dachte sie flüchtig, bevor ihr klar wurde, dass Frau Berger und Frau Fassbender gleich aus der Tür kämen. Sie war nicht bereit, den beiden zu begegnen. Aber Charlie und Emma konnte sie auch nicht gegenübertreten. Noch nicht. Rasch stand Ilsa auf und huschte die Treppe hinauf zum Dachboden. Ruhelos ging sie dort auf und ab. Ihr Blick fiel auch auf ihr Feldbett. Daneben wäre auf jeden Fall Platz gewesen für ein Kinderbett. Als Ilsa Schritte auf der Treppe hörte, wischte sie sich schnell über das Gesicht. Das war sicher Charlie, die nach ihr sehen wollte. Doch durch die Tür trat eine zierliche Person mit weißem Haar. Frau Berger.

»So, meine Liebe«, sagte sie. »Sie können den Jungen holen.«

Ilsa schaute sie verständnislos an.

»Sie dürfen bleiben. Und er darf kommen.«

»Was – wie meinen Sie das?«

Ilsas Stimme zitterte, und ihre Hände zitterten auch. Sie ließ sich in den abgeschabten Sessel fallen. Frau Berger setzte sich in den Sessel gegenüber und zeigte auf die Teekanne. »Haben Sie darin noch einen Tropfen? Ich habe so auf die arme Rosie eingeredet; mein Mund ist ganz ausgedörrt.«

Die arme Rosie? Auf Anhieb fielen Ilsa ungefähr zehntausend Leute ein, die ärmer dran waren als Frau Fassbender. Aber sie schenkte Frau Berger sofort den Rest kalten Pfefferminztee ein, der noch in der Kanne gewesen war. Ein bisschen ging daneben und rann in die Untertasse.

»Wie meinen Sie das – ich kann ihn holen?«, fragte Ilsa dann. Sie verbarg ihre Hände unter der Tischplatte.

Frau Berger trank ihre Tasse in einem Zug aus.

»Ich habe mit Rosie – mit Frau Fassbender – geredet. Sie an das eine oder andere erinnert. Und nein«, Frau Berger lächelte Ilsa an, die im Begriff gewesen war, sie zu unterbrechen, »ich werde Ihnen nicht verraten, was ich ihr gesagt habe.«

Frau Berger hielt Wort. Ilsa sollte nie erfahren, wie sie ihre alte Schulfreundin überzeugt hatte. Aber als Ilsa zu Frau Fassbender ins Zimmer stürzte, um sich zu bedanken, winkte diese ab. »Ist schon gut. Reden wir nicht mehr davon. Wischen Sie lieber die Treppe, da Sie das doch bisher so gewissenhaft gemacht haben.«

Ilsa wischte die Treppe. Hingebungsvoll. Während sie gerade dabei war, das Geländer zu polieren, trat Frau Fassbender neben sie. »Im Keller steht übrigens noch ein sehr schönes Kinderbett von ›Puppenkönig‹.« Brüsk fuhr sie mit der Hand über das dunkle Holz. »Holen Sie das doch schon mal rauf.«

Kapitel 18

Endlich war Paul eingeschlafen. Vor Erschöpfung – nachdem er fast eine Stunde geweint hatte. Ununterbrochen hatte er nach Lindy gewimmert. »Er vermisst seine Großcousine«, hatte Ilsa entschuldigend zu der Frau gesagt, die das Abteil mit ihnen teilte, aber die hatte nur verständnislos geguckt. Ilsa konnte sich sehr genau vorstellen, was sie dachte: Welches Kind weint denn bitte schön so herzzerreißend wegen seiner Großcousine? Und welche Mutter ist derart wenig in der Lage, ihren Sohn zu trösten? Dabei hatte Ilsa alles versucht: Sie hatte das Hasenbuch vorgelesen, »Guten Abend, gute Nacht« gesungen, eine Nascherei aus der Handtasche gezogen, von Herrn Dreesens Huhn erzählt und einen baldigen Besuch bei Lindy versprochen. Nichts hatte geholfen.

Ilsa blickte auf die Uhr. In ein paar Minuten würden sie in Köln umsteigen müssen. Ihr graute schon davor, Paul zu wecken.

Sie hatte die Weihnachtsfeiertage bei Lindy verbracht, und an hundert Kleinigkeiten hatte sie gemerkt, dass es an der Zeit war, Paul mit nach Bonn zu nehmen. Lindys Mann war zwar noch nicht heimgekehrt, aber es konnte nun jeden Tag so weit sein, und Ilsa fand, die beiden würden Zeit für sich brauchen, um einander neu kennenzulernen. Lindy schien jedenfalls jederzeit mit Walter zu rechnen. Zum Beispiel hatte sie damit angefangen, sich die Haare zu färben. »Weißt du«, hatte sie zu Ilsa gesagt, »Walter hat mich als junges Mädel in Erinnerung. Er soll keinen Schreck kriegen, wenn er mich wiedersieht. Das könnte ich nicht ertragen.«

Ilsa hatte den Kopf geschüttelt. »Also wirklich, Lindy, er wird niemals erschrocken sein, dich zu sehen. Das ist völlig ausgeschlossen. Aber«, hatte sie vorsichtig hinzugefügt, »es könnte gut sein, dass *er* sich sehr stark verändert hat.«

»Ich weiß«, sagte Lindy. »Ich werde ihn aufpäppeln.« Sie deutete auf die vielen Gläser mit Eingemachtem und auf die Lesezeichen, mit denen sie Walters Lieblingsgerichte im Kochbuch markiert hatte. Ihr war sicher ebenso klar wie Ilsa, dass Walter nicht mehr der gleiche Mann war wie vor fünf Jahren und dass er es trotz aller Rezepte aus »Dr. Oetkers Schulkochbuch« auch nicht wieder werden würde. Aber sie zog es vor, nicht darüber zu sprechen, und strich stattdessen die Wände im Schlafzimmer in einem gelben Pastellton. Die Farbe war bei der Renovierung des Anbaus vor vielen Jahren übrig geblieben. Außerdem ging sie dazu über, auch Walters Seite des Bettes wieder mit frisch gestärkten Laken zu beziehen. Alles sollte bereit sein für seine Rückkehr. Dann ging Lindy zusammen mit Ilsa Walters Garderobe durch.

»Vermutlich wird ihm das meiste zu weit sein«, sagte Ilsa und hielt eine Jacke in die Höhe. »Aber solange wir nichts Näheres wissen, hat es keinen Sinn, irgendwelche Sachen enger zu machen.«

Lindy nickte. »Weißt du, Ilsa«, sagte sie, während sie einen Stapel mit Hemden zurück in den Schrank packte. »Paul würde mein Wiedersehen mit Walter nicht stören, wenn er hierbliebe. Und wenn du ihn mitnimmst, werde ich ihn furchtbar vermissen.«

Ilsa setzte an, etwas zu sagen, doch Lindy sprach weiter. »Aber du und Paul, ihr werdet einander immer fremder, je länger ihr getrennt bleibt. Du hast recht, ihn zu dir zu holen.« Sie legte Ilsa den Arm um die Schultern. »Ich mache ihm den Abschied so leicht wie möglich.«

Lindy hielt Wort und schilderte Bonn bei jeder Gelegenheit in leuchtenden Farben. Deshalb schien Paul nichts dagegen zu haben, mit seiner Mama dorthin zu reisen. Er freute sich auf die Eisenbahnfahrt und auf die großen Schiffe auf dem großen Rhein. Bis er am Bahnsteig feststellen musste, dass Lindy nicht mitkäme. Dass sie in Leichlingen bliebe. Ilsa, für die diese Tatsache völlig selbstverständlich gewesen war, hatte versäumt, ihm das zu erklären. Und so hatte sich der schluchzende Paul an Lindy gekrallt, der es nur mit Mühe gelungen war, seine Arme von ihrem Hals zu lösen, damit Ilsa ihn in den Waggon hieven konnte. Während Lindy sich darauf beschränken musste, mit ihrem Taschentuch abwechselnd zu winken und sich die Augen abzutupfen, war die Bahn losgeruckelt. Darin saß, da war sich Ilsa sicher, die schlechteste Mutter der Welt. Erst hatte sie ihrem Kind keinen Vater bieten können, dann hatte sie es abgeschoben, und nun riss sie es aus seiner vertrauten und geliebten Umgebung. Sie war eine furchtbare Mutter – das war jedem im Abteil klar. Die Dame mit den hochgezogenen Augenbrauen, die sich schließlich einen neuen Platz suchte, wusste es. Paul, der sich nach Lindy sehnte, wusste es. Und sie selbst, sie wusste es auch.

Als der Zug in Köln einfuhr, weckte Ilsa Paul. Er war benommen vom Schlaf und ließ sich widerstandslos von ihr aus dem Waggon heben und durch den Bahnhof zerren. Und Gott sei Dank, der Zug nach Bonn hatte trotz der Verspätung gewartet. Ilsa zwängte sich durch die Waggontür – mit Paul auf dem einen Arm, der Tasche über dem anderen Arm und dem Koffer in der Hand. Und da, genau in diesem Moment, ging ihre Handtasche auf, und Pauls Buch, das kostbare Hasenbuch, fiel auf die Schienen. Ilsa sah es noch dort unten auf dem regennassen Schotter liegen, während sich die Tür schloss. Paul brüllte so sehr, dass Ilsa fürchtete, er bekäme gleich keine Luft mehr.

Sie fanden keinen Sitzplatz und mussten mit all ihrem Gepäck im Gang stehen bleiben, Pauls Gesicht genau auf der Höhe der feuchten Mäntel der Mitreisenden. Ilsa platzierte ihn auf dem Koffer und nestelte ein Taschentuch hervor, um ihm die Tränen abzuwischen, aber als Paul ihre Hand wegstieß, war sie sehr kurz davor, mitzuweinen. O Gott. So hatte sie sich das glückliche Zusammenleben mit ihrem Paul nicht vorgestellt. Sie war so blauäugig gewesen. Was hatte sie sich dabei gedacht, ihn erst nach Leichlingen zu verpflanzen und ihn dann dort wieder herauszureißen?

Es war schon dunkel, als sie in Bonn ankamen, und längst Schlafenszeit für einen Eineinhalbjährigen. Doch dort am

Gleis standen Charlie und Emma, denen Ilsa ihre Ankunftszeit durchgegeben hatte. Sie war sehr dankbar, dass die beiden geistesgegenwärtig genug gewesen waren, Frau Fassbenders altes Fahrrad mitzubringen.

»Na, Paule«, sagte Charlie. »Dann mal rauf.« Schlaftrunken ließ sich Paul auf den Gepäckträger setzen und nach Hause schieben, während Ilsa ihn hielt und Emma den Koffer trug.

Stoisch ließ er alles über sich ergehen, Charlies munteres Geplauder, Emmas improvisiertes Abendessen, bestehend aus einem Glas Milch und einer abgesäbelten Scheibe Brot, und Ilsas ungeschicktes Bemühen, ihm die Zähne zu putzen und den Schlafanzug anzuziehen. Dann lag er endlich in seinem Bett. Und wimmerte.

Ilsa legte sich in ihr Bett, das direkt neben seinem stand, und streichelte ihm durch die Gitterstäbe den Kopf. Sie sang leise »Heile, heile Gänschen«. Sie versprach leise, eine neue Ausgabe des Hasenbuches aufzutreiben. Paul weinte weiter.

Ilsa horchte auf Charlies und Emmas Atem. Sicher konnten die beiden ebenso wenig schlafen wie sie selbst. Sie blieben nur stumm, um Ilsa nicht weiter in Verlegenheit zu bringen. Doch gewiss lagen sie wach und stellten sich die gleichen Fragen wie Ilsa auch: was für eine Mutter sie eigentlich war – eine, die ihr Kind erst verleugnete und es dann nicht schaffte, es zu beruhigen. Eine, deren Kind nicht mal mit ihr zusammen sein wollte.

Den Tag verbrachten Ilsa und Paul mit Aktivitäten, von denen Ilsa angenommen hatte, dass sie kleinen Jungen gefielen.

Schiffe angucken. Ihr Erspartes im Café Müller für Mutzenmandeln ausgeben. Auf dem Alten Zoll Fangen spielen. Doch je teilnahmsloser Paul aussah, desto unsicherer und verkrampfter wurde Ilsa. Irgendwann konnte sie ihre falsche Fröhlichkeit auch nicht mehr ertragen und ersparte sie Paul. Also schwiegen sie beide.

Die nächste Nacht verlief genauso wie die vorangegangene. Am Morgen sahen Emma und Charlie blass aus, sagten aber nichts, ganz im Gegensatz zu Frau Fassbender, die Ilsa auf der Treppe abpasste: »Sie hatten doch behauptet, er weint nachts nicht«, sagte sie vorwurfsvoll.

Ilsa lächelte dünn und schob Paul an ihr vorbei.

Und es wurde nicht besser. Paul blieb stumm und still und niedergeschlagen, und Ilsas aufgesetzter Frohsinn prallte an seinem Kummer ab. Sie sagte sich, das seien nur Anfangsschwierigkeiten, sie würden sich schon wieder zusammenraufen – aber was, wenn das nicht stimmte? Würde Paul – ihr Paul! – sie für den Rest seines Lebens ablehnen? Würden sie sich immer fremd bleiben? Und wenn das so war: War es dann selbstsüchtig, ihn dazu zu zwingen, bei ihr zu leben? Oder musste sie ihn dorthin zurückbringen, wo er glücklich war: zu seiner Lindy-Mama? Was sollte sie bloß machen?

Kapitel 19

Emma war unausgeschlafen und der trüben Stimmung im Haus überdrüssig. Deshalb – wirklich nur deshalb? – freute sie sich, als es an der Tür klingelte und Hans davor stand. Er war verwundert, in der Küche auf Paul zu stoßen.

»Ich wusste gar nicht, dass Ihre Vermieterin ein Enkelkind hat. Oder einen Neffen?«, sagte er, und Emma lächelte unverbindlich. Sie wollte nicht lügen, aber sie fand auch, es sei nicht an ihr, Ilsas Geheimnis preiszugeben.

»Paul hat auf der Fahrt nach Bonn sein Hasenbuch verloren«, erzählte sie, um Hans' Frage auszuweichen. Sie legte einen Arm um den blassen Paul. »Das macht ihm Kummer.«

»Wirklich?« Hans, der ein Herz hatte für bibliophile Zeitgenossen, beugte sich zu Paul herab. »Was für ein Jammer. Ich hatte als Kind auch ein Hasenbuch, von dem ich mich nie trennen wollte. Es ging um eine Hasenfamilie, die sich um zwei kleine Kinder kümmert, die im Wald verloren gegangen sind.«

Hans strubbelte ihm über die Haare. »Bestimmt ist es noch in der Kiste mit meinen alten Kinderbüchern«, sagte er. »Die hätte meine Mutter nicht in den Ofen geschoben.« Er wandte sich wieder an Paul. »Wie ist es, kleiner Mann – soll ich die

Kiste mit den Büchern herbringen? Willst du dein Hasenbuch darin suchen?«

Paul nickte eifrig – jedenfalls eifriger, als Emma ihn sonst bisher erlebt hatte.

Hans richtete sich wieder auf. »Gut. Ich laufe nach Hause und komme dann mit den Büchern wieder.«

Er hatte schon die Klinke der Küchentür in der Hand, als Emma ihre Schürze abstreifte. »Ich komme mit und helfe Ihnen beim Tragen.«

Hans blickte sie zweifelnd an, aber Emma deutete auf ihre Oberarme. »Beim Enttrümmern der Uni habe ich ganz andere Dinge durch die Gegend geschleppt als Bilderbücher.«

Emma hatte Lust auf die klirrende Januarkälte, und sie hatte genug von den bedrückten Mienen im Haus. Deshalb war sie sehr erpicht auf einen Spaziergang mit Hans.

Sie zog sich rasch ihren Mantel an und schlang sich ihren Wollschal so oft um den Hals, dass er ihr Gesicht bis zur Nasenspitze verhüllte.

Als die beiden vor die Haustür traten, hielt Emma plötzlich inne: »Ich habe gar nicht gefragt – wo wohnen Sie denn eigentlich?«

Hans grinste. »Fürchten Sie, dass ich in Beuel lebe und Sie bei dem eisigen Wetter auf die Fähre müssen? Bereuen Sie Ihr großzügiges Angebot?« Er lenkte seine Schritte zügig nach links. »Keine Sorge. Wir müssen bloß ins Musikerviertel.«

»Ach!«, rief Emma. »Da habe ich auch eine Weile gewohnt. Bei einer sehr netten Dame. Ich hätte sie längst besuchen sollen. Das hatte ich eigentlich versprochen.«

Hans und Emma ließen die Ruine des Poppelsdorfer Schlosses hinter sich und bogen in die Nußallee ein. Dort waren viele Institute der Universität untergebracht, vor allem die der Naturwissenschaftler. Emma sah zu einem kleinen Grüppchen Studenten hinüber. Die meisten trugen gefärbte Militäruniformen: dunkelgrün, tiefblau, dunkelbraun.

»Sie hätten bestimmt gute Aussichten auf einen Studienplatz«, bemerkte Emma. »Als Heimkehrer, meine ich.«

»Das ist nichts für mich«, antwortete Hans kurz angebunden.

Emma konnte praktisch zusehen, wie sich sein heiterer, offener Gesichtsausdruck verwandelte und er sich vor ihr verschloss. Sie ärgerte sich über sich selbst. Warum hatte sie prompt wieder von einem Thema anfangen müssen, das ihm nicht behagte? Was ging sie das an, ob Hans nun studierte oder nicht? Sie versuchte, dem Gespräch eine andere Wendung zu geben. »Wo arbeiten Sie denn im Moment?«

»In einer Großgärtnerei.« Er berichtete von dem Bauernhof, auf dem er während der Gefangenschaft gearbeitet hatte. »Das ist keine schlechte Sache – zuzusehen, wie alles wächst. Außerdem kriege ich dort Lebensmittel für zu Hause.«

»Auch jetzt im Winter?«

»Ja. Ich bin jeden Tag im Treibhaus. Ist schön warm dort.«

»Ach! Dahin gehen also die Kohlelieferungen! Und wir frieren in unserer Mansarde.«

»Sie können gern mal vorbeikommen und sich aufwärmen.« Hans strich sich die Locken aus dem Gesicht. »Entschuldigen Sie – so aufdringlich sollte das gar nicht klingen.«

Emma lachte. Dann zeigte sie auf das Straßenschild. Liszt-straße.

»In dieser Straße habe ich bis zum Sommer gewohnt. Die Miete betrug ein Pfund Butter.«

»Ein Pfund Butter? Ganz schön viel!«, befand Hans, während er in seiner Manteltasche herumfingerte. Schließlich fand er den Schlüssel, blieb vor einer verwitterten Haustür stehen und steckte ihn ins Schloss. »Treten Sie doch ein.«

Erst jetzt merkte er, dass Emma ein paar Schritte entfernt stehen geblieben war. »Hier wohnen Sie?«, fragte sie perplex. »Hier habe *ich* gewohnt. Bei Frau Walterscheid.«

Hans ließ die schwere Tür los, und sie schlug krachend zu. »Das ist meine Mutter.«

»Aber –« Emma brach ab. Sie hatte Hans' Nachnamen nie gehört. Ilsa hatte ihn als Hans vorgestellt, und obschon sie ihn gesiezt hatte, hatte sie ihn immer beim Vornamen genannt. Hans.

»Sie waren das also!«, rief sie. »Frau Walterscheids Sohn! Der Heimkehrer, für den sie das Zimmer brauchte. Ihretwegen hat sie mir gekündigt.«

Emma dachte an das schmale Bett, an die Daunendecke, an das beschlagene Fenster, an die Bücher im Regal, an die liebenswürdige Frau Walterscheid mit ihrem lauten Radio. Das war seine Mutter, das waren seine Bücher, sein Bett, seine Decke – sie wurde dunkelrot. Ob sich seine Gedanken in eine ähnliche Richtung bewegten? Auch er war rot geworden.

»Dann waren Sie das?«, rief er plötzlich. »Das sind Ihre

Zettel und Zeichnungen und Bemerkungen in meinen Büchern?«

Emma war selten, vielleicht nie, so verlegen gewesen wie jetzt gerade. Was hatte sie denn eigentlich in diese Bücher hineingekritzelt? Doch hoffentlich nichts Dummes? Sie wusste es nicht mehr.

»Ja, das sind meine. Das ging so schnell mit dem Auszug – ich bin nicht mehr dazu gekommen, alles wegzuradieren und alle Zettel wegzuwerfen –«

»Gott sei Dank«, rief Hans. »Wie gut, dass Sie nicht mehr dazu kamen. Sie waren mir so sympathisch – so –« Er brach ab und schüttelte den Kopf, wie um sich selbst zum Schweigen zu bringen.

»Kommen Sie doch erst mal rein.« Er bekam kaum das Schloss auf. Oben in der Wohnung war alles vertraut, die dunkle Diele, die Garderobe, das Tischchen mit der Post. Emma hängte ihren Mantel auf.

Hans' Mutter war nicht da. »Sie besucht eine Nachbarin – sicher kommt sie bald wieder«, sagte Hans. Emma war nicht unglücklich darüber, sich erst einmal sammeln zu können, bevor sie der liebenswerten – aber, wie sie sich erinnerte, scharfsinnigen – Frau Walterscheid wieder begegnen würde.

»Wollen Sie das Zimmer sehen?«, fragte Hans mit einem schiefen Lächeln.

Emma öffnete die quietschende Tür und trat ein. Es sah genauso aus wie damals. Neue Bilder schien er nicht aufgehängt zu haben, neue Bücher sah sie auch nicht. Es lag nichts herum – kein Bleistift, kein Füller, keine Wäsche. Nicht mal eine Teetasse stand da. Als wäre Hans nur auf Besuch, ein Gast in seinem eigenen Zimmer. Bloß ein Pyjama lag auf dem Bett – sorgfältig zusammengelegt auf DIN-A4-Größe.

Hans bemerkte Emmas Blick. Er hob die Achseln und setzte sich auf seine akkurat gefaltete Bettdecke. »Hab ich mir in der Gefangenschaft angewöhnt. Jetzt kann ich nicht mehr anders. Wahrscheinlich würde ich einen ausgezeichneten Ehemann abgeben – einen sehr ordentlichen jedenfalls.«

Emma lächelte und setzte sich zaghaft auf den Schreibtischstuhl. Derweil stand Hans wieder auf und zog die Zeitungsausgabe von »Schloss Gripsholm« aus dem Regal. Er schlug die Seite mit der Bleistiftzeichnung auf. Er guckte von der Zeichnung zu Emma und zurück. »Sie sind das, oder? Die Sommersprossen, die langen Haare – das ist gar nicht die Lydia aus dem Buch. Sie sind das.«

Emma nickte. Sie fand, dass sein Blick sich verändert hatte. Ihr schien es, als schaute er sie mit viel mehr aufrichtigem Interesse an. Als ob sie plötzlich nicht mehr Ilsas schüchterne Mitbewohnerin wäre, sondern – ja, wer eigentlich? Darauf hatte sie keine Antwort. Sie wusste nur, dass er ihr gefiel, der Blick.

Hans schob die Zeitung zu ihr hin, und Emma strich über das Papier. »Es war schwer ranzukommen an diese Zeitungsdrucke«, erzählte sie. »Jeder durfte nur einen kaufen. Weil ich Tucholsky hatte, ging ich bei Hemingway leer aus.«

»Dann müssen Sie den Druck nachher unbedingt wieder mitnehmen«, sagte Hans. »Ich mache uns einen Tee.« Er verschwand.

Emma schaute sich weiter in dem kargen Zimmer um. Und endlich bemerkte sie im Regal zwei fremde Bücher. Sie stand auf, um die Titel auf den Buchrücken zu entziffern: »Brush up your English« stand auf dem einen, »English for All« auf dem anderen. Und da, auf dem Nachttisch, lag auch etwas, das vorher nicht da gewesen war. Ein schmales Rowohlt-Bändchen: »Draußen vor der Tür«. Das Stück war in der Clara-Schumann-Schule gezeigt worden, aber sie hatte es verpasst. Emma setzte sich wieder und blätterte vorsichtig das Buch auf. Gleich am Anfang blieb sie an einem Satz hängen: *Einer von denen, die nach Hause kommen und die dann doch nicht nach Hause kommen.*

Als Hans mit dem Tee zurückkam, schaute sie auf. Sie fühlte sich merkwürdig wohl in diesem Zimmer, das ja auch einmal ihr Zuhause gewesen war. Und sie fühlte sich Hans, den sie nicht besonders und doch wiederum sehr gut kannte, merkwürdig nah. Deshalb war gar nichts dabei, in seinen Büchern zu blättern, und es war gar nichts dabei, ihn zu fragen: »Und Sie? Sind Sie auch nach Hause gekommen und dann doch nicht nach Hause gekommen?«

Hans setzte zu seiner üblichen Antwort an: »Aber nein! Ich bin ein Glückskind. Nicht so wie Borchert und sein Heim-kehrer –« Doch dann brach er ab und schaute auf seine kahlen Wände und seine kaputte linke Hand. »Vielleicht«, sagte er. »Vielleicht bin ich noch nicht ganz angekommen. Es ist eine neue Welt, und ich hocke immer noch in meinem Einmann-loch. Aber –«, Hans raffte sich zu einem breiten Lächeln auf, »ich komme da schon noch raus.«

Emma beugte sich vor und drückte seine Hand, die linke. Hans fuhr zusammen und zog sie weg, als Frau Walterscheids Stimme zu hören war.

»Hans, bist du hier? Hast du schon –« Sie öffnete schwungvoll die Zimmertür. »Emma! Mein liebes Mädchen! Kommen Sie doch endlich einmal zu Besuch!«

Ihr Blick wanderte zwischen Emma und Hans hin und her, während die beiden ihr eine verworrene Geschichte von einem Bilderbuch erzählten. Obwohl Frau Walterscheid nicht recht verstand, woher sich Emma und Hans eigentlich kannten und warum sie zusammen hier waren, schien sie in anderer Hinsicht sehr viel zu verstehen, denn sie musterte Emma gründlich.

»Ich hole die Kiste mit den Büchern«, sagte Hans schnell. »Wir sollten den kleinen Paul nicht länger warten lassen.«

Er ließ Emma mit seiner Mutter allein. Frau Walterscheid stellte ein paar höfliche Fragen zum Studium und versprach dann völlig zusammenhanglos, Emma ein paar Rezepte zusammenzustellen, die sie in Zukunft gewiss gut gebrauchen könne. »Himmel un Ääd auf jeden Fall, auch Rievkooche«, sagte Frau Walterscheid nachdenklich. »Hühnerbrühe. Eventuell Nusskuchen.«

Das war einigermaßen verwirrend, aber Emma bedankte sich trotzdem und reichte Frau Walterscheid die Hand. Dann ließ sie sich von Hans, der mit den Bilderbüchern aufgetaucht war, aus der Wohnung manövrieren.

»Bis nachher«, rief Hans seiner Mutter zu.

Den Zeitungsdruck von »Schloss Gripsholm« ließ Emma

liegen, und als Hans das später am Tag bemerkte, war er nicht traurig darüber.

Hans trug die Kiste und ließ sich von Emma genau drei Bücher abnehmen.

Emma konnte kaum glauben, dass nur eine gute Stunde vergangen war, seitdem sie den gleichen Weg zusammen zurückgelegt hatten. Sie schaute immer wieder zu Hans herüber und er zu ihr. In der Nußallee blieb er stehen und ließ seine Kiste auf eine Mauer sinken. Emma schaute verstohlen auf seine Hand. Ob die ihn schmerzte? Sie setzte an, danach zu fragen, unterließ es dann aber.

Hans schaute zu zwei Studenten, die rauchend aus einem Institut traten. Einem fehlte ein Arm. »Weißt du – wissen Sie«, sagte er zu Emma. »Ich kann nicht einer von denen sein – ich sollte es nicht. Wer so dumm war wie ich, wer auf alles hereinfällt, der eignet sich nicht für die Wissenschaft.«

Emma legte ihre Bücher ebenfalls auf die Mauer und steckte die Hände in die Manteltaschen, um sie aufzuwärmen.

»Wie meinen Sie das?«

Hans zupfte an seinen Handschuhen. Er trug Fäustlinge, da bemerkte man die versehrte Hand gar nicht.

»Wie sehr meine Mutter und ich uns immer gestritten haben!« Er blickte zu den rauchenden Studenten. »Sie wollte nicht, dass ich mit ins Ferienlager fahre. Ich wollte nicht, dass sie BBC unter der Bettdecke hört. Ich verschlang die Landserheftchen. Sie wollte sie im Ofen verfeuern. Ich wollte bei jeder Gelegenheit die HJ-Uniform tragen. Sie hat sie gehasst.«

Hans nahm eines der Bücher aus der Kiste und ließ es wieder sinken. »Ich war so dumm. Trotz Teddy, trotz meiner Mutter, trotz meiner Bücher habe ich mich bereitwillig einwickeln lassen.« Er nahm die Kiste wieder auf. »Die Uni ist nichts für mich. Ganz offensichtlich.«

Emma hob ihre Bücher auch wieder auf. Sie sagte nichts. Erst als sie die Meckenheimer Allee bereits überquert hatten, bemerkte sie: »Aber Ihnen ist schon aufgefallen, dass Sie eine zweite Chance bekommen haben, oder? So wie das halbe Land.«

Schweigend erreichten sie die Königstraße. Emma und Hans trugen ihre Bücherlast in die Küche. Ilsa saß mit einer Handarbeit am Tisch, aber Paul war nicht dort. Er hielt Mittagsschlaf. Ilsa legte die Strümpfe, die sie gerade stopfte, zur Seite und nahm ein Buch nach dem anderen aus der Kiste. »Die Häschenschule«, »Die Wurzelkinder« und da – »Mummelchen und Pummelchen«. Das Hasenbuch. »Vielen, vielen Dank!«, rief sie und drückte Hans die rechte Hand.

»Gerne«, antwortete Hans. »Wie nett ihr euch um den Enkel eurer Vermieterin kümmert.«

Ilsa ging darauf nicht ein und sagte bloß: »Paulchen wird sich so freuen. Wir werden die Bücher gut behandeln. Du bekommst sie unversehrt wieder.«

»Keine Sorge«, erwiderte Hans. »Ich brauche sie in nächster Zeit nicht – ich nehme nicht an, dass ich allzu bald Vater werde.«

»Meinst du?«, erwiderte Ilsa. »Ich habe gelesen, dass die Männer deines Jahrgangs sich zu einhundert Prozent verheiraten. Es gibt ja auch nur noch so wenige.«

Emma räusperte sich und wandte sich ab, um Mantel und Schal abzulegen. Hans wollte ihr behilflich sein, aber sie war zu schnell für ihn. Schon stand sie an der Garderobe im Flur. Hans folgte ihr.

»Bleib doch noch!«, rief Ilsa durch die offene Küchentür.

»Ein andermal«, rief Hans. »Ich muss los und –« Er brach den Satz ab und ließ offen, was er eigentlich musste. Er schloss die Küchentür. In der Diele war es dunkel. Erst als Hans die Haustür öffnete, drangen das kalte Januarlicht und die kalte Januarluft ins Haus. Emma fröstelte, und Hans zog die Tür wieder zu.

»Emma?«

»Ja?«

»Da Sie von zweiten Chancen gesprochen haben –«

»Ja?«

»Hätten Sie Lust, heute Abend auszugehen?«

Statt einer Antwort trat Emma auf ihn zu und tat etwas, das sie schon lange hatte tun wollen: Sie fuhr ihm mit der Hand durch die Locken. Hans war aus dem Gleichgewicht gebracht. Emma lächelte bloß. Ein Löffelchen Ironie war dabei und nichts Schmachtendes.

Noch am gleichen Abend trafen sie sich vor dem kleinen Kino in der Sternstraße. Emma war viel zu früh dran. Und viel zu aufgeregt, um gelassen zu warten. Kalt war ihr außerdem, denn sie hatte ihr schönstes, nicht ihr wärmstes Kleid angezogen: dunkelblau mit winzigen Blumen. Sie trat von einem Fuß auf den anderen, zupfte an ihrem Schal, betrachtete ein Plakat mit der wunderschönen Ingrid Bergman und die Passanten, die an ihr vorbeihasteten. Neben ihr wartete ein junger Mann, achtzehn vielleicht und schlaksig. Er ging ebenso unruhig auf und ab wie Emma. Ob er auch ein Rendezvous hatte? Plötzlich strahlte er. Emma drehte sich in die Richtung, in die der junge Mann schaute: Ein Mädchen, ebenfalls höchstens achtzehn, stürzte auf ihn zu, mit einer Papiertüte in der Hand. »Ich hab dir was mitgebracht«, sagte sie. »Hier, bitte.«

Der Junge öffnete das Tütchen, und Emma versuchte, unauffällig einen Blick auf den Inhalt zu erhaschen. Es waren Zigarettenstummel. Was für ein Liebesbeweis! Emma lächelte in sich hinein.

»Weil du doch so gern rauchst«, erklärte das Mädchen. Der Junge hakte das Mädchen unter, und zusammen traten die beiden ins Kino.

Da sah Emma im Laternenlicht endlich Hans auf sich zukommen. Als er sie erblickte, strahlte er nicht weniger als der Junge vorhin, fand Emma.

»Emma! Sie sind schon hier – es ist doch erst – es tut mir leid, wenn Sie hier in der Kälte warten mussten.«

Sie waren beide verlegen. Hatte sie ihm heute Mittag noch *ins Haar* gefasst? Wie hatte sie das Selbstvertrauen dafür aufgebracht? Jetzt begnügte sie sich jedenfalls mit einem Händedruck.

Hans kaufte zwei Billetts, und sie suchten sich Plätze weit hinten im Saal. Hans saß rechts und Emma links.

Kalt war es im Kino. Emma zog trotzdem ihren Mantel aus, damit das dunkelblaue Kleid zur Geltung kam. Sie stützte ihren Arm auf die Lehne, die ihren Sitz von Hans' trennte. Hans hingegen hatte die Hände im Schoß, die linke in der rechten. Sie waren nicht so unbefangen wie am Morgen in seinem Zimmer. Langsam verglomm das Licht. Ingrid Bergmans Name flackerte über die Leinwand. Emma beugte sich ein wenig nach rechts, hinüber zu Hans. Doch Hans saß aufrecht da und starrte unverwandt nach vorn. Ob er sich seiner fehlenden Finger schämte? Ob er glaubte, dass sie vor seiner kaputten Hand zurückschreckte? Emma wusste nicht, was sie tun sollte. Doch am Morgen hatte Hans sie angeschaut, als ob er sie nicht mehr für Ilsas schüchterne Mitbewohnerin hielte. Und nichts zwang sie, weiterhin Ilsas schüchterne Mitbewohnerin zu sein. Stattdessen konnte sie seine linke Hand in ihre nehmen. Und das tat sie. Hans versuchte, seine Hand aus ihrer zu lösen, aber Emma hielt sie fest. Sie strich mit dem Daumen über den Handrücken; dann spürte sie, wie Hans sich entspannte. Als er sich zu ihr hinüberlehnte, bekam sie eine Gänsehaut. Das hatte zwar nichts mit ihrem dünnen Kleid zu tun, aber Hans deckte sie trotzdem mit seinem Mantel zu. Schließlich legte er den Arm um sie. Allmählich rann seine Wärme zu ihr herüber. Sie saßen genauso da wie das Pärchen mit den Zigarettenstummeln, erkannte Emma im fahlen Licht des Projektors. Und bekamen von Ingrid Bergmans Schauspielkunst vermutlich ebenso wenig mit.

Hans brachte sie nach Hause und verabschiedete sich an der Straßenecke von ihr. Er zog ihren Schal zurecht, dann zog er sie zu sich heran und küsste sie auf die Nasenspitze.

»Wie ist denn das alles so plötzlich gekommen?«, fragte Emma.

»Das weiß ich auch nicht«, erwiderte er. »Morgen mehr?«

»Morgen mehr«, sagte Emma.

Sie drehte sich um und huschte die Stufen zur Haustür hoch. Leise schloss sie die Haustür auf und schlich die Treppe empor. Ilsa und Paul schliefen schon, aber Charlie war noch wach. »Wie war der Film?«, flüsterte sie.

»Ich habe keine Ahnung«, antwortete Emma, und Charlie lachte leise.

Kapitel 20

Seitdem die Bücherkiste in der Küche stand, kam Ilsa besser mit Paul zurecht. Er bekam nie genug vom Vorlesen, und sie bekam nie genug davon, ihn auf dem Schoß sitzen zu haben. Doch nun war Montag; Ilsa und Charlie mussten wieder ins Büro und Emma in die Universität. Erstmals würde Frau Fassbender Paul hüten. Während Ilsa auf dem kalten Küchenfußboden kniete und das Feuer im Ofen schürte, sorgte sie sich: Würde Frau Fassbender Paul verschrecken mit ihrer herrischen Art? Und während sie am Herd stand und die Milch für Paul erwärmte, überlegte sie: Würde Paul ein Kristallglas zerbrechen? Eine Gardine herunterreißen? Ein Spitzendeckchen in Likör tränken wie seine Mutter? Sie seufzte und lief durchs eisige Treppenhaus nach oben. Paul trank seine Milch, und sie streifte sich Strickjacke und Rock über. Dann nahm sie Paul auf den Arm, um ihn in der mittlerweile warmen Küche anzukleiden, nicht in der ungeheizten Mansarde. Paul ließ sich willenlos seinen grünen Wollpullover über den Kopf ziehen, als Frau Fassbender in die Küche kam – auch um halb sieben Uhr morgens ganz die Dame mit Perlenohrringen und hochgesteckten Haaren. Sie stellte den Wasserkessel auf den Herd und sagte ohne weitere Einleitung zu Ilsa: »Ich wechsele keine Windeln. Das habe ich noch nie getan, und damit fange ich auch jetzt nicht an.« Mit einem Rums knallte sie die Dose mit den getrockneten Pfefferminzblättern auf den Arbeitstisch und füllte eine gehörige Portion in die Kanne. »Frau Berger hat sich allerdings dazu bereit erklärt.«

Ilsa sank der Mut. Wie würde diese barsche Person mit ihrem kleinen Paul umspringen?

Doch dann beugte sich Frau Fassbender zu Paul hinunter und sagte in einem samtenen Ton, den Ilsa noch nie an ihr gehört hatte, zu ihm: »Na, junger Mann? Wie geht es dir?« Sie ließ sich von seinem Schweigen nicht beirren und sprach einfach weiter. »So. Deine Mama macht dir jetzt Frühstück. Und du, du machst auch für jemanden das Frühstück. Kannst du dir denken, für wen? Ich gebe dir einen Tipp: Es hat Federn.«

Frau Fassbender streckte ihm die Hand hin, und Paul – Paul nahm sie vertrauensvoll und ging mit ihr aus der Küche. Ilsa blickte den beiden nach. Sie sah, wie sie vor Herrn Dreesens Zimmer stehen blieben und wie Frau Fassbender nachdrücklich an seine Tür klopfte. »Herr Dreesen, ich habe hier einen jungen Mann, der Ihr Huhn füttern wird.« Verschlafen reichte Herr Dreesen eine Dose mit Körnern heraus, außerdem die Holzkiste, in der sein Huhn zu schlafen pflegte.

Durchs Fenster beobachtete Ilsa, wie Frau Fassbender und Paul, eingepackt in dicke Strickjacken beides in den Hof trugen. Paul verstreute dort die Körner und sah zu, wie das Huhn sie auflas.

»Elli«, sagte er schließlich. So hieß das Huhn, das auf dem Hof in Leichlingen die meisten Eier legte. Nachdem das Huhn eine Weile gescharrt und gepickt hatte, kam Herr Dreesen, um es wieder ins Haus zu bringen. Frau Fassbender lieferte Paul in der Küche bei Ilsa ab.

Während Paul am Küchentisch eine Scheibe Brot aß, die Ilsa in kleine Häppchen geschnitten hatte, sagte Frau Fassbender: »Unser Nachbar, Herr Brakemeier, ist krank. Er liegt im Bett.« Ilsa wusste nicht, worauf Frau Fassbender hinauswollte. Diese blickte jedoch Paul fest ins Gesicht. »Deshalb müssen wir mit seinem Hund spazieren gehen. Das ist eine sehr wichtige Aufgabe, hörst du?«

Paul nickte ernsthaft.

Im Büro vertippte Ilsa sich fünf Mal hintereinander, das war sonst gar nicht ihre Art. Und dabei war das Papier doch immer noch knapp! Sie stopfte die verdorbenen Blätter in ihre Handtasche, als die Kollegin am Nachbartisch nicht hinsah. Dann kam Frau Breuer, Ilsas vorgesetzte Sekretärin, nach einer Weile an ihr Pult und schwenkte einen Bogen Papier.

»Fräulein Klasing, Sie müssten doch langsam wissen, dass man Herrn von Mangoldt mit ›dt‹ schreibt«, rief sie vorwurfsvoll.

Natürlich wusste Ilsa das. Aber wie konnte sie sich auf solche Feinheiten besinnen, wenn sie doch daran denken musste, wie Frau Fassbender und Paul den Vormittag verbrachten. Würde ihre Vermieterin wirklich einen störrischen Dackel und ein Kleinkind die Poppelsdorfer Allee entlangzerren und beide wohlbehalten wieder nach Hause schaffen? Nun, wenn es jemandem gelang, dann sicher Frau Fassbender. Dann dachte Ilsa daran, wie Emma und Paul zusammen Mittag aßen. Und schließlich daran, was Frau Berger nachmittags wohl mit ihm anfangen würde. *Man muss sich Hilfe holen*, hatte Frau Selbert gesagt, und das hatte sie getan, von ziemlich vielen Leuten. Aber sorgen musste man sich offenbar trotzdem. Ilsa jedenfalls.

Um fünf Uhr nachmittags riss sie den Brief, den sie eben beendet hatte, aus der Schreibmaschine, legte ihn zum Unterschreiben in eine Mappe und schnappte sich ihren Mantel. Während sie sich die Mütze auf den Kopf stülpte, rief eine Kollegin: »Na, Sie haben's aber eilig heute, Fräulein Klasing!«

»Ich habe Besuch«, antwortete Ilsa fast wahrheitsgemäß und war schon aus der Tür. Auf Charlies Fahrrad brauste sie die Koblenzer Straße hinab. In der Königstraße bremste sie scharf und stürzte die paar Stufen zur Haustür hoch. »Bin wieder da!«, rief sie, noch während sie den Schlüssel im Schloss umdrehte. »Wo steckst du denn, Paul?«

Paul saß am Küchentisch und rührte mit wichtiger Miene in einer Schüssel.

»Wir backen Pfannkuchen«, erklärte Frau Berger. »Paul hilft mir.«

Paul zeigte stolz den Teig, der nur wenige Klümpchen aufwies, und ebenso stolz die Schürfwunde, die er sich beim strammen Spazierengehen mit Frau Fassbender zugezogen hatte. Dann ließ er Ilsa stehen, denn er hatte zu tun: Er musste Herrn Dreesens Huhn füttern. Ilsa wusste nicht, ob sie erleichtert oder enttäuscht sein sollte, dass Paul so gut ohne sie zurechtkam. Beides vermutlich.

Die Äppel-Pannekooche lockten alle Hausbewohner an den Tisch. Ilsa schnitt Pauls Pfannkuchen klein, dann blickte sie nacheinander Frau Berger, Frau Fassbender, Emma, Charlie und Herrn Dreesen an: »Vielen Dank. Ich weiß nicht, was ich ohne Sie und ohne euch gemacht hätte.«

Charlie biss in ihren Pfannkuchen. »Du hättest andere Mitbewohnerinnen gefunden. Natürlich nicht so nette wie uns.«

Frau Fassbender fügte hinzu: »Wenn Sie sich revanchieren wollen – ich habe hier eine Bluse, deren Naht aufgegangen ist.« Und dann, in dem zarten Tonfall, der anscheinend Paul vorbehalten war: »Komm mal bei mich, Paulchen, du reichst ja gar nicht an die Tischplatte heran.« Sie zog ihn zu sich auf den Schoß.

An diesem Abend weinte Paul nicht beim Zubettgehen. »Soll ich dir noch etwas vorsingen?«, fragte Ilsa.

Paul nickte und murmelte: »Odu.« Ilsa verstand ihn sofort. Sie summte ihm »O du fröhliche« ins Ohr. Paul fielen die Augen zu, noch bevor die dritte Strophe verklungen war. Vielleicht war er erschöpft von den Anstrengungen des Tages. Als Ilsa sicher war, dass er fest schlief, deckte sie ihn gut zu. Dann wandte sie sich an Charlie, die am anderen Ende der Mansarde auf ihrem Bett saß, ihre Decke fest um sich geschlungen. Im Schein einer kleinen Lampe kritzelte sie auf die Ränder eines eng beschriebenen Papiers. »Ich gehe noch mal runter«, flüsterte Ilsa ihr zu. »Ist gut«, sagte Charlie gedämpft. »Ich rufe dich, wenn etwas ist.«

Ilsa schlich die Treppe hinab und wunderte sich über Charlie. Was sie da wohl schrieb? Ob sie den Plan mit den Zeitungen doch noch nicht aufgegeben hatte? Oder waren es Briefe? Aber an wen? Ein Tagebuch würde es doch wohl nicht sein, Charlie schien nicht zur Introspektion zu neigen. Aber als sie den Korb mit den auszubessernden Sachen in der Küche sah, vergaß sie Charlies Kritzelei wieder. Frau Berger und Emma und Charlie würden nie so ruppig danach fragen wie Frau Fassbender – aber Ilsa würde ihren Teil der Abmachung nicht vergessen. Sie setzte sich an den Holztisch und nahm sich Frau Fassbenders Bluse vor. Als sie dann in dem Korb nach Emmas Strümpfen tastete, fiel ihr ein Wollknäuel in die Hände. Es war die rote Wolle, aus der sie damals, bei ihrem Abschied von Paul, die improvisierten Armbänder gemacht hatte: eines für Paul und eines für sich. Aber kein Kind brauchte eine Erinnerung an seine anwesende Mutter. Und keine Mutter eine Erinnerung an ihr anwesendes Kind. Deshalb nahm sich Ilsa vor, noch mehr Wolle im gleichen Rotton zu kaufen und daraus einen Schal zu stricken. Für Frau Fassbender vielleicht. Oder nein – doch besser für Frau Berger.

Die folgenden Tage entsprachen dem Muster dieses ersten. Frau Fassbender verbrachte den Vormittag mit Paul, Emma den Mittag und Frau Berger den Nachmittag. Herr Dreesen sprang ab und zu ein, und Charlie bewachte Pauls Schlaf am Abend. Frau Fassbender fand sogar ganz unten in ihrem Schrank einen kleinen Mantel, der früher ihrem Neffen gehört hatte und den sie Paul anzog, wenn die beiden mit dem Dackel aus der Nachbarschaft loszogen. »So, jetzt bist du stadtfein, mein kleener Fetz«, hörte Ilsa sie einmal sagen. Das

Rheinländische war offenbar ebenso für Paul reserviert wie der sanfte Tonfall. Ilsa machte keine Tippfehler mehr, seitdem sie Paul gut aufgehoben wusste, und wenn sie Aufträge für Frau Selbert zu erledigen hatte, versank sie sogar wieder in ihrer Arbeit wie früher. Eines Nachmittags schrieb sie einen Artikel über ledige Mütter auf der Maschine ab. Darin verteidigte Frau Selbert »das gewollte und gewünschte Kind einer unverehelichten Mutter« und schrieb von »neuen Lebensformen außerhalb der Ehe, die keineswegs unmoralisch sind«. Ilsa hatte oft gehört, wie Frau Selbert von sich gesagt hatte, sie sei »Juristin und unpathetisch«, aber ihre Formulierungen kamen ihr weder juristisch noch unpathetisch vor. Sie gingen ihr nahe:

Man kann den Millionen Frauen nicht den Anspruch auf ein eigenes Leben und ein eigenes Liebesglück, auch nicht auf das Glück eines Kindes absprechen.

Als Ilsa sah, dass Frau Selbert allein am Schreibtisch saß, lief sie mit dem Manuskript und mit einem hochroten Kopf zu ihr.

»Es gibt also doch noch eine Chance?«, rief sie aufgeregt. »Für die Gleichstellung der unehelichen Kinder? Sie kämpfen ja doch weiter!«

Frau Selbert schaute sie lange an, dann sagte sie: »Nein, meine Liebe. Den Kampf haben wir verloren. Ins Grundgesetz kriegen wir die Gleichstellung der unehelichen Kinder nicht.«

»Aber warum haben Sie dann einen Artikel darüber geschrieben?« Ilsa ließ das Manuskript auf die Schreibtischplatte sinken.

Frau Selbert deutete auf die Papiere. »Das hier – das ist unsere nächste Aufgabe. Darum werden wir uns im Bundestag kümmern. Das bereite ich mit Artikeln wie diesem vor. Nebenbei.« Sie stand auf. »Aber die Hauptsache ist erst einmal die Gleichberechtigung. Darauf konzentrieren wir uns. Und dafür brauche ich Sie.«

Ilsa zückte bei diesen Worten sofort ihren Stenoblock, aber Frau Selbert schüttelte den Kopf. »Ich brauche Sie – aber nicht jetzt. Jetzt gehen Sie nach Hause zu Ihrem Paul.«

Ilsa schaute auf die Uhr. Es war kurz nach fünf. Sie hatte es sich angewöhnt, um diese Zeit aufzubrechen, um ein paar Stunden für Paul zu haben. Zum Baden. Und Türmchenbauen. Und Lesen. Und irgendwann auch zum Schimpfen – was sie als gutes Zeichen wertete, als Rückkehr zur Normalität. Also folgte sie Frau Selberts Rat und ging nach Hause. Sie war schon halb die Koblenzer Straße hinab, als ihr die Personalpronomen auffielen, die Frau Selbert benutzt hatte: »Unsere Aufgabe«, hatte sie gesagt. »Darum werden wir uns im Bundestag kümmern.« Frau Selbert nahm es immer sehr genau mit den Worten. Deshalb kam Ilsa nicht umhin, sich zu fragen, ob sie selbst gemeint war mit diesem »Wir«. Auch der Gedanke ging ihr nahe. Aber sie war ja auch keine Juristin. Und vielleicht ein kleines bisschen pathetisch.

Kapitel 21

Nach wenigen Wochen wurde Ilsas neue Normalität plötzlich unterbrochen. Schuld daran waren der anhaltende Frost und die vielen Eisschollen auf dem Rhein, die immer mächtiger und gefährlicher wurden. Und schuld war Frau Breuer.

»Fräulein Klasing!« Frau Breuer hielt sie auf dem Gang an. »Ich habe hier ein paar Unterlagen für Herrn Meier. Bringen Sie sie ihm bitte vorbei.«

Ilsa lächelte. »Gern.«

»Er ist im Drachenfelser Hof untergebracht.«

Ilsa zog die Augenbrauen hoch. »Ist das nicht in –«

»In Rhöndorf, ganz genau.«

Vielsagend blickte Ilsa aus dem Fenster.

»Meine Liebe«, sagte Frau Breuer. »Sie hatten die Feiertage frei, und seitdem Sie wieder hier sind, lassen Sie jeden Tag um 17 Uhr den Stift fallen und rennen aus dem Gebäude. Glauben Sie nicht, das wäre mir nicht aufgefallen. Wenn ich Sie also bitte, ein paar Papiere – staatstragende Unterlagen! – auf die andere Rheinseite zu bringen – wollen Sie mir dann wirklich entgegnen, es sei zu kalt?«

»Nein, natürlich nicht«, sagte Ilsa

»Gut. Dann brechen Sie jetzt gleich auf. Außerdem: Auf der anderen Seite steht ein Wagen von der Fahrbereitschaft.«

Eine knappe Stunde später stand Ilsa auf dem Deck der Mehlemer Fähre. In Gedanken stritt sie sich mit Frau Breuer: Staatstragende Unterlagen – nicht im Ernst. Schikane war das wohl eher. Trotz Mütze und Schal und Strickjacke und Mantel fror sie im Wind und blickte unbehaglich in die Tiefe. Der Mann neben ihr beruhigte sie. »Die hat 280 PS. Ein bisschen Eisgang kann der nichts anhaben.« Ilsa fand, dass die Eisschollen unter ihr mehr waren als ein bisschen Eisgang, aber sie nickte und bemühte sich, nicht mit den Zähnen zu klappern. Eigentlich waren die Siebel-Fähren als Landungsboote für die Invasion Englands gebaut worden. Dazu war es nicht gekommen, und jetzt überquerten damit die Bewohner eines besiegten Landes ihre brückenlosen Flüsse.

In Königswinter wartete tatsächlich ein Auto der Fahrbereitschaft, um sie nach Rhöndorf zu bringen. In dieser Hinsicht hatte Frau Breuer nicht zu viel versprochen. Ein Glück. Vielleicht würde Ilsa es wirklich nach Hause schaffen, bevor Paul ins Bett müsste. »Na, das müssen ja ganz wichtige Papiere sein, wenn Sie deswegen hier auf die schäl Sick kommen«, befand der Fahrer.

»Anscheinend«, antwortete Ilsa und behielt ihre Zweifel daran für sich. »Sagen Sie – nehmen Sie mich gleich wieder mit zurück zur Fähre, wenn ich die Mappe abgegeben habe?«

»Das lässt sich machen. Ich warte vor der Tür.«

Ilsa war beruhigt. Sie schaute aus dem Fenster und versuchte, den Drachenfels zu entdecken, den sie von Ausflügen mit ihren Eltern kannte. Aber er versteckte sich wohl im Nebel.

Auch an der Rezeption lief alles glatt. Der Wirt nannte hilfsbereit Herrn Meiers Zimmernummer, und Ilsa fand seine Tür ohne Probleme am Ende eines dunklen Korridors. Auf ihr Klopfen wurde sogleich geöffnet.

»Guten Tag, Herr Meier, Frau Breuer hat mich mit wichtigen Unterlagen zu Ihnen geschickt«, sagte Ilsa und zog die Ledermappe hervor.

»Ach ja?«, erwiderte Herr Meier zerstreut und warf einen Blick in die Mappe. »Ach ja. Ja.« Gleichgültig blätterte er durch die Papiere. »Dann vielen Dank, Fräulein, Fräulein –« Er schloss die Tür.

Na, das hatte sich gelohnt. Frau Breuers Auftrag schien wirklich von immenser Bedeutung zu sein für die werdende Bundesrepublik. Ilsa flitzte den Korridor entlang, an der Rezeption vorbei und zu dem Fahrer, der auf sie wartete. Doch der Mann an der Anlegestelle schüttelte den Kopf.

»Heute kommen Sie nicht mehr rüber«, sagte er. »Morgen auch nicht. Wir mussten den Betrieb einstellen.«

Ilsa blickte ihn entsetzt an. »Und wann –«

»Nicht so bald, Herzken. Vielleicht nächste Woche. Was haben Sie sich denn dabei gedacht, bei dem Wetter noch überzusetzen?«

Tja, was hatte sie sich dabei gedacht? Sie hatte an ihr Kind gedacht. Anstatt ihre Vorgesetzte zu verärgern und ihren Arbeitsplatz zu gefährden, hatte sie lieber Frau Breuers unsinnigen Auftrag angenommen. Hätte sie bloß Nein gesagt. Hätte, hätte. Jetzt saß sie hier fest, und von Paul trennten sie Wassermassen und Eisschollen. Ihr blieb nichts anderes übrig, als sich dem freundlichen Fahrer anzuschließen und zurückzufahren zum Drachenfelser Hof. Doch dort, das erfuhr sie sehr schnell vom Wirt an der Rezeption, war kein Zimmer frei. »Sind alle besetzt. Die SPD-Fraktion ist doch hier bei uns untergebracht.«

»Ja, ich weiß«, sagte Ilsa.

»Hören Sie, Fräulein, ich lasse Sie in der Gaststube schlafen. Ein paar Decken kann ich Ihnen bringen, dann haben Sie's ganz bequem. Ihnen auch, Herr Chauffeur.«

Ilsa war nicht wohl bei dem Gedanken, mit dem Herrn Chauffeur in der Gaststube zu nächtigen, aber was sonst hätte sie tun können? Wenn Frau Selbert hier ein Zimmer gehabt hätte, hätte sie bei ihr geklopft. Aber Frau Selbert hatte sich klugerweise ein Zimmer in der Nähe des Parlamentarischen Rates genommen und nicht hier auf der anderen Rheinseite.

»Darf ich mal telefonieren?«, fragte sie den Wirt und klingelte bei einer Nachbarin von Frau Fassbender durch, die einen Anschluss hatte. Nach wenigen Minuten hatte sie Charlie am Apparat. »Was gibt's?«, rief Charlie außer Atem.

Da der Fahrer neben ihr stand, schilderte Ilsa ihre Lage, ohne Paul direkt zu erwähnen. »Du kannst nicht offen reden, oder?«, fragte Charlie. »Mach dir keine Gedanken. Paule schlittert mit Herrn Dreesen im Hof. Und morgen ist Samstag. Emma und ich fahren zu ihren Eltern. Wir nehmen Paule einfach mit. Er wird seine Freude haben an den vielen Kuckucksuhren. Wir sind erst abends zurück – mit einem Pfund Butter, wie ich hoffe.«

Immerhin. Paul war gut untergebracht. »Danke, Charlie, bis morgen.«

Sie drehte sich um. Der Chauffeur lehnte nur ein paar Schritte von ihr entfernt an der Rezeption.

»Wer ist denn dieser Charly?«, fragte er und blinzelte ihr verschwörerisch zu. »Ehemann? Bruder? Liebhaber?«

»Dieser Charlie heißt Charlotte und ist meine Mitbewohnerin«, erwiderte Ilsa unangenehm berührt.

»Na dann«, antwortete der Chauffeur in einem Ton, als ob er ihr kein Wort glaubte. »Ich parke noch das Auto.«

Ilsa sah ihm nach und bat, an den Wirt gewandt: »Würden Sie mir schon mal die Gaststube zeigen?«

»Aber gern, aber gern«, sagte dieser. »Ein anderer Gast ist auch schon da.« Er ging voran in den Speisesaal und wies auf eine Sitzecke hinter der Garderobe, gleich an der Eingangstür. »Ich würde sagen, dass das Fräulein hier schläft. Da haben Sie es ein bisschen privater. Und wenn etwas ist, die Rezeption ist noch lange besetzt.«

Dann richtete sich der Wirt an einen brünetten Mann, der mit dem Rücken zu ihnen stand. »Und Sie und der andere Herr können auf den Bänken dort drüben schlafen.« Der Mann drehte sich um.

»Herr Stratmann!«, rief Ilsa erstaunt. »Was machen Sie denn hier?«

Sie war nicht wenig erleichtert. Wenn sie schon mit zwei

fremden Männern in einem Speisesaal übernachtete, dann war es ihr doch lieber, wenn zumindest einer von beiden nicht *ganz* fremd war. Sondern ein Kollege. Gut, sie hatte Herrn Stratmann absichtlich gemieden und Herrn Martins Gesellschaft der seinen vorgezogen – aber vertrauenswürdig war er doch wohl.

»Hatte ein paar Mitschriften für den Alten auf dem Berg. Bin dann hier gestrandet – so wie Sie, nehme ich an.«

»Für den Alten auf dem Berg?«, rutschte es Ilsa heraus.

»Na, Adenauer natürlich.«

Natürlich. Jetzt fiel es Ilsa auch wieder ein, dass der Präsident des Parlamentarischen Rates in Rhöndorf wohnte.

»Schauen Sie mich doch nicht so missbilligend an«, rief Herr Stratmann. »Meinen Sie, ich lasse es an Respekt für unsere neuen demokratischen Institutionen mangeln?«

Genau das meinte Ilsa, aber sie lächelte höflich und schlug vor, zusammen zu Abend zu essen.

»Viel kann ich Ihnen nicht bieten«, sagte der Wirt entschuldigend. »Ein Krüstchen könnte ich Ihnen machen.«

Herrn Stratmanns Gesicht hellte sich auf.

»Also, ohne das Schnitzel, natürlich.«

Herr Stratmanns Gesicht verdunkelte sich wieder.

»Ein Krüstchen ohne Schnitzel. Ein Brot mit Spiegelei also«, sagte er.

»Genau. Und mit Margarine«, erläuterte der Wirt eifrig.

»Wunderbar. Das ist genau das Richtige – vielen Dank«, unterbrach Ilsa.

Der Chauffeur tauchte erst wieder auf, als Ilsa und Herr

Stratmann schon Platz genommen hatten und auf das Essen warteten.

»Der Wirt bringt uns gleich Brot mit Ei«, sagte Ilsa, als er näher trat. »Ich hoffe, das ist Ihnen recht.«

Plötzlich stutzte sie. Aus den Augenwinkeln sah sie, dass Herr Stratmann den Neuankömmling mit einem Ausdruck des Erkennens ansah, ansetzte, etwas zu sagen, dann jedoch innehielt. Nach kurzem Zögern reichte er dem Chauffeur die Hand. »Carl Stratmann, mein Name.« Der andere nahm die Hand. »Angenehm. Günter Heller.« Bis das Essen kam, fachsimpelten beide über die Siebel-Fähre – »280 PS!« – und über die Arbeiten an der neuen Rheinbrücke. Sie wirkten dabei so ungezwungen, dass Ilsa schließlich glaubte, sich den sonderbaren Gesichtsausdruck nur eingebildet zu haben.

Während sie aßen, füllte sich das Lokal. Die meisten anderen Gäste waren Abgeordnete der SPD-Fraktion und nickten Ilsa freundlich zu. Carlo Schmid kam an ihren Tisch. »Na so was, Fräulein Klasing.«

Ilsa berichtete, wie sie in Rhöndorf gelandet war, und Herr Schmid schaute sie nachdenklich an. »Dann müssen wir wohl über die Rheinbrücke in Köln. Sechzig Kilometer Umweg! Aber da kann man nichts machen. Punkt sechs fahre ich los. Krisensitzung im Hauptausschuss. Wollen Sie mit?«

Ilsa atmete auf. Jetzt hatte sie eine Rückfahrgelegenheit für den nächsten Morgen.

Als sich das Lokal leerte, machten Herr Stratmann und Herr Heller keine Anstalten, aufzustehen. Stattdessen brachten sie den Wirt dazu, ihnen eine angebrochene Flasche

Schnaps zu verkaufen. Das Gespräch mäanderte bald in die eine, bald in eine andere Richtung, und Ilsa wurde müde. Doch nicht von dem einen Glas Schnaps? Danach hatte sie immer wieder abgewunken, wenn Herr Stratmann ihr etwas eingießen wollte, und Herr Stratmann hatte genickt: »Braves Mädel.« Die beiden Männer schenkten sich zwar immer wieder ein, sprachen aber sehr nüchtern von der Arbeit und davon, was sie anfangen würden, wenn das Grundgesetz verabschiedet worden war.

»Was ist mit Ihnen?«, fragte Herr Stratmann Ilsa. »Sie arbeiten doch so viel für diese Anwältin aus Nordhessen. Wird die Sie behalten?« An Herrn Heller gewandt setzte er hinzu: »Sie müssen wissen, Sie haben es hier mit dem Fräulein Gleichberechtigung zu tun.«

»Fräulein Gleichberechtigung«, wiederholte Ilsa verwundert. Den Ausdruck hatte sie noch nie gehört. Ob er verbreitet war im Kollegenkreis? So, wie Herr Stratmann das Wort ausgesprochen hatte, klang es nicht wie ein Kompliment, aber sie machte der Ausdruck trotzdem stolz.

»Und Frau Selbert ist dann wohl die Frau Gleichberechtigung?«, vergewisserte sie sich. Herr Stratmann grinste. »Ganz genau.«

»Sie sehen nicht so aus, als ob Sie mich zu diesem Titel beglückwünschen wollten«, bemerkte Ilsa.

»Wie sehe ich denn aus?«

Ilsa wiegte den Kopf. Nicht höhnisch, das wäre zu viel gesagt. »Spöttisch!«, entfuhr es ihr schließlich.

Herr Stratmann hob die Schultern. »Mag sein. Ich hab's

nicht so mit dem Getue von Frau Selbert. Und Sie – das haben
Sie doch gar nicht nötig, dieses ganze Getöse um die Gleichberechtigung. Hübsch und jung, wie Sie sind.«

Wie Herr Stratmann plötzlich mit ihr sprach – so von oben
herab! Dieser gönnerhafte Gesichtsausdruck! Hatte sie ihn je
für charmant gehalten?

Ilsa lehnte sich zurück. »Aber, Herr Stratmann.« Sie lächelte süß. »Das haben Sie doch gar nicht nötig, sich von
dem Getöse angegriffen zu fühlen. Hübsch und jung, wie Sie
sind.«

Herr Stratmann starrte sie an, und Ilsa stand auf. »Ich weiß
noch nicht, was ich mache, wenn der Parlamentarische Rat zu
Ende ist. Die Frau Gleichberechtigung hat mich jedenfalls
noch nicht darauf angesprochen.«

Dann nickte sie den beiden Männern zu. »Wenn die Herren mich entschuldigen wollen.«

Sie glaubte, Herrn Stratmanns Blick auf sich zu spüren, als
sie hinüber ins Bad ging. Während sie sich notdürftig wusch,
fragte sie sich, ob sie den Bogen überspannt hatte. Herr Stratmann hatte sie nach ihren Worten geradezu feindselig ange-
sehen. Aber was scherte sie seine Freundschaft oder Feind-
schaft – mehr Worte als ein »Guten Morgen« auf dem Gang
würden sie vermutlich nicht mehr wechseln.

Sie wünschte den beiden Männern eine gute Nacht und
zog sich in die Sitzecke hinter der Garderobe zurück. Dann
streifte sie die Schuhe ab und die Strickjacke, aber nicht mehr,
und legte sich auf die Bank. Das Kopfkissen und die Decke
waren frisch gewaschen. Dennoch fragte sie sich, ob sie hier

schlafen konnte – auf der harten Bank, mit dem Licht und den beiden Männern in der Nähe –

Mitten in der Nacht wurde sie wach. Sie glaubte zumindest, dass es sehr spät war; ihre Armbanduhr konnte sie nicht erkennen. Was hatte sie wohl geweckt? Sicher nur das Schrappen eines Stuhls auf dem Parkett, Gläserklirren oder ein Ausruf von einem der beiden Männer. Zu ihrer Überraschung stellte sie fest, dass die zwei noch immer wach waren und zusammensaßen. Ilsa schloss die Augen wieder, doch bevor sie zurückgleiten konnte in den Schlaf, hörte sie Herrn Stratmanns Stimme. Er klang ein bisschen angetrunken, aber nicht sehr. »Eine herrliche Stadt. In Taganrog gab es wundervolle Kinos, wundervolle Strandcafés. Da, wo Don und Donez zusammenfließen, da war ich überall. Herrliche Erinnerungen.«

Ilsa öffnete die Augen. Da, wo Don und Donez zusammenfließen. Aber war Herr Stratmann nicht in Norwegen stationiert gewesen? Das hatte er doch mehrfach erwähnt. Von der Sowjetunion war nie die Rede gewesen.

»Ich hab dich beim Reinkommen übrigens gleich erkannt, Werner«, sagte Herr Heller. »Hast die Komödie aber gut durchgehalten.«

Werner? Aber Herr Stratmann hieß doch Carl. Ilsa lauschte angestrengt, konnte die folgenden Sätze aber nicht verstehen.

»… war nicht mehr in Taganrog, als es fiel«, konnte sie schließlich mit Mühe ausmachen. »… Ardennen … Kriegsende dann im Rheinwiesenlager. Katastrophale Zustände. Das reine Chaos, besonders in den ersten Tagen. Und als der Oberleutnant Carl Stratmann dort unter einer Zeltplane an seiner Lungenentzündung verreckt ist, hab ich meine Chance genutzt. Er wurde zum SS-Obersturmführer Werner Klein ...«

»... und du wurdest zum Oberleutnant Stratmann«, ergänzte Herr Heller. Ilsa hörte Gläser sacht aneinanderstoßen. »Prost.«

Ilsa lag völlig regungslos da.

Wieder redeten die beiden zu leise, als dass sie sie hätte verstehen können. Aber dann schienen sie wieder von der Sowjetunion zu sprechen. »Schöne Landschaft«, sagte Herr Stratmann – sie konnte sich noch nicht daran gewöhnen, ihn anders zu nennen. »Im LKW war ich da überall. Da sah man nichts als Frauen.«

»Pflichtarbeitsdienst?«, fragte Herr Heller.

»Ja. Straßen haben die gebaut. Mordsschöne Mädels – da sind wir vorbeigefahren, haben sie einfach in den LKW reingezogen, umgelegt und dann wieder rausgeschmissen. Mensch, was haben die geflucht!«

Herr Heller lachte leise. »Habt ihr sie ordentlich durchgebürstet, ja? War bei uns nicht viel anders. All die Weiber, die wir gehackt haben – mitten im Lokal über den Tisch gelegt und – fertig!«

Ilsa bewegte sich nicht. O Gott. Umgelegt. Durchgebürstet. Gehackt. Im Lastwagen. Mitten im Lokal. Und diesen Mann, der Frauen offenbar im Dutzend vergewaltigt hatte, hatte sie bei sich in der Küche sitzen gehabt? Ihr wurde übel.

Wieder hörte sie Herrn Stratmanns Stimme. »Hat gut getan, so ein Abend unter Kameraden. Sollten wir wiederholen.« Stühlescharren. Anscheinend erhoben sich die beiden. Ilsa kniff die Augen zu und hörte, wie die Männer nacheinander ins Bad gingen und wie sie ihre provisorischen Betten zurechtmachten. Einer von beiden löschte das Licht.

Ilsa rührte sich nicht und atmete so gleichmäßig, wie sie konnte, die Augen fest geschlossen. Auf gar keinen Fall sollten die beiden Männer merken, dass sie wach war. Doch vor ihrem inneren Auge zogen die Bilder ihrer Bekanntschaft mit Herrn Stratmann vorbei. Sie hatten getanzt. Fast ein bisschen geflirtet. Waren im Kino gewesen. Hatten geplaudert. Dabei musste sich hinter seiner galanten Art die ganze Zeit etwas Gewalttätiges verborgen haben. »Kluges Mädel. Braves Mädel.« Sie schauderte. Nach einer Weile wurde ihr klar, dass es hier nicht nur um sie ging, dass Herr Stratmann – und Herr Heller vielleicht ebenso? – nicht nur sie getäuscht hatte, sondern auch den Parlamentarischen Rat. Sie musste unbedingt weitergeben, was sie gehört hatte. Am Grundgesetz der neuen Bundesrepublik durften keine untergetauchten SS-Leute mitwirken. Ilsa wäre am liebsten aufgesprungen und aus der Gaststube gerannt, aber wohin? Sie musste warten, bis es endlich Morgen wurde. Die beiden Männer schienen tief zu schlafen. Ilsa konnte es kaum ertragen, ihre schweren Atemzüge mitanzuhören. Sie musste sich zusammenreißen, um vor Wut und Abscheu nicht laut zu schreien. Gleichzeitig spürte sie Angst in sich aufsteigen. Was, wenn einer von beiden aufwachte? Sobald sie hörte, dass einer der Männer sich umdrehte, sobald die Atemzüge flacher wurden, erstarrte sie. Wenn Herr Stratmann jetzt aufstünde? Waren das Schritte auf dem Parkett?

Kam er zu ihr herüber? Sie lauschte angestrengt. Nein, es war nur Einbildung. Alles ruhig. In der Gaststube hing der kalte Rauch vieler Jahre. Ilsa atmete ihn ein, wieder und wieder, und dennoch kam es ihr so vor, als müsste sie daran ersticken. Niemals war ihr eine Nacht so endlos vorgekommen wie diese.

Als sie gedämpfte Stimmen von der Rezeption vernahm, hielt sie es nicht mehr aus. So leise sie konnte, richtete sie sich auf. Steif und verkrampft tastete sie nach ihrer Tasche und ihrer Strickjacke, fand auch die Schuhe, die unter die Bank gerutscht waren. Sie stahl sich aus dem Gastraum und schloss sachte die Tür. Um nichts in der Welt wollte sie einen der beiden Männer wecken.

»Sie sind aber früh auf den Beinen! Es ist kurz nach fünf! Machen Sie sich erst einmal frisch, ich hole Ihnen einen Muckefuck.« Der Wirt lächelte Ilsa aufmunternd an.

Sie hatte den Becher mit dem Ersatzkaffee gerade geleert, als Carlo Schmid die Treppe hinunterkam. Selten war Ilsa so erleichtert gewesen, jemanden zu sehen, wie in diesem Moment. »Schon fertig, Fräulein Klasing? Dann mal los.«

Während Herr Schmid bezahlte, blickte Ilsa immer wieder nervös zur Tür des Gastraums. Es wäre fürchterlich, jetzt Herrn Heller oder, Gott bewahre, Herrn Stratmann zu begegnen. Aber alles ging gut. Ilsa saß bei Carlo Schmid im Auto, als Herr Stratmann und Herr Heller aus ihren improvisierten Betten krochen. Und als die beiden sich an ihrem ersten Schluck Ersatzkaffee den Mund verbrannten, lag Rhöndorf bereits hinter Ilsa.

Kapitel 22

Draußen war es dunkel, und Ilsa konnte durch die Autoscheibe kaum etwas erkennen. Aber Herr Schmid fuhr ruhig und konzentriert, immer weiter den Rhein hinab, all die Kilometer, die sie, wenn sie den Fluss in Köln überquert hätten, links des Rheins wieder hinauffahren würden. Ilsa fühlte sich sicher in diesem Wagen, aber entspannen konnte sie sich nicht. Sie musste Herrn Schmid alles sagen, was sie mit angehört hatte. Und zwar bald.

Sie blickte hinüber zu ihm. Kräftig, wie er war, saß er fast eingeklemmt hinter dem Lenkrad. Sein Gesicht konnte sie nur schemenhaft erkennen, aber sie fand, dass es einen sorgenvollen Ausdruck hatte. Doch es half nichts – sie würde seinen Sorgen noch eine hinzufügen müssen.

»Ich muss Ihnen etwas mitteilen«, begann sie.

Herr Schmid machte eine auffordernde Handbewegung, hielt dann aber wieder das Lenkrad fest.

»Gern. Erzählen Sie.«

Und Ilsa erzählte. Von Herrn Stratmanns merkwürdigem Gesichtsausdruck, vom Gläserklirren, das sie geweckt hatte, und von jeder Einzelheit, die sie in der Nacht mit angehört hatte. Mordsschöne Mädels. In den LKW hereingerissen. Umgelegt. Sie ließ nichts weg. Nachdem sie ihren Bericht beendet hatte, blickte Carlo Schmid minutenlang starr auf die Fahrbahn, ohne etwas zu sagen. Seine Hände umklammerten das Steuer. Dann deutete er auf das Handschuhfach. »Dort drin liegt ein Notizblock, Fräulein Klasing. Schreiben Sie alle Details auf, an die Sie sich erinnern, besonders die Namen. Damit gehen Sie zu Oberregierungsrat Trossmann, sobald wir in Bonn sind. Er muss sich um alles Weitere kümmern.« Ilsa nickte. Das war ein guter Rat. Sie fand den Block, nestelte in ihrer Tasche nach einem Bleistift und notierte:

Taganrog

Don und Donez

Ardennen

Rheinwiesenlager

Oberleutnant Carl Stratmann

SS-Obersturmführer Werner Klein

Sie riss das Blatt ab und steckte es zusammen mit dem Stift wieder in ihre Handtasche.

»Was wird aus Herrn Stratmann?«, fragte sie Herrn Schmid schließlich.

»Er wird seinen linken Oberarm herzeigen müssen. Da hilft dann kein Leugnen mehr.«

»Und wird er bestraft?«

»Wohl kaum!« Herr Schmid lachte bitter. »Aber entlassen wird er. Und auf ein gutes Zeugnis kann er nicht hoffen.«

Beide schwiegen. Langsam wurde es hell, und langsam

näherten sie sich Köln. Sie überquerten die Deutzer Brücke, eine der beiden Kölner Brücken, die sich wieder über den Rhein spannten. Die Grundstücke rund um den Heumarkt waren fast alle vom Schutt befreit. Dennoch bot die Stadt, notdürftig von einer dünnen Schneeschicht zugedeckt, einen trostlosen Anblick, und Ilsa war froh, als sie die Köln-Bonner Autobahn erreichten. Allmählich hatte sie das Gefühl, das Schweigen brechen zu müssen. Doch welches Thema konnte den großen Mann neben ihr interessieren?

»Das hier war die erste Autobahn in Deutschland, die allererste«, sagte sie nach einer Weile. Wie eine beflissene Fremdenführerin.

»Tatsächlich?«, antwortete Herr Schmid höflich.

»Ja. Es war gar nicht Hitler, der die erste Autobahn in Deutschland bauen ließ. Es war Herr Adenauer, als er noch Kölner Oberbürgermeister war«, erklärte sie.

»Kommen Sie denn hier aus der Region, da Sie so ortskundig sind?«, fragte Herr Schmid.

Ilsa nickte. In knappen Worten erzählte sie von der Schneiderei, in der sie aufgewachsen war, und von ihren Eltern.

»Sind Ihre Eltern Genossen?«, fragte Herr Schmid.

»Das waren sie«, sagte Ilsa. Sie erwähnte den SPD-Anstecker ihres Vaters und die rote Fahne ihrer Mutter, die schließlich ein Hakenkreuz verunziert hatte. Das war nun die Gelegenheit, Herrn Schmid eine Frage zu stellen, die sie schon lange umtrieb, nicht erst seit der Eröffnungsfeier des Parlamentarischen Rates. Aber konnte sie Herrn Schmid mit ihren Gewissensnöten behelligen? Ilsa nahm ihren Mut zusammen.

Jetzt oder nie. Sie holte tief Luft und fragte ihn nach dem Artikel, den sie früher einmal von ihm ausgeschnitten hatte. Den mit dem Bumerang.

»Wie kam es, dass Sie den Bumerang nicht mit ausgeworfen haben? Dass Sie nicht mitgemacht haben? Sie und die anderen im Rat.«

Herr Schmid sagte erst nichts, und Ilsa fragte sich, ob sie einen Fehler gemacht hatte. War sie ihm zu nahe getreten? Gehörte es sich überhaupt, als kleine Schneidertochter große Staatsrechtler auszufragen? Auch unter Genossen? Doch schließlich räusperte sich Herr Schmid. »War das so? Haben wir den Bumerang nicht mit ausgeworfen?« Er überholte einen alten Mercedes. »Ich glaube, dass wir alle Schuld auf uns geladen haben. Weil wir nicht mutiger und entschlossener waren.«

»Aber –«, setzte Ilsa an. Doch Herr Schmid sprach weiter. »Nehmen wir Ihre Frau Selbert.«

Meine Frau Selbert!, hätte Ilsa beinahe ausgerufen, doch sie unterbrach Herrn Schmid nicht noch einmal.

»Frau Selberts Mann wurde im KZ misshandelt. Nachdem er entlassen wurde, hat die Gestapo ihn jahrelang beobachtet, arbeiten durfte er nicht. Frau Selbert selbst ist von Freisler mit dem Tod bedroht worden. Trotzdem hat sie ihre Sozietät in den Räumen jüdischer Anwälte eingerichtet. Sie hat profitiert davon, dass die nicht mehr arbeiten durften. Aber was, wenn sie das nicht getan hätte? Weil sie die Kanzlei übernommen hat, konnten die beiden Anwälte auswandern. Weil sie die Kanzlei übernommen hat, konnte sie viele Mandanten vor der Gestapo und vor der Verschleppung ins KZ bewahren.«

Herr Schmid strich sich mit der Hand über die Stirn. »Das Dritte Reich hat uns allen seinen Stempel aufgedrückt«, sagte er.

Bevor Ilsa darauf antworten konnte, fügte er hinzu: »Eine sehr gute Autobahn ist das, die Herr Adenauer da hat bauen lassen. Ich werde es ihm bei Gelegenheit sagen.«

Dann schwieg er, und Ilsa tat es ihm gleich. Sie wusste nicht, woran Herr Schmid dachte, aber ihre Gedanken wandten sich bald wieder Herrn Stratmann zu. Sie nahm den Zettel mit den Namen aus der Handtasche und hielt ihn so fest, dass sie ihn fast zerknüllt hätte.

In der Drachenfelsstraße 9 ließ Herr Schmid Ilsa vor dem Sekretariat aussteigen. Er drückte ihr ernst die Hand. »Alles Gute, Fräulein Klasing.«

Der Oberregierungsrat ließ Ilsa eine halbe Stunde warten und raschelte mit irgendwelchen Akten, als sie eintrat. Doch als er erfuhr, was sie zu sagen hatte, ließ er seine Papiere sinken und hörte aufmerksam zu. Er ließ sie ihre Geschichte wiederholen, sah sich ihren Notizzettel an – Ilsa dankte im Stillen Herrn Schmid – und holte einen Mitarbeiter hinzu, dem Ilsa die Unterhaltung abermals schildern sollte. Schließlich wandte sich der Oberregierungsrat an den Mitarbeiter: »Sobald Herr Stratmann auftaucht, bringen Sie ihn zu mir.« Und an Ilsa gewandt: »Dann sollten Sie nicht hier sein. Gehen Sie nach Hause.« Als Ilsa schon an der Tür war, rief er ihr hinterher: »Gute Arbeit!«

Ilsa war erschöpft. Ihr schmerzte der Kopf. Aber der Gedanke an Herrn Stratmann ließ sie ihre Schritte beschleunigen. Sicher würde er gleich aus Herrn Hellers Auto steigen, selbstgewiss und charmant – um dann seine Blutgruppentätowierung entblößen zu müssen. Und sicher würde er schnell erraten, wem er das zu verdanken hatte: Ilsa. Sie hastete den Flur entlang, bog um eine Ecke und rannte in einen Mann, einen brünetten Mann. Aber es war nicht Herr Stratmann. »Teddy!«, stieß Ilsa hervor. »Herr Martin!« Sie war so erleichtert, sie hätte sich ihm am liebsten gleich wieder in die Arme geworfen. Aber das ging natürlich nicht.

»Fräulein Klasing!« Er klang verwundert. »Sie sehen aber nicht gut aus – ich meine – natürlich sehen Sie gut aus, aber blass sind Sie, ganz bleich.« Herr Martin verhedderte sich in seinen Sätzen. »Ist Ihnen nicht gut?«, brachte er dennoch hervor.

»Ja«, antwortete Ilsa, »nein – können wir uns anderswo unterhalten?«, fragte sie eindringlich und wunderte sich über sich selbst, dass plötzlich aller Ärger über ihn und seine konservative Art verflogen war. Sie war einfach nur glücklich, ausgerechnet ihn umgerannt zu haben.

»Natürlich«, antwortete Herr Martin. Ohne zu zögern, kam er mit, als Ilsa eilig das Sekretariat verließ. Ohne Fragen zu stellen, lief er mit ihr die Drachenfelsstraße entlang, immer weiter, dann an der Pädagogischen Akademie vorbei bis hin zum Rheinufer. Erst am Ruderclub hielt Ilsa inne und blickte sich um. Hier fühlte sie sich sicher.

Auf dem Rhein stießen Eisschollen aneinander. Trübgraue Wellen schwappten an die Uferböschung.

»Es geht um Herrn Stratmann«, sagte sie schließlich.

Herr Martin runzelte die Stirn. Doch er unterbrach sie kein Mal, bis sie ihren Bericht beendet hatte. Nur wurde sein Gesichtsausdruck immer grimmiger. »SS-Obersturmführer Klein!«, knurrte er endlich. »Na, das passt zu ihm! Achtzigtausend SS-Leute und Funktionäre sind untergetaucht, und unser Herr Stratmann ist einer von ihnen.«

Ilsa musste unwillkürlich lächeln. Herr Martin hatte immer die passende Statistik parat, selbst in einem Moment, in dem er vor Wut rot im Gesicht war.

»Wenn ich daran denke, wie er mit Ihnen durch die Küche getanzt ist!«, rief Herr Martin. »Wenn ich daran denke, was Sie alles mit angehört haben in dieser unseligen Gaststube –«

Er blickte zu Ilsa hinüber, und sofort wurde sein Gesichtsausdruck milder. »Ihnen muss die Nacht sehr lang geworden sein«, sagte er leise.

Ilsa zuckte mit den Achseln. »Mir ist ja nichts passiert. Aber was er mit diesen Frauen gemacht hat –«

Sie brachte den Satz nicht zu Ende. »Jetzt steht er wahrscheinlich bei Herrn Trossmann im Zimmer und zeigt seinen Oberarm«, sagte sie schließlich. »Und ich sollte nicht in der Nähe sein, wenn er dort rausgestürmt kommt. Wahrscheinlich sollte ich einfach nach Hause gehen …« Sie sah sich allein in der kalten Mansarde sitzen, ohne Paul, der mit Emma und Charlie aufs Land gefahren war. Und Herr Stratmann wusste ja, wo sie wohnte. Ilsa rieb sich die Schläfen.

»Nein«, sagte Herr Martin. »Sie sollten jetzt nicht allein sein. Und Sie haben Kopfschmerzen. Am besten laufen wir erst ein Stück, dann stärken wir uns. Dann wird es Ihnen besser gehen.«

Er nahm ihren Arm. Nach ein paar Schritten lachte Ilsa auf, zum ersten Mal an diesem Tag. »Herr Martin!«

»Ja?«

»Sie schwänzen! Das haben Sie sicher noch nie gemacht.« Herr Martin grinste. »Das ist richtig.«

»Und dabei haben wir uns noch gar nicht versöhnt nach dem Mittagessen im ›La Roche‹ ...«

»Doch«, sagte Herr Martin. »Haben wir. Jetzt gerade.«

Es war kein Wetter zum Schlendern, eher zum strammen Spazierengehen. Ilsa und Herr Martin marschierten an den Schrebergärten vorbei in Richtung Innenstadt. Und obwohl die schreckliche Nacht noch auf ihr lastete, fühlte Ilsa sich plötzlich nicht mehr ganz so schrecklich. Unter einer dünnen Schneeschicht warteten die kahlen Hecken und die mit Tannenzweigen zugedeckten Beete auf einen Neubeginn. Zunächst wusste Ilsa nicht, was sie sagen sollte. So viel Unausgesprochenes türmte sich zwischen ihnen auf – von Paul konnte sie nicht anfangen, von ihrem Zwist wollte sie nicht anfangen. Von Herrn Martins Verlobter hätte sie gern angefangen, aber sie traute sich nicht. Und von Herrn Stratmann hatten sie fürs Erste wirklich genug gesprochen. Doch wozu gab es Literatur und Theater und Kino? Herr Martin erzählte von dem neuen Borchert-Stück, und sie berichtete von einem Ingrid-Bergman-Film, den Emma ihr empfohlen hatte. Bald plauderten sie so zwanglos wie früher.

»Sagen Sie doch Bescheid, wenn Sie wieder einmal ins Kino

gehen«, bat Herr Martin. »Ich glaube, wir haben einen ähnlichen Geschmack.«

»Meinen Sie?«

»Damals im Metropol haben wir jedenfalls an den gleichen Stellen gelacht.«

Ilsa blickte ihn von der Seite an. Das war ihm also auch aufgefallen.

Auf dem Markt kaufte Herr Martin im Vorbeigehen eine Apfelsine, bevor er das Knusperhäuschen am Dreieck ansteuerte. Sie setzten sich ganz nach hinten und bestellten Bohnenkaffee. Die Tische waren sehr klein, und man stieß mit den Knien aneinander. Als der Kaffee kam, griffen Ilsa und Herr Martin im gleichen Moment nach dem Zuckerlöffel. Eine flüchtige Berührung nur, aber beide zogen die Hände weg, und beide rückten ihre Stühle ein wenig zurück.

Vorbei war es mit dem unbefangenen Geplauder. Wohin waren all die Themen verschwunden, über die die Menschen üblicherweise miteinander sprachen? Gleich würden sie vom Wetter reden müssen. Als sich immer mehr Gäste in dem kleinen Café drängten und ein Mann mit Schnauzbart fragte, ob ihr Tisch bald frei würde, war Ilsa daher nicht traurig. »Wollen wir aufbrechen?«, fragte sie. Herr Martin schien erleichtert und winkte schon der Kellnerin zu. Während sie auf die Rechnung warteten, bemühte sich Ilsa, die Stille zu füllen: »Früher war ich häufig mit meinen Schulfreundinnen hier. Wir haben uns jedes Mal zu dritt eine heiße Schokolade geteilt. Die Kellnerin hat immer geseufzt, wenn wir zur Tür reinkamen.«

»Sind Sie hier in der Nähe zur Schule gegangen?«, fragte Herr Martin.

Ilsa nickte. »Nicht weit von hier. In die Stiftsschule.«

»Ach so.«

Schweigend warteten sie auf die Kellnerin und verließen zur Freude des schnauzbärtigen Herrn bald das Café. Doch draußen hielten beide vor dem Fachwerkhaus inne, anstatt rasch auseinanderzugehen.

Herr Martin blickte Ilsa an. Im hellen Winterlicht konnte Ilsa seine Augen gut erkennen. Sie waren kaffeefarben, entschied sie nach einigem Überlegen.

»Zeigen Sie mir doch noch Ihre Schule«, schlug Herr Martin vor. Dort gab es nicht viel zu sehen, aber gut, warum nicht? Ilsa führte ihn zu dem rot-gelben Backsteinbau in der Stiftsstraße und deutete auf ein Fenster im zweiten Stock. »Das war meine Klasse.« Dann fügte sie kurz entschlossen hinzu: »Ich hatte den kürzesten Schulweg von allen. Mein Elternhaus war in der Windmühlenstraße. Dort vorn um die Ecke.«

Herr Martin hatte ein Taschenmesser hervorgeholt und begonnen, die Apfelsine zu schälen. Er schaute hoch. »Wollen wir hingehen?«

Ilsa schüttelte den Kopf. »Ist nichts mehr zu sehen von unserem Haus. Alles weg.« Sie spürte Herrn Martins Blick, wagte aber nicht, den Kopf zu heben.

Trotz der Kälte setzten sie sich auf eine Bank, und Herr Martin hielt Ilsa die Hälfte der Orange hin. Es war viele Jahre her, dass Ilsa eine gegessen hatte. Sie schmeckte noch besser als in ihrer Erinnerung; süß und sauer, saftig und fruchtig.

Und sie war sehr klebrig. Herr Martin reichte ihr ein Taschentuch.

Zu ihrer eigenen Überraschung begann Ilsa zu erzählen. Das hatte sie noch nie getan, noch nicht einmal Lindy gegenüber. »Meine Eltern hatten eine Schneiderei«, fing sie an. »Ich habe oft Kleider für sie ausgeliefert. Am 18. Oktober 1944 auch. Ich habe noch gemurrt – bis nach Poppelsdorf sollte ich, und dabei hätte ich längst auf der Arbeit sein sollen. Aber natürlich bin ich trotzdem losgefahren, mit sieben Oberhemden auf dem Gepäckträger, gut eingeschlagen in dickes Packpapier.«

Ilsa strich das klebrige Taschentuch glatt und faltete es winzig klein zusammen. Herr Martin zog seine Handschuhe aus und streifte sie über Ilsas Hände. Dann erzählte Ilsa weiter. Sie schilderte, wie um halb elf der Alarm gekommen war und der Akut-Alarm direkt hinterher. Wie sie ihr Fahrrad gegen eine Hauswand hatte fallen lassen und die letzten Meter zum Poppelsdorfer Bunker gerannt war. Wie sie sich vor der Gasschleuse noch einmal umgedreht und die Flugzeuge am Himmel gesehen hatte: ein Schwarm silberner Vögel, alle aus einer Richtung kommend. Weil es so ein klarer Sonnentag gewesen war, hatten sie in der Sonne geglänzt. Dann war Ilsa drin gewesen, mit Hunderten anderer verschwitzter, verängstigter Leute. Der Bunker hatte gebebt, das Licht war ausgegangen, und das Krachen und Bersten von draußen war ohrenbetäubend gewesen. Dennoch hatte Ilsa geglaubt, hinter den meterdicken Betonwänden sicher zu sein. Das war sie auch. Und sie hatte geglaubt, dass ihre Eltern wie immer in den Theaterbunker gegangen und dort in Sicherheit waren. Das waren sie nicht. Aber das erfuhr Ilsa erst viel später an diesem endlosen Tag. Nach der Entwarnung stolperte sie aus dem Bunker ins Freie, um rasch nach Hause, in die Altstadt, zu fahren, aber weder das Fahrrad noch die Altstadt oder das Zuhause waren noch da. Ilsa brauchte lange, um sich auch nur in die Nähe der Altstadt durchzuschlagen, ein nasses Tuch gegen den beißenden Rauch vor dem Gesicht. Auf dem Weg sah sie Kaninchen mit vor Phosphor glühenden Pfoten – ihre Ställe mussten durch die Bomben aufgesprungen sein. Abgerissene Arme und Beine lagen auf der Straße. Menschen ohne Kopf. Überall Tote; Leute, die noch schnell zum Bunker hatten laufen wollen und die es nicht geschafft hatten. Scherben, Steine und Schutt. Überall Rauch. Und der Geruch! Ilsa hatte sich in einer Hauseinfahrt übergeben müssen.

Schließlich, als sie die Rheinbrücke erreicht hatte, sah sie, wie in der Altstadt von allen Seiten die Flammen hochschlugen und die Häuser zusammenfielen. »Da ist alles zerstört. Da steht nichts mehr«, sagte eine Frau mit verbrannten Haaren und Rucksack, die rüber nach Beuel wollte. Natürlich glaubte Ilsa ihr nicht.

»Aber sie hatte recht«, sagte Ilsa schließlich zu Herrn Martin. »Siebenhundert Gebäude sind an diesem einen Vormittag zerstört worden: die Uni, die Kliniken, das Theater, das Rathaus, die alte Buchhandlung Bouvier. Und mein Elternhaus. Und bei den letzten Worten, die ich mit meiner Mutter gewechselt habe, ging es um frisch gestärkte Oberhemden.«

Ilsa fing an zu zittern. Herr Martin rückte näher zu ihr und legte einen Arm um sie. Ilsa ließ sich langsam zurücksinken, bis sie an ihm lehnte. Sie schloss die Augen. Sein Wollmantel war kratzig. Jetzt hatte sie Herrn Martin vom Schlimmsten erzählt, das ihr bislang widerfahren war, und sie spürte ein überwältigendes Bedürfnis, ihm auch vom Besten zu erzählen, das das Leben bisher für sie bereitgehalten hatte: von Paul. Aber zu deutlich erinnerte sie sich an Herrn Martins Worte damals im »La Roche«. Er hatte von den gestrauchelten Frauen gesprochen, deren leichtfertiges Verhalten man nicht honorieren dürfe. Von den Resten bürgerlicher Ordnung. Von den Müttern, die den Vater ihrer Kinder nicht mit Gewissheit benennen könnten.

Mit einem Ruck setzte sich Ilsa auf und öffnete die Augen.

»Ich muss nach Hause«, sagte sie, während sie Herrn Martins Handschuhe abstreifte.

»Natürlich«, erwiderte Herr Martin und erhob sich ebenfalls. »Es ist zu kalt hier für Sie. Ich begleite Sie in die Königstraße.«

Ilsa lächelte. Immer ritterlich, so war Herr Martin. Aber sie hielt ihn mit einer Handbewegung zurück und wandte sich zum Gehen.

»Vielen Dank, aber das ist nicht nötig. Im Büro vermisst man Sie bestimmt schon! Ich komme alleine zurecht.«

Kapitel 23

Mathilde Berger zog sich ein Nachthemd über. Es gehörte nicht ihr, sondern ihrer Freundin Rosie – genauso wie die Nachttischlampe, die sie gerade angeknipst hatte, der Teppich unter ihren bloßen Füßen und die Matratze, auf die sie sich gleich legen wollte. In diesem Zimmer gehörte ihr überhaupt nichts – kein Foto, kein Buch, keine Halskette.

Es klopfte an der Tür. Mathilde griff nach dem Morgenmantel, aber bevor sie ihn überwerfen konnte, trat Ilsa bereits ein, die Mutter des kleinen Paul, an dem Rosie so viel Gefallen gefunden hatte. Sie trug mehrere Blusen über dem Arm.

»Entschuldigen Sie, Frau Berger«, sagte Ilsa, »ich wollte Ihnen nur rasch Ihre Sachen wiederbringen. Ich habe die Knöpfe richtig fest angenäht. Sehen Sie –« Ilsa unterbrach sich.

Mathilde hatte ihr die Hände entgegengestreckt, um ihr die Blusen abzunehmen, und dabei hatte Ilsa freie Sicht auf Mathildes Arme. Und auf die sechs Ziffern in dicker Punktschrift auf ihrem linken Unterarm.

Mathilde trug sonst immer lange Ärmel, und zwar, um Reaktionen wie diese zu vermeiden: Ilsa wurde rot und verhaspelte sich. Sie floh geradezu aus dem Zimmer. Und das war, überlegte Mathilde, als sie die Blusen weghängte, noch eine der besseren Reaktionen.

Im Lager hatte sie immer geglaubt, sie werde nach dem Krieg etwas Wichtiges mitzuteilen haben. Aber sie hatte damals nicht bedacht, dass die Leute nichts davon hören wollen würden. Wenn sie sich in den ersten Monaten in Bonn als Jüdin zu erkennen gegeben hatte, war in der Regel eine kurze Verlegenheitspause gefolgt; und danach kam – keine persönliche Frage, wie etwa »Was geschah mit Ihrer Familie?«, kein Anzeichen von Mitgefühl – sondern es folgte eine Flut von Geschichten, wie die Deutschen gelitten hätten. Einer hatte von der »entsetzlichsten Not, in die je ein Volk vom Schicksal gestoßen wurde« gesprochen. Und dabei hatte er gar nicht die Juden Europas gemeint. Sondern die Deutschen.

Mathilde strich über ihre – oder vielmehr Rosies – sorgfältig geplättete Blusen und befühlte die tatsächlich sehr fest angenähten Knöpfe. Nein, dem war Ilsas Reaktion doch vorzuziehen. Und dennoch. Sie teilte diese Nachkriegswelt mit Menschen, die früher weggesehen hatten und jetzt weghörten. Wer einmal im Lager war, kam nicht heraus. Wer nie drin war, kam nicht rein.

Als Mathilde gerade das Licht löschen und unter die Bettdecke schlüpfen wollte, pochte es erneut an der Tür. Mathilde dachte, sie hätte sich verhört, doch es klopfte wieder.

»Ja?« Sie wandte sich zur Tür.

Es war Ilsa.

»Ja?«, fragte Mathilde noch einmal, als Ilsa im Zimmer stand. Ilsa atmete tief ein.

»Wahrscheinlich möchten Sie nicht über das Lager sprechen – wahrscheinlich schweigen Sie deshalb –«

Mathilde, die freundliche ältere Dame, die Frau mit der
Erziehung aus dem 19.Jahrhundert, die Jüdin, die nie hatte
auffallen wollen, um Risches zu vermeiden, und der das Haus
dennoch über dem assimilierten Kopf zusammengebrochen
war – sie explodierte nun.

»Geschwiegen?« Sie brüllte fast. »Mich hat nie jemand gefragt!«

Ilsa atmete wieder tief ein. Dann wollte sie wissen, wo
Mathilde während des Krieges gewesen sei. Wie sie überlebt
habe. Ob es noch Familie gebe.

Erst antwortete Mathilde einsilbig: In Auschwitz. Durch
Zufall. Nein, Angehörige hatte sie nicht mehr. Aber dann
sagte sie sich, dass Ilsa – außer Rosie – die erste Person in
dieser Nachkriegswelt war, die aufrichtig und ernsthaft
wünschte, von ihren Erlebnissen im Lager zu hören. Von der
Hitze beim Appell, dem Gestank, dem Durst. Der Asche
in der Luft. Davon, dass Auschwitz wie ein fremder Höl-
lenplanet gewesen war – und doch wieder nicht: eingebet-
tet in das gewöhnliche Leben, in eine gewöhnliche Landschaft.

Mathilde erzählte so lange, dass Ilsa ihr ein Glas Wasser
holen musste. Sie versuchte, alles so genau wie möglich zu
schildern, aber sie merkte, dass selbst die deutlichsten Be-
schreibungen völlige Verniedlichungen waren.

»Sie sind müde«, sagte Ilsa irgendwann. »Ich habe Sie viel
zu lange wach gehalten.«

Als Mathilde in dieser Nacht ins Bett kroch, sagte sie sich, dass sie von ihren Zeitgenossen durch eine Erfahrung getrennt war, die sich nicht vermitteln ließ. Dennoch war es etwas anderes, das Grauen nicht beschreiben zu können, als gar nicht nach dem Grauen gefragt zu werden.

Kapitel 24

Es waren nur noch wenige Tage bis zu der Sitzung, in der der Hauptausschuss über den Gleichberechtigungsartikel entscheiden würde. Deshalb reiste Frau Selbert unbeirrbar »als Wanderprediger« von Versammlung zu Versammlung, um vor Frauenverbänden und Gewerkschaften zu reden und sie alle zu überzeugen von der Notwendigkeit der Gleichberechtigung. Und Ilsa reiste mit. Diesmal nach Frankfurt, in einen ungeheizten Saal mit einer Handvoll Frauen, die, wenn Ilsa ehrlich war, zu müde wirkten, um sich groß darum zu scheren, dass das Familienrecht vom Patriarchat beherrscht wurde.

Ilsa zählte die Köpfe der Frauen im Raum. Es waren genau vierundzwanzig. Sie seufzte. Waren sie – die Frau Gleichberechtigung und das Fräulein Gleichberechtigung – deswegen im Regen einen halben Tag unterwegs gewesen? Waren sie deswegen durch die Ruinen Frankfurts geirrt? Damit Frau Selbert vor zwei Dutzend Frauen einen Vortrag halten konnte? Ilsa wickelte sich den Schal um den Hals, den sie unvorsichtigerweise beim Betreten des Saals abgenommen hatte.

»Die Rechtsstellung der Frau ist stets Spiegelbild ihrer Stellung im Staat und in der Gemeinschaft«, sagte Frau Selbert gerade vorn am Rednerpult. Neben Ilsa blickte eine Frau mit rotem Haar diskret auf ihre Armbanduhr. Ilsa war selbst versucht, auf die Uhr zu sehen. Sie fror, und sie fragte sich, ob sie es vor der Heimfahrt noch schaffen würden, einen Happen zu essen aufzutreiben in dieser Ruinenstadt. Auf der Suche nach dem Veranstaltungsort waren sie, so kam es ihr vor, endlos zwischen zerstörten Häusern umhergefahren. Frankfurt hatte sich als Hauptstadt beworben, so wie auch Bonn. Doch wie sollte diese Stadt Hauptstadt werden, fragte sich Ilsa, als sie die Trümmer sah. Wo sollte er denn hin, der Regierungssitz, inmitten dieses Schutts? Aber natürlich war Ilsa als Bonnerin in dieser Frage befangen. Als sie gerade eine Bemerkung darüber zu Frau Selbert machen wollte, hatte diese aus dem Autofenster gedeutet, und zwar auf das einzige Gebäude, das außer dem Dom in der Altstadt intakt wirkte: auf die Paulskirche. »Das haben die hier als Erstes wiederaufgebaut«, hatte Frau Selbert gesagt. »Mit Spenden.«

Ilsa blickte wieder nach vorn zum Rednerpult.

»Die Frauen brauchen im Kampf für ihre Rechte die Kräfte der Sozialdemokratie«, rief Frau Selbert in den halb leeren Saal.

In der Reihe vor Ilsa raschelte eine Frau so laut in ihrer Handtasche, dass es im ganzen Raum zu hören war.

Ilsa drückte ihre Unterlagen und ihren Block an sich. Sie wusste ja, wie gut Frau Selbert reden konnte, wie gut sie schwierige politische und rechtliche Fragen so erklären konnte, dass es jeder verstand. Warum nur gelang ihr das heute nicht? Sie würden diesen Saal verlassen, ohne eine einzige Zuhörerin für ihr Anliegen gewonnen zu haben. Leise machte sich Verzweiflung in Ilsa breit. Kämpften sie einen Kampf, der niemanden interessierte? Den niemand mit ihnen ausfechten wollte?

Am liebsten hätte Ilsa Frau Selbert zugerufen: Reden Sie ruhig von der Rechtsstellung der Frau – aber so, wie Sie mit mir davon geredet haben! Erklären Sie das BGB – aber so, wie Sie es mir erklärt haben! Doch das ging natürlich nicht, hier inmitten von vierundzwanzig Zuhörerinnen. Was konnte sie tun? Als Frau Selbert eine Seite in ihrem Manuskript umschlug, hob Ilsa langsam die Hand.

Frau Selbert blickte auf. »Ja, bitte?«

Ilsa räusperte sich. »Darf ich Sie etwas fragen?«

»Natürlich.«

»Die meisten Frauen hier im Saal – nein, nicht die meisten, vermutlich sind es alle –«

Ilsa setzte neu an. »Alle Frauen in diesem Raum haben schrecklich viel zu tun. Immer. Von früh bis spät. Warum sollen sie ihre knapp bemessene Zeit der Rechtsstellung der Frau widmen?«

Sie schaute Frau Selbert direkt ins Gesicht. Wie würde sie reagieren? Würde sie ihr die Unterbrechung übel nehmen?

Aber das tat sie nicht, sie spielte mit.

»Vielen Dank«, sagte Frau Selbert und nickte Ilsa zu. »Das ist eine gute Frage. Eine berechtigte Frage.«

Sie schob ihre Redenotizen zusammen und trank einen Schluck aus dem Glas mit Leitungswasser, das auf ihrem Pult stand. Dann blickte sie ihre Zuhörerinnen eine nach der anderen an, so dass jede von ihnen das Gefühl haben musste, als spräche sie direkt zu ihr.

»Sie sind alle mit dem Überleben beschäftigt«, sagte sie. »Sie sind dabei, sich selbst durchzubringen, Ihre Kinder, vielleicht auch Ihre Männer. Sie sind erschöpft. Sie denken, dass Sie ganz andere Sorgen haben als die Beratungen der hohen Herren am Rhein. Aber Sie täuschen sich.«

Die ältere Dame in der Reihe vor Ilsa hörte auf, in ihrer Handtasche herumzunesteln.

»Sie sind zermürbt von den Versuchen, Haferbrei ohne Milch zu kochen und Kartoffeln ohne Fett anzubraten. Sie haben keine Zeit für all die Paragraphen in Bonn. Trotzdem: Nehmen Sie sich die Zeit – schreiben Sie einen Brief an den Parlamentarischen Rat. Fordern Sie die Gleichberechtigung.«

Die Frau neben Ilsa blickte Frau Selbert nun konzentriert an.

»Wir müssen unsere Städte aus Bergen von Schutt und Trümmern wieder aufbauen. Das wissen Sie als Frankfurterinnen ebenso gut wie ich als Kasselerin. Aber ebenso wichtig ist es, unser Gemeinwesen wieder auf eine demokratische Basis zu stellen. Das wissen Sie noch besser als ich: Deshalb haben Sie hier in Frankfurt als Allererstes die Paulskirche wieder aufgebaut.«

Die Frau neben Ilsa nickte.

»Es gibt Zeiten, in denen die Geschichte formbar ist«, sagte Frau Selbert. »Eine solche Zeit durchleben wir gerade. Aber sie ist kurz. Und die Wochen verrinnen. Während Sie damit beschäftigt sind, für Ihre Kinder Schuhe aufzutreiben, wird die Geschichte geformt. Und wenn Sie irgendwann aufblicken, werden Sie feststellen, dass sich alles gefestigt hat. Zu Ihren Ungunsten. Und dann lässt es sich nur noch sehr schwer ändern.«

Ilsa hatte eine Gänsehaut. Sie sah, dass neben ihr ein Arm hochging. »Was bedeutet das – zu meinen Ungunsten?«, fragte die Frau mit dem roten Haar.

Frau Selbert erklärte es ihr genau so, wie sie es Ilsa erklärt hatte, damals am Rhein.

»Sind Sie verheiratet?«

Die Frau schüttelte den Kopf.

»Wenn Sie heiraten, wird Ihr Ehemann im Grunde Ihr Vormund. Wenn alles gut geht in Ihrer Ehe, werden Sie das vielleicht gar nicht merken. Wenn Ihr Mann Ihnen ein echter Partner ist, werden Sie nichts mitkriegen vom BGB. Aber was, wenn nicht? Was, wenn Sie immer ängstlich nach den Augen Ihres Mannes sehen müssen, dass Sie ihn auch ja nicht verärgern? Dann werden Sie merken, dass das BGB nicht für Sie geschrieben wurde, und dann wird es zu spät sein.«

Frau Selbert erhob die Stimme. »Die Gesetze müssen sich ändern. Aber das werden sie nur, wenn wir die Gleichberechtigung ins Grundgesetz hineinschreiben. Und das können wir, das kann ich nur mit Ihrer Hilfe.«

Wenn der Applaus nicht nur von vierungzwanzig Zuhörerinnen gekommen wäre, wäre er gewiss tosend gewesen. Sie klatschten jedenfalls so laut sie konnten, besonders die Frau neben Ilsa.

Nur die Frau in der Reihe vor ihnen murrte: »Ängstlich nach den Augen des Mannes sehen? Schön wär's! Dazu müsste sie erst einmal einen Mann finden. Wird sie aber nicht, bei dem Frauenüberschuss heute.«

»Aber die Frau Professor hat doch recht!« Ihre Sitznachbarin habilitierte Frau Selbert vor lauter Eifer. »Mein Mann ist heimgekommen – endlich! Wie sehr habe ich darauf gewartet –, und nun sitzt er in seinem Sessel und kommandiert mich herum. Und ich lasse es geschehen. Denn welche Wahl habe ich? Dass die Männer immer noch nicht genug haben vom Kommandieren!«

»Na, hören Sie mal –«, erwiderte die Frau mit der Handtasche. Aber was sie hören sollte, erfuhr Ilsa nicht, weil sich die Frau mit dem roten Haar an sie wandte.

»Sie gehören doch zu Frau Dr. Selbert, nicht wahr?«

»Ja«, antwortete Ilsa und packte die Unterlagen zusammen, die sie auf dem Schoß gehalten hatte.

»Ich bin Gewerkschaftssekretärin.«

Ilsa nickte freundlich. Wo war denn eigentlich der Fahrer, der sie zurück nach Bonn bringen sollte?

»Ich vertrete vierzigtausend Metallarbeiterinnen«, sagte die Frau.

Jetzt hatte die Frau Ilsas volle Aufmerksamkeit. Wenn sie die Gewerkschafterin für ihr Anliegen gewinnen könnte, hätte sich die ganze Reise nach Frankfurt gelohnt.

»Tatsächlich?«, rief Ilsa. Ihr Interesse war nicht gespielt. »Wie aufregend! Erzählen Sie mehr!«

Die Frau begann wortreich ihre tägliche Arbeit zu schildern, doch nach einigen Sätzen legte Ilsa ihr die Hand auf den Arm. »Wollen Sie all das nicht Frau Dr. Selbert und mir in Ruhe schildern? Vielleicht kennen Sie ein Lokal in der Nähe, in dem wir jetzt noch etwas zu essen bekommen?«

Die Gewerkschaftssekretärin schüttelte überschwänglich Frau Selbert die Hand, die zu ihnen getreten war.

»Um die Ecke gibt es eine Apfelweinwirtschaft. Da gibt es Essen in Friedensart.«

In der Wirtschaft war es warm und laut. Zum ersten Mal an diesem Tag konnte Ilsa ihre Jacke ablegen, ohne zu frieren. Die Frau bestellte für alle drei ein Getränk mit Namen »Äbbelwoi«, dessen Geschmack, wie Ilsa fand, den von Molke nur unwesentlich übertraf. Frau Selbert hingegen schien ihr Glas, ihr Geripptes, mit Genuss zu leeren. Ob aus Höflichkeit oder aus echter Begeisterung, konnte Ilsa nicht sagen. Mit Appetit verspeiste Ilsa hingegen die große Portion Kartoffeln mit grüner Soße, als die sich das Essen in Friedensart herausgestellt hatte. Nachdem Ilsa den letzten Rest Soße vom Teller gekratzt und ihr Besteck beiseitegelegt hatte, beugte sich die Gewerkschafterin vertraulich zu ihr hinüber.

»Jetzt plaudern Sie doch mal aus dem Nähkästchen – was tut denn der Parlamentarische Rat noch für die Frauen? Wann gibt es den gleichen Lohn für die gleiche Arbeit? Was ist mit den unehelichen Kindern?«

»Da haben Sie zwei wichtige Themen genannt«, sagte Ilsa ganz wie eine Politikerin. Und fuhr dann, wie Frau Selbert vor Kurzem, fort: »Das ist unsere nächste Aufgabe. Darum werden wir uns im Bundestag kümmern. Aber die Hauptsache ist jetzt die Gleichberechtigung. Darauf konzentrieren wir uns. Denn das ist der erste Schritt für alles, was noch kommt.«

Ilsa führte ihr Geripptes zum Mund, ohne zu trinken, und sah dabei, wie Frau Selbert leicht lächelte.

Die Gewerkschaftssekretärin winkte nach dem Kellner.

»Gut. Ich verlasse mich auf Sie. Und Sie können sich auf mich verlassen: Ich schicke im Namen meiner Metallarbeiterinnen eine Eingabe an den Parlamentarischen Rat.«

Ilsa war zutiefst erleichtert. Die Fahrt nach Frankfurt war nicht vergebens gewesen. Sie nahm die Hand ihrer Sitznachbarin. »Ich danke Ihnen.«

Da bemerkte sie, dass Frau Selbert sie ansah – mit einem Gesichtsausdruck, den Ilsa erst nicht zu deuten wusste, für den sie schließlich aber doch ein Wort fand: Stolz.

Als Frau Selbert und Ilsa zurück nach Bonn fuhren, war es schon später Abend. Es nieselte immer noch, und nur selten leuchteten auf der Gegenfahrbahn die Scheinwerfer eines anderen Autos auf. Der Fahrer beugte sich weit nach vorn, um immer wieder über die beschlagene Windschutzscheibe zu wischen. Im Auto war es eisig, die Luft war klamm. Aber Ilsa war trotzdem warm nach dem reichlichen Essen. Außerdem hatte sie, so wie Frau Selbert, eine Decke über den Knien.

Auch Frau Selbert wirkte zufrieden. »Vierzigtausend Metallarbeiterinnen haben wir auf unserer Seite«, frohlockte sie. »Die Fahrt hat sich doch gelohnt.«

»Nun ja, eher eine von vierzigtausend«, wandte Ilsa ein.

»Aber die entscheidende«, antwortete Frau Selbert.

Für gewöhnlich nutzte Frau Selbert Autofahrten zum Arbeiten: Sie las Akten, machte sich Notizen, und wenn Ilsa mitkam, diktierte sie ihr Artikel und Briefe. Sie lebte, wie sie sagte, »mit der Stoppuhr in der Hand«, um ihr selbst auferlegtes Pensum zu bewältigen. Aber jetzt nicht. Dazu war es im Wagen zu finster.

Der Abend so dunkel, der Fahrer so konzentriert, die Fahrt noch so lang – das erinnerte Ilsa an ihr Gespräch mit Herrn Schmid im Auto. Längst schon hatte sie Frau Selbert die gleiche Frage stellen wollen wie Herrn Schmid an dem eisigen Morgen, an dem die Eisschollen auf dem Rhein trieben. Seitdem sie Frau Bergers Unterarm gesehen hatte, seitdem sie den Abend auf deren Zimmer verbracht hatte, seitdem diese ihr von der Hitze, dem Gestank, dem Durst, der Asche erzählt hatte – seitdem erschien ihr die Frage noch dringlicher. Aber war dies ein guter Moment? Ilsa dachte an die Eröffnungssitzung des Rates im September. Damals hatte Herr Martin auf die Abgeordneten gedeutet. »Alles Verräter. Bis vor Kurzem«, hatte er gesagt und damit Adenauer, Schmid, Selbert und die anderen Ratsmitglieder gemeint. Sie musste es einfach wissen. Ilsa fasste sich ein Herz. »Darf ich Sie etwas fragen?«

»Sicher.«

Frau Selberts Stimme klang freundlich in der Dunkelheit. Trotzdem verhaspelte Ilsa sich. »Sie – und Herr Schmid – und die meisten anderen im Rat – Sie haben nicht mitgemacht während der dunklen Jahre ...«

Während der dunklen Jahre! Jetzt gebrauchte sie schon die gleichen Euphemismen wie so viele ihrer Mitbürger.

»Sie haben nicht mitgemacht – Sie haben sich nicht hineinziehen lassen …«

Für eine kurze Weile herrschte eine beängstigende Ruhe. Doch da hörte sie Frau Selberts Stimme. Nachdenklich.

»Sich nicht hineinziehen lassen. Nicht mitgemacht. War das so? War das überhaupt möglich?« Frau Selbert hielt inne.

»Herrn Schmid erwähnen Sie. Er war fast den ganzen Krieg über in Lille, in Nordfrankreich, wussten Sie das? Zahllosen Franzosen hat er dort geholfen. Er hat viel Böses vereitelt. Hat sich mit Schmugglern zusammengetan, um Kühe über die belgische Grenze zu bringen. Er wollte die Kinder rund um Lille mit Milch versorgen. Mit hunderttausend Litern süßer weißer Milch. Hat er auch geschafft. Er hat Geiselerschießungen verhindert, er hat mit allen Tricks dafür gesorgt, dass junge Franzosen nicht zur Zwangsarbeit nach Deutschland mussten. In einem Kloster in Nordfrankreich gibt es einen Mönch, der Herrn Schmid jeden Tag in seine Gebete einschließt, weil er ihn als ganz jungen Mann vor der Hinrichtung bewahrt hat.«

Frau Selbert hustete. Ilsa drehte die Thermoskanne auf, die sie in der Hand gehalten hatte, und reichte Frau Selbert vorsichtig den letzten Rest Tee, den sie dabeihatten.

»Und die ganze Zeit über, auch als er mit Moltke und dem Kreisauer Kreis Kontakt hatte, war er in großer Gefahr. Er war sich sicher, dass die Nazis ihn irgendwann kriegen und hängen würden. Viel hat ja auch nicht gefehlt.«

Auf der Gegenfahrbahn tauchten die Scheinwerfer eines britischen Jeeps auf und verschwanden wieder in der Dunkelheit. Für einen Moment konnte Ilsa Frau Selberts Züge erkennen. Sie wirkte ernst. Dann sprach sie weiter.

»Und doch … Und doch hat Herr Schmid mit den Männern, die Geiseln erschießen und Menschen verschleppen ließen, Türkenblut getrunken. Eine Mischung aus Burgunder und Champagner. Er hat mit ihnen Zigarren geraucht und Skat gespielt und über ihre Anekdoten gelacht. Er konnte es sich nicht leisten, nicht als ein guter Kumpan zu gelten.«

Frau Selbert zog ihre Decke fester um sich.

»Ich glaube, dass wir damals alle Schuld auf uns geladen haben.«

Bevor Ilsa etwas antworten konnte – aber was? Was sollte sie erwidern? –, rief der Fahrer: »Jetzt haben wir es fast geschafft, meine Damen. Da vorn ist die Abfahrt nach Bonn.«

Und wirklich, vor ihnen blitzte eines der blau-weißen Schilder auf, die den Abgeordneten damals, als der Parlamentarische Rat zum ersten Mal zusammengetreten war, den Weg gewiesen hatten.

Für den Rest der Fahrt schwiegen sie und hingen ihren Gedanken nach.

Kapitel 25

In der Mappe lagen etwa drei Dutzend Briefe. Ilsa wollte ihren Augen nicht trauen.

»Mehr nicht? Das sind alle?«

Die Postbeamtin nickte.

»Sind Sie sicher? Haben Sie keinen übersehen?«, fragte sie drängend.

Die Postbeamtin seufzte, aber Ilsa zuliebe schaute sie in allen Postkörben und -säcken noch einmal nach. Dann schüttelte sie den Kopf.

Ilsa hielt die Mappe ganz fest, damit keines der wenigen Kuverts herausrutschen konnte, und verließ das Postamt im Keller der Pädagogischen Akademie. Vorsichtig trug sie die Briefe ins Fraktionszimmer. Auf ihrem Schreibtisch breitete sie die Eingaben aus. Sie stammten alle von Absenderinnen, die Frau Selberts Antrag zur Gleichberechtigung unterstützten. Hier war der Brief der vierzigtausend Metallarbeiterinnen – unterschrieben von der Gewerkschaftssekretärin aus Frankfurt. Sie hatte ihr Versprechen also gehalten. Dort war eine Petition aller weiblichen Abgeordneten des Hessischen Landtages. Und hier war ein Schreiben der Gemeindevertreterinnen Dörnigheims – wo auch immer das lag –, die sich

»im Namen der weiblichen Einwohnerschaft der Gemeinde«
für Frau Selberts Antrag aussprachen. Und zwar »kompromisslos«.

Ilsa legte die Briefe zurück auf den Tisch. Landtagsabgeordnete und Gemeindevertreterinnen – schön und gut. Aber wo war denn der Rest der Bevölkerung? Wo waren die Frauen? Ilsa wusste es nur zu gut: Sie waren sehr, sehr beschäftigt.

All die Reden, die Frau Selbert gehalten hatte! All die Zeitungsartikel und Radioansprachen! Und all die Briefe, die Ilsa getippt und verschickt hatte! Das war nun das Ergebnis: drei Dutzend Eingaben. Sie würden scheitern mit ihrem Antrag. »Männer und Frauen sind gleichberechtigt.« Nie würde der Satz stolz und schlicht zwischen den anderen Grundrechten stehen.

Ilsa ließ den Kopf in die Hände sinken.

»Fräulein Klasing – was ist denn mit Ihnen los?«

Ilsa schreckte hoch. Es war Frau Selbert.

Warum musste ausgerechnet sie Frau Selbert die Nachricht ihrer Niederlage überbringen? Wie sollte sie ihr sagen, dass sie gescheitert waren? Aber es half nichts. Ilsa richtete sich auf, blickte Frau Selbert fest in die Augen und wies auf die Briefe.

»Das sind die Eingaben zum Thema Gleichberechtigung«, sagte sie.

Frau Selbert nahm als Erstes den Brief der Gemeindevertreterinnen in die Hand, dann den der hessischen Landtagsabgeordneten.

»Dörnigheim«, sagte sie und klang allen Ernstes erfreut. »Das ist bei Hanau.«

Anscheinend hatte sie Ilsa nicht ganz verstanden.

»Das sind alle Eingaben«, sagte Ilsa deshalb. »Mehr gibt es nicht.«

Frau Selbert schichtete die Briefe fein säuberlich übereinander.

Da brach es aus Ilsa heraus: »Eintausendsiebenhundert Menschen haben sich wegen der Konfessionsschulen an den Rat gewandt! Hunderte haben geschrieben, dass die Flagge schwarz-rot-gold oder sonst wie gestreift sein soll. Nur die Gleichberechtigung, die interessiert niemanden ...«

Frau Selbert legte ihr die Hand auf den Arm.

»Machen Sie sich keine Sorgen«, sagte sie ruhig. »Wir haben eine Fülle von Eingaben –«

»Eine Fülle? Es sind nicht einmal fünfzig. Ein Proteststurm ist das nicht gerade«, unterbrach Ilsa sie.

»Das macht nichts«, erwiderte Frau Selbert beinahe sanft.

Ilsa schaute sie fragend an. Wie konnte Frau Selbert nur so ruhig bleiben?

»Hauptsache, es sieht wie ein Proteststurm aus«, erklärte Frau Selbert. »All die Berichte in den Zeitungen und im Radio haben die Herren im Hauptausschuss aufgeschreckt. Ich glaube nicht, dass sie bei der nächsten Lesung noch einmal mit Nein stimmen. Zumal ich noch eine ganz besondere Zielgruppe für unsere Missionsarbeit ausersehen habe.«

Ilsa konnte sich nicht vorstellen, wen Frau Selbert meinte.

»Es ist eine kleine Gruppe, aber eine einflussreiche: die

Ehefrauen der CDU-Abgeordneten im Rat. Einige meutern bereits jetzt gegen ihre eigenen Männer.«

Frau Selbert hatte einen geradezu spitzbübischen Gesichtsausdruck.

»Heute Abend gibt es einen Empfang, bei dem die Ehefrauen der Abgeordneten dabei sind. Ich werde jede von ihnen persönlich ansprechen. Dann können sie auf ihre Männer einwirken. Sie begleiten mich doch, oder?«

Ilsa strahlte über das ganze Gesicht.

Nervös zupfte sie an ihrem Kragen. War das Kleid nicht doch zu tief ausgeschnitten? Und war es an der Hüfte nicht etwas weit? Sie wandte sich um und sah sich selbst in einem verschnörkelten Spiegel. Blass und verzagt schaute ihr das eigene Gesicht entgegen. Aber das Kleid, das stand ihr gut. Der dunkle Samt passte zu ihrem Haar. Frau Fassbender hatte es aus den Tiefen ihrer Jugend und ihres Kleiderschranks hervorgekramt. Schade, dass sie nicht auch Ilsas Schuhgröße hatte! Die feinen Satinpumps waren Ilsa eindeutig zu klein, schon jetzt schmerzten ihre Zehen. Aber da war nichts zu machen.

Ilsa stellte sich neben eine der großen Flügeltüren, die auf die Terrasse und in den Park der Bad Godesberger Redoute führten. Sie hoffte, dass Frau Selbert bald käme. Allein würde sie sich nie dazu überwinden können, auf die Ehefrauen der Abgeordneten zuzugehen. Um sie her erklang klassische Musik. Gläser klirrten, Abendkleider raschelten. Umgeben von Stuck und Kronleuchtern fühlte sie sich wie die Schneider-

Tochter, die sie war. Und sie fühlte sich wie die Angehörige ihrer Generation, die sie ja auch war: der Generation, die den Überfluss nur aus alten Illustrierten kannte.

Die Damen wirkten prächtig, die Herren würdevoll. Direkt neben Ilsa stand eine Frau in einem fliederfarbenen Kleid. Der Stoff war seidig, fließend, glänzend – doch was war das für ein Geruch? Waren das Mottenkugeln? Verstohlen musterte Ilsa die Dame. Jetzt erst wurde ihr klar, dass deren Kleid vermutlich in den späten 1920er Jahren in Mode gewesen war – so wie ihr eigenes. Und der Mann, der zu der fliederfarbenen Dame gehörte? Er hatte keinen Smoking an, sondern einen Vorkriegsanzug, der ihm zu weit war; einen Anzug, den er auch jeden Tag zu den Ausschuss-Sitzungen tragen konnte. Was er vermutlich auch tat.

Als Ilsa nun erneut die Festgäste betrachtete, sah sie nicht mehr eine Gesellschaft glamouröser Frauen und Männer, sondern eine Ansammlung von Menschen, die ebenso von der Geschichte in die Mangel genommen worden waren wie sie selbst.

Sie entspannte sich ein wenig. Da trat Frau Selbert durch die Flügeltür.

»Fräulein Klasing! Haben Sie schon gewartet?« Und etwas leiser: »Schön, dass Sie Ihren Paul unterbringen konnten.«

Frau Selbert stellte sich neben Ilsa.

Die Männer im Raum kannte Ilsa fast alle vom Sehen – die Abgeordneten natürlich, aber sie wusste auch die Namen der meisten Verbindungsoffiziere und hohen Verwaltungsbeamten. Von den Frauen im Raum kannte sie nur vier: Frau

Selbert, Frau Nadig, Frau Weber und Frau Wessel. Die weiblichen Mitglieder des Rates. Die übrigen Frauen, die Ehefrauen, hatte sie noch nie getroffen. Frau Selbert legte ihr kurz die Hand auf den Arm. »Los geht's.«

Und los ging's. Als Erstes sprach Frau Selbert eine Dame in Rot an. Es war die Ehefrau von Walter Strauß von der CDU. Ob sie eine gute Anreise gehabt habe. Das hatte sie. Wie es ihr in Bonn gefalle. Ausgezeichnet natürlich. Ob sie schon das Beethovenhaus besichtigt habe. Noch nicht, aber gewiss morgen. Nach kurzem Geplänkel kam Frau Selbert rasch zum Punkt: Sie erzählte von dem Antrag der SPD zum Thema Gleichberechtigung und davon, dass er im Hauptausschuss abgelehnt worden war und nun erneut darüber abgestimmt werden sollte. Die Dame sah Frau Selbert an.

»Ich bin davon ausgegangen, dass der Grundsatz der Gleichberechtigung meinem Mann längst in Fleisch und Blut übergegangen ist«, sagte sie und schaute zu Herrn Strauß herüber, der ein paar Schritte entfernt in ein Gespräch vertieft stand. Dann blickte sie Frau Selbert fest an. »Ich spreche meinen Mann auf die Sache an. Sie können sich darauf verlassen.«

Nach dem gleichen Muster verwickelte Frau Selbert eine Dame nach der anderen ins Gespräch. Manche von ihnen hatten Zweifel.

»Wissen Sie«, sagte eine von ihnen vertraulich zu Frau Selbert. »Frauen und Männer sind doch einfach nicht gleich. Von Natur aus nicht …«

Aber Frau Selbert schüttelte vehement den Kopf. »Es ist ein Irrtum, bei der Gleichberechtigung von der Gleichheit auszugehen. Die Gleichberechtigung baut auf der Gleichwertigkeit auf.«

Ein schöner Satz! Ilsa nahm sich vor, ihn bei Gelegenheit selbst einmal anzubringen. Und die Dame – Ilsa wusste nicht, welcher der Männer zu ihr gehörte – sah auch nachdenklich aus. Dann nickte sie. »Da ist was dran. Ich werde mit meinem Mann darüber reden«, versprach sie.

Da erblickte Frau Selbert eine Frau am Ende des Saals. »Das ist Frau von Mangoldt«, erklärte sie Ilsa. »Auch eine Rechtsanwältin! Entschuldigen Sie mich einen Moment.«

Mit diesen Worten bahnte sich Frau Selbert einen Weg durch die Menge. Ilsa blieb unter dem funkelnden Kronleuchter stehen. Was nun? Sollte sie die Frauen allein ansprechen? Zögernd ging sie auf eine ältere Dame mit kunstvoll hochgesteckten Haaren und Perlenkette zu. Noch bevor Ilsa etwas sagen konnte, lächelte ihr die Dame zu: »Ist nicht nötig, mich zu überzeugen. Ich bin schon auf Ihrer Seite.«

»Woher wussten Sie –?«

»Ich habe Sie mit Frau Selbert durch den Saal gehen sehen. Sie können mir glauben: Mein Mann wird in Ihrem Sinne abstimmen.«

Die Dame streckte Ilsa die Hand hin. »Elly Heuss-Knapp ist übrigens mein Name.«

Doch schon tippte ihr Mann Frau Heuss-Knapp auf den Arm, um sie jemandem vorzustellen, und Frau Heuss-Knapp verschwand in einem Menschenknäuel.

Ilsa war wieder allein. Eine Frau in einem hellgrünen Kleid stand in ihrer Nähe. Ilsa fasste sich ein Herz und ging zu ihr hinüber. Ihre Absätze schienen furchtbar laut auf dem Parkett zu klacken. Aber sie sprach die Dame an, und nach wenigen Sätzen erzählte sie ihr, dass sie für den Parlamentarischen Rat arbeitete.

»Ach!« Die Frau schaute sie mitfühlend an. »Es ist jammervoll, wenn Frauen berufstätig sein müssen und ihre natürliche Berufung als Mutter nicht finden. Aber –«, sie lächelte Ilsa ermutigend zu, »Sie sind ja noch jung. Sie können bestimmt noch eine Familie gründen.«

Ilsa schien es nicht ratsam, ihre Berufstätigkeit und ihren Familienstand mit der Frau zu erörtern. Stattdessen erklärte sie ihr, wie sie es eben bei Frau Selbert mit angehört hatte, warum im Grundgesetz die Gleichberechtigung festgeschrieben werden müsse. »Es ist ein Irrtum, bei der Gleichberechtigung von der Gleichheit auszugehen. Die Gleichberechtigung baut auf der Gleichwertigkeit auf«, sagte sie schließlich. Das musste ihre Gesprächspartnerin doch überzeugen!

Aber die Dame lachte nur glockenhell. »Um ehrlich zu sein: Politik interessiert mich nicht. Das ist doch ein schmutziges Geschäft.«

Ilsa war versucht, sich unter einem Vorwand zurückzuziehen. Doch halt. Frau Selbert brauchte jede Stimme. Und wer konnte wissen, ob der Ehemann der Dame in Hellgrün nicht das Zünglein an der Waage im Hauptausschuss war? Also lächelte sie süß und sagte: »Aber nein, wie könnte denn Politik ein schmutziges Geschäft sein! Ihr Mann ist doch so redlich und ehrlich« – Ilsa hoffte im Stillen, dass das stimmte –, »er würde sich doch nicht einem

Beruf widmen, der seine Zeit und seine Mühen nicht wert ist.«

Die Frau schaute Ilsa nachdenklich an. »Das ist wahr.«

Ilsa hatte Feuer gefangen.

»Und Ihr Mann braucht doch Sie für seine wichtige Arbeit! Sie halten ihm den Rücken frei, ohne Sie käme er gar nicht zurecht. Ist es nicht so?«

»Nun, das stimmt natürlich –«

»Ohne Sie wäre er hilflos.«

»Das ist wahr – er kann nicht einmal Kartoffeln kochen«, vertraute die Dame Ilsa an. »Auch keinen Tee.«

Ilsa bemühte sich, zum Ausgangspunkt ihres Gesprächs zurückzukehren.

»Ihre Aufgaben sind so wichtig wie seine. Und da sollen Sie nicht gleichberechtigt sein? Sie mit all Ihrem Wissen und Können?«

»Vielleicht sollte ich das.« Die Dame gab Ilsa die Hand. »Es war schön, mit Ihnen zu plaudern, Fräulein –, Fräulein –«

Sie verschwand in der Menge.

Ob sie der Sache der Frauen mit dieser Unterhaltung einen Dienst erwiesen hatte? Ilsa war sich da nicht so sicher. Sollte sie noch jemanden ansprechen? Besser erst einmal den Kopf frei bekommen. Besser einen Augenblick auf die Terrasse gehen. Ilsa holte ihren Mantel – wie schäbig wirkte er über dem feinen Kleid! – und trat hinaus ins Freie. Durch die großen Flügeltüren fiel Licht auf den Rasen, und aus der Dunkelheit blitzten weiße Punkte hervor. Schneeglöckchen. Die Tür schloss sich hinter Ilsa, und die Musik und das

Stimmengewirr und das glockenhelle Lachen der Dame im hellgrünen Kleid waren nur noch gedämpft zu hören. Die Winterluft war eisig. Ilsa schlug den Kragen ihres Mantels hoch und streifte ihre Handschuhe über. Da sah sie in der Dunkelheit eine Zigarette aufglimmen und roch den Rauch einer Chesterfield. Sie wich zurück in Richtung Tür.

»Fräulein Klasing? Sind Sie das? Ich wollte Sie nicht erschrecken.«

Herr Martin trat ins Licht.

Ilsa fühlte ein Kribbeln im Bauch. Ein Prickeln im Nacken.

Herr Martin reichte ihr die Hand. Sie bereute es, eben noch die Handschuhe angezogen zu haben, und wunderte sich im gleichen Augenblick darüber. Was war eigentlich mit ihr los?

»Hatten Sie einen erfolgreichen Abend?«

Herr Martin stützte sich auf das Geländer, und sie lehnte sich neben ihn und schaute durch die großen Flügeltüren in den Saal: auf die fliederfarbenen, mintgrünen und pastellgelben Kleider der Damen, auf die ernsten Herren und die beflissenen Kellner.

»Ich weiß es nicht – es wird sich zeigen.«

Dann hielt sie inne. »Aber woher wissen Sie denn davon?«

Herr Martin lächelte. »Ich habe Ihr Gespräch mit Frau Heuss-Knapp mitbekommen.«

Ach! Er war Ilsa gar nicht aufgefallen im Gewühl. Ein bisschen stolz war sie schon, dass Herr Martin sie bei ihrer wichtigen Arbeit beobachtet hatte.

»Wissen Sie, wie Frau Heuss-Knapp ihre Familie über

Wasser gehalten hat, als ihr Mann Berufsverbot hatte?«, fragte Herr Martin.

Ilsa schüttelte den Kopf.

»Sie hat sich kurze Verse und Melodien ausgedacht. Radiowerbung. Revolutionär.« Er summte vor sich hin: »Ni-ve-a.«

Er war wirklich ein unerschöpflicher Quell des Wissens. Aber singen konnte er nicht.

Frau Selbert streckte den Kopf durch die Tür. »Kommen Sie rein, Fräulein Klasing? Wir müssen den Kampf mit den Gewalten wieder aufnehmen.«

Ilsa folgte ihr ins Warme. An der Schwelle drehte sie sich noch einmal zu Herrn Martin um. Warum bloß spürte sie ein leises Bedauern, als sie ihn allein da draußen stehen sah? Resolut schloss sie die Tür hinter sich.

Kapitel 26

Und dann war der große Tag gekommen. Als der Hauptausschuss in zweiter Lesung über Frau Selberts Antrag beriet, stand Ilsa ganz hinten. Mit elf zu neun Stimmen hatte der Ausschuss Frau Selberts Satz »Männer und Frauen sind gleichberechtigt« im Dezember abgelehnt. Wie würden sich die Abgeordneten jetzt entscheiden? Der Stenoblock, den Ilsa in ihren schweißnassen Händen hielt, war feucht und zerknittert. Ihre Knöchel traten weiß hervor, so fest hielt sie ihn. Sie zitterte vor Aufregung. Und das hier – in diesem kargen Klassenzimmer voller Paragraphen und juristischer Fachbegriffe und abgewetzter Anzüge.

Und wie musste es erst Frau Selbert gehen, wenn sie schon Herzrasen hatte! Aber Frau Selbert hielt sich gerade wie immer und blickte konzentriert nach vorn zu Carlo Schmid, der den Ausschuss leitete. Neben ihm saß ein Stenograph, den Ilsa nicht kannte, der aber nach dem plötzlichen Verschwinden von Herrn Stratmann ziemlich hektisch und überarbeitet wirkte. Herrn Stratmann selbst hatte Ilsa nicht wieder gesehen. Sie wusste nicht, wo er steckte.

Ilsa ließ den Blick über die Anwesenden schweifen. Gerade hatte Walter Strauß das Wort.

»Ich glaube, dass ich für die überwiegende Anzahl aller deutschen Männer und insbesondere aller deutschen Ehemänner spreche, wenn ich sage, dass der Grundsatz der Gleichberechtigung von Mann und Frau uns zumindest seit 1918 bereits so in Fleisch und Blut übergegangen ist, dass uns die Debatte etwas überrascht hat.«

Ilsa lächelte. Aber ganz entspannen konnte sie sich noch nicht, auch dann nicht, als Theodor Heuss von der FDP von einem »Quasi-Stürmlein« sprach: »Unser Sinn war von Anfang an so, wie sich die aufgeregten Leute draußen das gewünscht haben.«

Als Carlo Schmid die Abgeordneten abstimmen ließ, hielt Ilsa unwillkürlich den Atem an. Sie blickte nach vorn.

Alle Hände gingen nach oben.

Der Gleichberechtigungsartikel war angenommen worden. Einstimmig.

Ilsa schaute hinab auf ihren zerknickten Stenoblock. Langsam atmete sie aus, die Anspannung wich. Hatte es je Widerstand gegen Frau Selberts Antrag gegeben? Niemand schien sich daran erinnern zu können. Alle waren immer schon für die Gleichberechtigung gewesen.

Frau Selbert hatte es geschafft – und sie mit ihr. Die Dinge würden sich nicht sofort ändern. Aber schon sehr bald! Der erste Bundestag würde das BGB reformieren *müssen*. Und dann – in vier oder fünf Jahren – würde die Gleichberechtigung Realität sein. Etwas anderes war nach diesem Triumph nicht denkbar. Ilsa strahlte einen Referenten an, der zufällig neben ihr stand und der verständnislos zurücklächelte.

Erstmals im Leben hatte Ilsa das Gefühl, Geschichte nicht nur ertragen, nicht nur widerwillig daran teilgehabt zu haben; erstmals hatte sie Geschichte mitgestaltet. Zum Besseren! In ihrem Kopf spielte ein ganzes Orchester auf, ein komplettes Sinfonieorchester, Violinen, Bratschen, Celli inklusive. Natürlich Beethoven, in dieser Stadt war es immer Beethoven.

Nach der Sitzung hätte Ilsa Frau Selbert gern gratuliert, doch diese war nun umringt von Leuten, die immer schon ihrer Meinung gewesen waren. »Das ist eine Sternstunde meines Lebens«, hörte Ilsa sie zu einem Journalisten sagen. »Das war der Höhepunkt meiner Tätigkeit in Politik und Beruf.« Ilsa ging an dem Menschenknäuel vorbei; es wäre allzu unpassend gewesen, sich an all den wichtigen Leuten vorbeizudrängen.

Aber später am Tag trat Frau Selbert ins Fraktionszimmer und steuerte direkt auf Ilsas Schreibtisch zu. In der Hand hielt sie das Manuskript einer Ansprache, die sie am folgenden Tag im Radio halten wollte. Frau Selbert reichte Ilsa den Text über den Schreibtisch. Ihr elegantes Jäckchenkleid schimmerte silbergrau, und ihre blauen Augen funkelten. »Wir haben gesiegt«, sagte sie zu Ilsa. »Wir hatten einen Zipfel der Macht in der Hand –«

»… und haben ihn ausgenutzt in aller Tiefe, in aller Weite«, ergänzte Ilsa. Sie stand auf und lächelte. »Ohne Sie wäre der Artikel nie verabschiedet worden.«

Frau Selbert schaute Ilsa an: »Ich bin Juristin und unpathetisch und zu frauenrechtlerischen Dingen gar nicht geeignet – aber die Männer werden unsere Kämpfe nicht für uns ausfechten. Deshalb müssen wir Frauen hinein in die Organisationen, hinein in die Parlamente. Dort müssen wir durchsetzen, was uns zusteht. Und diesmal war ich es eben, die den Kampf aufgenommen hat.« Sie nahm einen Stift von Ilsas Schreibtisch und unterstrich dick einen Satz in ihrem Manuskript: »Das Werk ihrer Befreiung muss in erster Linie das Werk der Frauen selbst sein.«

Dann drückte sie Ilsas Hand und verließ den Raum. Ilsa tippte die Rede ab – den markierten Satz hämmerte sie mit so viel Schwung in die Schreibmaschine, dass ihre Kollegin aufsah. »Das Werk ihrer Befreiung muss in erster Linie das Werk der Frauen selbst sein«, sagte sich Ilsa, als sie ihren Mantel überzog. Sie blickte auf die Uhr. Paul war gut aufgehoben bei Frau Berger, und sie wusste genau, was sie zu tun hatte. Sie war von einem ungekannten Hochgefühl erfüllt, und es schien der Satz selbst zu sein, der sie zu einem kleinen, unauffälligen Büro in der Innenstadt trieb, in dem sie um ein kleines, unauffälliges Formular bat. Ganz oben stand: »Beitrittserklärung Sozialdemokratische Partei Deutschlands«. Das füllte sie aus und reichte es einem Mann mit SPD-Anstecker.

Während der Mann das Formular abstempelte, beteuerte er, wie gut der Ortsverband Ilsa gebrauchen könne. »Nur fünfzehn Prozent unserer Mitglieder sind Frauen. Herzlich willkommen, Genossin!« Er schüttelte Ilsa die Hand. »Das Mitgliedsbuch schicken wir dir dann zu.«

Schon war Ilsa wieder draußen. So einfach war das! Bald würde sie ein rotes Parteibuch in den Händen halten: vorne drauf »SPD« in großen Lettern, innen drin ihr Name in kleiner Schrift. Genauso ein Buch, wie ihr Vater es besessen hatte: erst ganz selbstverständlich wie jeder im Bekanntenkreis, später trotzig und schließlich heimlich. Mit diesem Büchlein in der Hand würde sie fortsetzen, was ihre Eltern gewollt und gedacht hatten. Ilsa wandte ihre Schritte der Königstraße zu. Erstmals seit langer Zeit hatte sie das Gefühl, dass ihre Eltern »da oben bei den Engeln und den Spatzen«, wie ihr Vater immer gesagt hatte, stolz auf sie sein könnten.

Zu Hause wartete Charlie auf sie, ein Sektglas in der Hand. »Heute gehen wir feiern«, rief sie Ilsa zu und streckte ihr das Glas entgegen. Ilsa nippte daran. Sie hatte zwar noch nie welchen getrunken, war sich aber sehr sicher, dass dies kein Sekt war. Vielleicht ein Likör von Frau Fassbender, aufgegossen mit Wasser?

»Aber was ist mit Paul?«

»Paule ist versorgt«, erwiderte Charlie. Sie führte Ilsa die Treppe hoch. Die Tür zu Frau Fassbenders Zimmer stand offen. Auf dem Teppich stand Paul, das Gesicht schokoladenverschmiert, eine Federboa um den Hals und einen Jägerhut auf dem Kopf. »Wir spielen Verkleiden«, sagte Frau Fassbender, ebenfalls angetan mit einer Federboa. »Die habe ich 1928 an Silvester getragen.«

»In einem unverbombten Haus gibt's wirklich alles«, sagte Charlie und zog Ilsa weiter, hoch in die Mansarde. »Siehst du, hier ist alles paletti.«

Ilsa gab nach.

In der Weinstube war es voll und laut und schummerig.

»Emma müsste eigentlich schon da sein«, sagte Charlie und blickte sich suchend um. Tatsächlich, an einem Tisch ganz hinten wartete Emma, neben ihr saß Hans und daneben –

»Herr Martin, wie schön, dass Sie es auch geschafft haben«, rief Charlie.

Herr Martin stellte eine Sektflasche auf dem Tisch ab, um Ilsa und Charlie die Hand zu schütteln. Die musste ihn ein Vermögen gekostet haben. Wieder dieses Prickeln im Magen! Dabei hatte sie doch noch gar keinen Sekt getrunken.

»Ich hätte nicht gedacht, dass der neue Gleichberechtigungsartikel für Sie ein Grund zum Feiern ist«, sagte Ilsa vorsichtig. »Ich dachte, Sie fürchten ein Rechtschaos.«

Herr Martin, der nun bemüht war, fünf Gläser zu füllen, ohne den kostbaren Inhalt zu verschütten, drehte sich zu Ilsa. »Jetzt fürchte ich das nicht mehr. Jetzt gibt es ja eine Frist bis 1953. Die Übergangsregelung war eine gute Idee von Frau Selbert. Das macht einen großen Unterschied –«

»Aber Teddy, wir sind doch nicht hergekommen, um über Übergangsregelungen und Fristen zu reden«, rief Hans.

»Das stimmt.« Herr Martin gab ihm recht. »Wir sind hergekommen, um auf das Fräulein Gleichberechtigung anzustoßen.« Er reichte allen Anwesenden ein Glas. Bei ihm klang der Ausdruck nicht spöttisch wie bei Herrn Stratmann. Sondern wie eine Auszeichnung.

»Auf das Fräulein Gleichberechtigung!«, riefen alle.

Ilsa trank einen Schluck. Er perlte auf ihrer Zunge. Das war Sekt, kein Zweifel.

»Vielen Dank«, sagte sie und ließ sich neben Herrn Martin auf eine Bank gleiten. Wieder nippte sie an ihrem Glas. »Ich glaube, so etwas Gutes habe ich seit dem Krieg nicht gekostet.« Sie stellte das Glas ab und schob es ein bisschen von sich weg, damit es bloß nicht zu schnell vorbei war mit dem Genuss. »Dieses Kribbeln …«

»Ja?«, fragte Herr Martin interessiert. »Und was ist mit Ihnen, Fräulein Weber? Was war Ihre beste Mahlzeit nach dem Krieg?«

»Jedenfalls nicht die Molke«, sagte Charlie. »Und nicht die Brennnesseln.«

Mehr schien sie zu dem Thema nicht sagen zu wollen.

»Und für dich, Hans?«

Hans schwieg für einen Moment, dann sagte er: »Das ist ganz einfach. Die beste Mahlzeit für mich war ein gebratenes Huhn. Da habe ich zum ersten Mal, seitdem die Tür meines Elternhauses hinter mir zugefallen war, wieder ein richtiges Haus betreten. Und zwar das Haus der englischen Familie, für die ich gearbeitet habe. Der Hausherr hat das Huhn tranchiert und mir das erste Stück gegeben.« Hans räusperte sich. »Ich habe darüber einen Leserbrief an die ›Times‹ geschrieben.«

»Auf Englisch? Sehr gut«, sagte sein ehemaliger Nachhilfelehrer beifällig.

»Sie haben es sogar gedruckt. Die Familie hat die Zeitungsseite im Wohnzimmer aufgehängt.«

Emma nahm unter dem Tisch Hans' Hand.

»Und was ist mit dir, Teddy?«, fragte Hans.

Herr Martin antwortete sofort: »Meine beste Mahlzeit

waren ein Kaffee im Knusperhäuschen und eine Apfelsine vom Markt.«

Dann schenkte er den restlichen Sekt, der noch in der Flasche war, komplett Ilsa ein.

Ilsa ertappte sich bei dem Gedanken, dass sie nur allzu gern Herrn Martins Hand nehmen würde, so wie sie das gerade bei Emma und Hans beobachtet hatte. Aber das war unmöglich; sie waren viel zu verschieden. Sie hatte schon einmal erlebt, wo das endete. Um sich selbst abzulenken und um das Gespräch auf unverfängliches Terrain zu bringen, erzählte sie von dem Frisiersalon, den ein Russlandheimkehrer im Parlamentarischen Rat aufgemacht hatte – »auf dem Weg zwischen Haupteingang und Restaurant. Jetzt hat er sein Sortiment erweitert um Kosmetika. Kleine Geschenke für die zu Hause wartende Ehefrau.«

»Eine Frisierstube!«, wiederholte Herr Martin. »Der Friseur geht also fest davon aus, dass der neue Bundestag in die Pädagogische Akademie einzieht. Und dass Bonn Hauptstadt wird.«

»Herr Adenauer geht auch fest davon aus«, sagte Charlie. »Er sagt, das schönste Geräusch bei dem ganzen Betrieb hier ist das Hämmern und Klopfen am Neubau des Plenarsaals.«

Hans hob sein Glas. »Na dann: auf die neue Hauptstadt!«

»Auf die neue Hauptstadt!«, antworteten alle, nur Charlie nicht.

Als Hans aufstand, um eine Flasche billigen Wein an der Theke zu bestellen, rutschte Charlie neben Herrn Martin. Sie zog eine hellgrüne Mappe aus ihrer Tasche, mit Paketschnur umwickelt, um die vielen Papiere zu halten, die darin lagen.

»Würden Sie mir den Gefallen tun, das zu lesen?«, fragte Charlie.

»Aber ja!«, rief Herr Martin. »Gerne! Was ist es? Zeitungsartikel sind es nicht, oder?«

»Es ist ein Kriminalroman«, sagte Charlie untypisch verlegen. »Es geht um eine alleinstehende Frau, die ein Verbrechen aufdeckt.«

»Ach so«, Herr Martin nickte, »wie Miss Marple.«

Charlie schüttelte den Kopf. »Die Geschichte spielt im Nachkriegsdeutschland. Die Heldin ist eine arbeitslose Sekretärin. Sie geht die Heiratsannoncen durch und stößt auf eine Anzeige, in der ein ›strebsamer Metzgermeister‹ eine Ehefrau sucht. Die Annonce ist in jeder Zeitung. Immer mit einem kleinen Tippfehler. Kommunizieren auf diese Weise vielleicht Verbrecher miteinander? Die Sekretärin möchte das unbedingt herausfinden. Deshalb –«

Charlie machte eine Kunstpause. »Deshalb antwortet sie auf die Anzeige.«

»Und – was sind es für Verbrecher? Untergetauchte Nazis? Schieber?«

Charlie lächelte. »Das verrate ich nicht.«

»Wie soll das Buch denn heißen?«, fragte Herr Martin und verstaute die grüne Mappe sorgfältig in seiner Tasche, die am Tischbein gelehnt hatte.

Charlie runzelte die Stirn. »Ich bin mir noch nicht sicher. Vielleicht ›Strebsamer Metzger gesucht‹.«

Herr Martin lachte auf. »Ich kann es kaum erwarten.«

Ilsa betrachtete Herrn Martin. Er war so hilfsbereit. Es war, als könnte man ihm keine größere Freude machen, als ihn um einen Gefallen zu bitten. Dann schaute sie auf Charlie. Wie merkwürdig! Wochenlang, monatelang hatte Charlie an diesem Manuskript gesessen und kein Wort gesagt. Wie wenig man von anderen Menschen wusste, selbst von denen, mit denen man ein Zimmer teilte.

Das Gleiche bei Emma! Die reckte gerade den Kopf und blickte immer wieder unruhig zur Theke. Als Hans endlich auftauchte, die Weinflasche in der Hand, leuchtete Emmas Gesicht auf. Wie hatte sie Emmas Verliebtheit eigentlich übersehen können? Sie war so beschäftigt gewesen mit Paul und mit Frau Selbert, sie hatte sich gar nicht gefragt, warum Emma so viele Abende außer Haus verbrachte.

Und doch – obwohl sie von ihren Tischgenossen so vieles nicht wusste und diese so vieles nicht von ihr, schien es ihr, als gäbe es im ganzen Lokal keine harmonischere Runde als die ihre. Die Konversation, so kam es ihr vor, bitzelte und schäumte.

Ilsa schaute Emma und Charlie, Hans und Herrn Martin an. Sie nannte alle an diesem Tisch beim Vornamen – nur Herrn Martin nicht. Ausgerechnet ihn. Das kam ihr auf einmal grundverkehrt vor.

»Wollen wir einander nicht duzen?«, schlug sie, einem plötzlichen Impuls folgend, vor und hob ihr Glas.

Herr Martin richtete seine Krawatte. »Sehr gern«, sagte er, »Ilsa.« Aus seinem Mund klang ihr Name besonders und schön. »Ich heiße Theodor.«

Ilsa prustete ihren Wein aus. Das hatte sie ganz vergessen.

»Sie können mich Teddy nennen.« Er gab ihr sein Taschentuch, damit sie den Wein aufwischen konnte. »Zum Glück war das nicht das Beste, das Sie seit dem Krieg gekostet haben.«

Beide lachten so laut, dass sich die Leute am Nebentisch umdrehten.

Ilsa erinnerte sich an den Abend, als Herr Martin – nein, Teddy – zum ersten Mal vor ihrer Tür gestanden hatte. Damals hatte sie sich nicht vorstellen können, ihn je so anzureden. Das war jetzt anders.

Je später es wurde, desto mehr war das Lokal erfüllt von Zigarettenqualm und Geplauder und Geschäker und schließlich auch von Tanzmusik. Die Leute am Nebentisch tanzten auf dem Tisch. Charlie schob ihren Stuhl an den Rand und winkte ab, als Teddy sie auffordern wollte. »Vielen Dank, ich tanze nicht«, sagte sie. Sie schenkte sich Wein nach und sah scheinbar gleichmütig zu, wie Hans und Emma und Teddy und Ilsa einander umherwirbelten.

Ilsa fühlte sich hochgestimmt und lebendig. Vielleicht war sie berauscht von ihrem Erfolg am Mittag, vielleicht auch vom teuren Sekt und vom billigen Wein. Oder war es Emmas und Hans' geradezu ansteckende Verliebtheit? Oder Teddys Gegenwart? Sie vermochte es nicht zu sagen.

Als der Wirt schließlich das Licht an- und die Musik ausmachte, spürte Ilsa einen Stich.

Charlie stand wackelig auf und konnte nur mit Mühe ihren Mantel zuknöpfen. »Genug mit den Fisimatenten«, sagte sie.

Teddy blickte sie konsterniert an. »Fräulein Weber, Sie berlinern ja!«

»Was haben Sie denn gedacht, wo ich herkomme? Königswinter?«, antwortete Charlie, tatsächlich beschwipst genug, um ein wenig großstädtischen Dünkel an den Tag zu legen.

Ilsa war perplex. Sie schien wirklich überhaupt nichts zu wissen von ihren Freundinnen. Berlin? Davon hatte Charlie nie eine Silbe erwähnt. Oder hatte Ilsa einfach nie aufmerksam zugehört? Sie erinnerte sich an ein Gespräch über die Luftbrücke, bei dem Charlie sehr betroffen gewesen war über die Berliner, die bei Trockenkartoffeln vor ihren stummen Radios saßen.

Sie legte Charlie die Hand auf den Arm, aber Charlie schüttelte den Kopf. »Wir reden später darüber«, sagte sie und hakte sich bei Emma ein. »Jetzt geht es nach Hause.«

Kapitel 27

Die Nacht war kalt nach der stickigen Luft im Lokal. Ilsa wand sich den Schal um den Hals und hatte nichts dagegen, Teddys Handschuhe anzuziehen. Sie hatte auch nichts dagegen, seinen Arm zu nehmen.

Trotz der eisigen Temperaturen gingen sie langsam, man konnte es beinahe schlendern nennen, und bald hatten Hans und die anderen einen großen Vorsprung. Als sie in die Poppelsdorfer Allee einbogen, war von den anderen nichts mehr zu sehen. Ilsa und Teddy schwiegen. Ilsa erinnerte sich, wie sie damals, im Sommer, hier entlanggelaufen war, den Zettel mit Frau Fassbenders Adresse in der Hand. Wie sehr hatte sich seitdem alles verändert! Sie war so vertieft in ihre Gedanken, dass ihr Teddys Schweigen gar nicht auffiel. Doch als sie an eine Straßenlaterne kamen, blieb er plötzlich stehen. In dem gelblichen Licht sah er Ilsa an. »Ich habe den ganzen Heimweg mit mir gerungen, nein, eigentlich habe ich seit vielen Wochen mit mir gerungen – bestimmt ahnst du schon seit Langem, wie es um mich steht –«

Ilsa starrte ihn an. Er hatte seit Wochen mit sich gerungen. Und er glaubte, dass sie das seit Langem geahnt hatte! Hatte sie das – insgeheim?

»Fräulein Klasing, Ilsa, ich möchte dir weder meinen Namen noch meinen Wohnort aufdrängen – ich will auch nicht dein Vermögen verwalten oder deinen Arbeitsplatz kündigen – aber dennoch würde ich gern –«

Teddy, der eloquente Teddy – ausgerechnet in diesem Moment fand er keine Worte. Aber das machte nichts. Denn sein Gesichtsausdruck war so innig, wie Ilsa dort noch nie einen gesehen hatte. Er fuhr mit den Händen über ihr Haar und küsste sie, sehr vorsichtig, auf die Lippen. Seine Wangen waren kratzig – immerhin war es so spät, dass es beinahe Zeit zum Rasieren war. Seine Wangen waren auch kalt, genauso wie seine Nase, seine Hände. Aber seine Lippen, die waren überhaupt nicht kalt. Zunächst küsste Teddy sie zögerlich. Dann überhaupt nicht mehr zögerlich. Ilsa zog an Teddys Kragen, zog ihn näher zu sich heran. Sie bedauerte, dass so viele Wollschichten zwischen ihnen lagen; sie hätte Teddy gern noch viel näher bei sich gehabt. Sie hätte ihn gern bei sich zu Hause gehabt. Doch dort war ja Paul! Jäh fiel es ihr wieder ein: Teddy wusste ja gar nichts von Paul!

Sie riss sich los und machte mehrere Schritte zurück, um Abstand zwischen sich und Teddy zu bringen.

Teddy hob die Hände. »Entschuldige, ich habe dich überrumpelt – ich wollte dich nicht überfallen –«

Im schwachen Laternenlicht sahen seine Augen schwarz aus. Ilsa wusste schon seit vielen Monaten, eigentlich seit ihrer Begegnung damals im Café Müller, dass er nicht der schulmeisterliche junge Mann war, für den sie ihn am Anfang ihrer Bekanntschaft gehalten hatte. Oder nein, das war er, aber er war viel mehr als das. Nach dem Erlebnis mit Herrn Stratmann hätte sie niemanden lieber umrennen wollen als ausgerechnet Teddy. Mit niemandem hätte sie lieber eine Apfelsine vor der Stiftsschule geteilt.

Deshalb hätte sie gerne genau dort weitergemacht, wo sie gerade aufgehört hatten. Aber das ging nicht. Denn er wusste nichts von Paul. Und sie konnte ihm nichts von ihm sagen. Sie könnte es nicht ertragen, Teddy von ihrem wunderbaren, entzückenden Paul zu erzählen und dann dabei zuzusehen, wie sich Entsetzen in seinem Gesicht breitmachte. Sie würde nicht noch einmal die gefallene Frau sein, vor der ein Mann die Flucht ergriff. Aber, sagte eine leise Stimme in ihrem Kopf, Teddy war doch ganz anders als Rob, Teddy würde sie und Paul nicht alleinlassen. Oder doch? Sie erinnerte sich an seine Worte im »La Roche«: leichtfertig, gestrauchelt. »Gewissheit gibt es in diesen Fällen nie.«

Ilsa trat noch einen Schritt zurück. Teddy würde sie und Paul nicht akzeptieren. Es war besser, ihn abzuweisen, als von ihm abgewiesen zu werden. Deshalb sagte sie: »Teddy, es tut mir leid –«

Mehr musste sie gar nicht sagen.

»Habe ich dich missverstanden?«, fragte Teddy. »Ich dachte, du empfändest ähnlich – brauchst du mehr Zeit? Ich kann warten, weißt du.«

Ilsa schüttelte den Kopf.

»Es tut mir leid, aber es geht nicht. Es gibt da jemanden –«

Plötzlich veränderte sich Teddys Gesicht. Es sah fahl aus, und das nicht nur wegen des Laternenlichts.

»Es liegt an Herrn Stratmann. Du mochtest ihn, du trauerst ihm hinterher, nicht wahr?«

»Aber nein, natürlich nicht. Niemals«, erwiderte Ilsa. Aber weil sie ihm nicht sagen konnte, wen es da gab, wer da zwischen ihnen stand, glaubte Teddy ihr nicht.

»Ich bringe dich nach Hause«, sagte er, denn natürlich würde er sie nicht allein in der dunklen Allee stehen lassen, auch wenn er gerade einen Korb bekommen hatte. So war er eben.

Ilsa schlich die Treppe hoch. Die Türen von Frau Fassbender und von Frau Berger waren nur angelehnt, die von der Mansarde auch. Wahrscheinlich, damit die beiden Damen Paul hörten, falls er aufwachte. Aber jetzt war sie ja da. Ilsa schloss sachte alle Türen und trat an Pauls Kinderbett. Sie steckte die Decke fest und strich ihm über den Kopf. Er fühlte sich warm an vom Schlaf. Auch Charlie und Emma lagen schon in ihren Betten, aber sie waren noch wach.

»Wo warst du denn, Ilsa?«, wisperte Charlie. »Habt ihr euch verlaufen? Wir sind schon seit Ewigkeiten zurück.«

»Ach, wir haben uns nur noch ein bisschen unterhalten«, sagte Ilsa leichthin, während sie sich das Nachthemd überzog. Aber dann entschied sie sich doch dafür, ihren beiden Freundinnen zu erzählen, was vorgefallen war. Es war Zeit, mit den Geheimnissen aufzuhören. Sie schlang die Bettdecke um sich und setzte sich auf den Sessel, der nur ein paar Schritte von Charlies und Emmas Bett entfernt stand. Es fiel gerade genug Licht durch die Röntgenscheiben, dass sie die beiden schemenhaft erkennen konnte. »Nein, das stimmt nicht«, sagte sie leise. »Wir haben uns nicht nur unterhalten. Sondern −« Und dann berichtete sie von der Liebeserklärung und dem Kuss und davon, wie sie Teddy abgewiesen hatte.

»Aber Ilsa, warum hast du das gemacht?«, rief Emma fassungslos. Sie vergaß, ihre Stimme zu senken, und Paul regte sich in seinem Bett.

»Einen netteren Mann gibt's nicht!«, flüsterte Charlie. »Oder −«

Sie hielt inne. »War der Kuss nicht so besonders?«

Ilsa fuhr mit dem Zeigefinger ihre Lippen entlang.

»Nein, daran lag es nicht«, sagte sie.

»Was war es dann?«, drängte Charlie.

»Der letzte Mann, dem ich von Paul erzählt habe, hat sich so schnell und so weit entfernt, wie er nur konnte. London, Kairo − er könnte sonst wo sein! Und er war immerhin der Vater!«, sagte Ilsa. »Teddy hält nicht viel von unehelichen Kindern und ihren Müttern, das hat er bei anderer Gelegenheit deutlich gesagt. Und ich möchte nicht noch einmal diejenige sein, die stehengelassen wird. Lieber bin *ich* diejenige, die jemanden stehenlässt.«

»Ilsa, ich glaube, du täuschst dich in Herrn Martin«, sagte Emma.

»Ja, du sitzt ja auch mit deinem Hans auf einer rosafarbenen Wolke und denkst, es müsste allen so gehen wie euch.«

»Ilsa, du irrst dich«, setzte auch Charlie wieder an, aber Ilsa unterbrach sie: »Wir kommen doch ganz gut zurecht, Paul und ich! Und da du mich jetzt in Teddys Arme schubsen möchtest – was ist denn eigentlich mit dir? Dann lach du dir doch einen Mann an –«

»Ich bin mit dem Thema durch«, sagte Charlie.

Ilsa verstummte.

»Entschuldige«, murmelte sie schließlich.

Charlie erwiderte nichts.

»Charlie«, fragte Ilsa vorsichtig, »bist du wirklich aus Berlin?«

»Ja.«

»Und«, sagte Ilsa langsam, »warst du beim Kriegsende in Berlin?«

Das Feldbett knarrte. Charlie setzte sich auf. »Ja, war ich.«

Ilsa sagte nichts und wartete ab.

»In Herrn Martins Arme schubsen!«, sagte Charlie schließlich. »Als der erste Russe in unseren Keller kam und an mir gezerrt hat, hat *mich* ein alter Mann in seine Richtung geschubst. ›Jetzt gehen Sie endlich mit‹, hat er gesagt, ›Sie gefährden ja uns alle.‹ Damals habe ich gedacht, wenn ich nur reichlich Wasser hätte! Und richtige Seife! Dann könnte ich alles abwaschen. Aber als dann, nach Wochen, wieder Wasser aus der Leitung kam – da konnte ich trotzdem nicht alles abwaschen.« Charlie hielt inne, und Ilsa stand auf, um sich neben sie auf ihr Bett zu setzen. »Damals habe ich gedacht, kein Mann würde mich mehr anrühren wollen nach dieser Sache. Aber dann habe ich gemerkt, dass *ich* keinen mehr anrühren wollte.«

Ilsa erinnerte sich, wie geschickt Charlie jedem Mann auswich, der ihren Arm nehmen wollte. Wie sie behauptete, nicht gern zu tanzen. Wie der Tapetenfabrikant sie angewidert hatte.

»Ach, Charlie«, sagte Ilsa. Emma setzte sich ebenfalls neben sie, und gemeinsam hörten sie zu, wie Paul tief und gleichmäßig atmete. Nach einer Weile gab Charlie den beiden anderen einen Knuff. »Genug gebeichtet. Jetzt geht's ins Bett.«

Folgsam standen Ilsa und Emma auf und zogen sich in ihre eigenen Betten zurück. Während sie ihr Kissen zurechtschüttelte, hörte Ilsa Charlie sagen: »Du hast ja alles Mögliche gegen Herrn Martin vorgebracht – aber dass du nicht in ihn verliebt bist, das hast du nicht gesagt.«

Ilsa antwortete nicht.

Kapitel 28

Seit Wochen trafen sich Hans und Emma fast jeden Tag. Doch heute war er spät dran, zu spät. Er war auf der Arbeit aufgehalten worden – ihm waren mehrere Töpfe mit Setzlingen aus der Hand geglitten, und es hatte eine Weile gedauert, die Erde wegzukehren und die Strafpredigt des alten Gärtners anzuhören. Aber der Mann hatte ja recht, dachte Hans. Aus den Setzlingen hätte prächtiger Blumenkohl werden können.

Die letzten Schritte durch den Hofgarten rannte er. Er wollte Emma nicht warten lassen. Dort hinten stand sie – vor dem Südwestturm, dem einzigen Teil der Universität, der intakt war. Sie winkte ihm mit beiden Armen zu. Als Hans sie erreicht hatte, nahm sie seine Hand und zog ihn ins Gebäude.

»Schnell, wir schaffen es gerade noch!«

»Was schaffen wir noch?«, fragte Hans, aber sie zerrte ihn schon in den Turm hinein, zwei Treppen hoch bis zu einem kleinen Seminarraum. Emma schob ihn durch die Tür und sagte außer Atem zu einem jungen Mann, der gerade seine Unterlagen auf dem Pult ausbreitete: »Ich hatte uns angekündigt. Wir sind Gasthörer.«

»The more the merrier«, antwortete der Mann und bedeutete ihnen mit einer Handbewegung, sich schnell zu setzen.

»Was machen wir hier?«, tuschelte Hans, als sie in der letzten Reihe Platz genommen hatten.

»Wir besuchen ein Englisch-Seminar«, wisperte Emma zurück.

»Aber du studierst doch gar kein Englisch.«

»Stimmt«, sagte Emma, und dann konnte Hans nicht weiter fragen, weil der junge Mann in die Hände klatschte. »Let's get started«, rief er.

Hans schaute unbehaglich nach vorn. Ganz wie in der Schule hoffte er zunächst, dass ihn niemand aufriefe, aber sehr bald merkte er, dass es hier anders war als in der Schule. Zum Beispiel schob der Dozent seine Unterlagen beiseite und setzte sich auf das Pult. Dann hockte er sich auf die Stuhllehne. Dann nahm er seinen Stuhl und setzte sich mitten unter die Zuhörer. Sie waren auch keine richtigen Zuhörer; sie redeten sogar ziemlich viel, und der junge Mann animierte sie unentwegt dazu. »Interesting question!«, rief er. »What do *you* think about it?«

All das erinnerte Hans nicht an seine Schulzeit, aber bekannt kam es ihm doch vor – aus dem Englischunterricht im Kriegsgefangenenlager. Dort war es im Unterricht ähnlich salopp zugegangen.

Hans blickte sich in dem Raum um. Es gab ein paar Mädchen, aber nur wenige. Die meisten Anwesenden sahen aus wie – nun ja, sie sahen aus wie er. Viele trugen umgefärbte Uniformen, ein paar hatten ihre Sachen in alten Schultornistern. In der Reihe vor ihm saß ein junger Mann, dem ein Arm fehlte; eine Reihe weiter war einer mit einer Augenklappe.

Langsam zog Hans die eigenen Hände, die er gewohnheitsmäßig im Schoß gehalten hatte, unter dem Tisch hervor.

Schließlich hielt der Dozent ein schmales Buch in die Höhe. Es war »Unsere kleine Stadt«. Das hatten Emma und er ja zusammen im Theater gesehen. Hans schaute rasch zu ihr herüber.

Kaum jemand im Raum besaß das Büchlein, aber der Junge neben Hans hatte irgendwo ein Exemplar aufgetrieben und war so freundlich, ihn hereinschauen zu lassen. Es war aufgeschlagen an der Stelle, an der George und Emily im Drugstore einen Strawberry Ice Cream Soda tranken – was auch immer das war. Und dann sagte George:

I'm celebrating because I've got a friend who tells me all the things that ought to be told me.

Hans las den Satz mehrfach, dann stieß er Emma an und deutete auf die Textstelle. Emma wisperte zurück: »Ich weiß nicht, was da steht – ich kann gar kein Englisch.«

Hans reichte den Band zurück an seinen Tischnachbarn. Nach dem Ende der Stunde sprach der Dozent Hans an: »Und – hat es Ihnen gefallen? Are you coming back?«

Hans sah ihn an und sagte mit dem britischsten Akzent, der ihm möglich war: »I certainly am. Thank you.«

Als sie später im Café saßen, hätte Hans Emma gern auf einen Ice Cream Soda eingeladen, aber sie begnügten sich mit Ersatzkaffee.

»Die Anmeldefrist für das Sommersemester läuft übrigens noch«, sagte Emma beiläufig.

Hans rührte in seinem Kaffee. »Warum bist du dir überhaupt so sicher, dass ich das kann?«, fragte er. »Ich bin seit fünf Jahren aus der Schule raus.«

Emma, die Liebesbezeugungen in der Öffentlichkeit gegenüber sonst abgeneigt war, nahm sein Gesicht in beide Hände: »Das habe ich dir doch schon gesagt. Das ist deine zweite Chance.«

Sie ließ ihn wieder los.

»Wie sehr meine Mutter dich dafür lieben wird! Seit meiner Rückkehr drängt sie mich, mich an der Uni einzuschreiben.«

»Sie liebt mich jetzt schon«, antwortete Emma und trank ihren Kaffee aus.

Hans grinste. »Was ist eigentlich aus dem schüchternen Mädchen vom Land geworden, das kaum den Mund aufbekommen hat?«

Emma warf ihm nur einen Blick zu und zog ihren Mantel an. Dann gingen sie zusammen ins Sekretariat in der Joachimstraße, wo Hans ein unscheinbares Formular bekam.

Kapitel 29

In den kommenden Wochen dachte Ilsa viel an Teddy, aber sie sah wenig von ihm. Ob er sie mied? Wahrscheinlich. Wenn sie sich auf dem Gang begegneten, nickten sie einander zu, blieben aber nicht zum Plaudern stehen, wie sie das früher getan hätten. Nur einmal hielt sie ihn an, um ihm die Taschentücher zurückzugeben, die er ihr geliehen hatte. Sie hatte sowohl den Orangensaft als auch den Wein rausgekriegt und sie sehr glatt gebügelt.

»Dann muss ich jetzt zumindest nicht mehr in mein Kissen weinen«, hatte Teddy mit einem schiefen Grinsen gemurmelt, war dann aber gleich weitergegangen.

Langsam wurde es Frühling. Der Karneval kam, und Paul und Ilsa fuhren nach Köln, wo Prinz Theo I. zehn Zentner Bonbons vom Festwagen in die Menschenmenge warf: »Mer sin widder do und dun, wat mer künne!«

Der Karneval ging, von Pauls Kamelle blieb nur das Glanzpapier, und das Strüßje, das Ilsa gefangen hatte, verwelkte in der Vase.

Der Parlamentarische Rat tagte immer noch – viel länger als ursprünglich gedacht. Erst hatten die philosophischen Debatten in den Ausschüssen den Zeitplan durcheinandergeworfen, dann waren es die Einwände der Alliierten, denen das Grundgesetz nicht föderalistisch genug war. Sie drohten, es abzulehnen. Deshalb musste ein Verfassungskompromiss her. Den sollte der Siebenerausschuss ausarbeiten, den Adenauer einberufen hatte.

Ilsa war dabei, ihren Mantel überzustreifen, als Frau Breuer sie anhielt.

»Eine kleine Bitte, Fräulein Klasing – im Roten Salon wird noch getagt. Würden Sie ein paar Minuten länger bleiben, um hinter den Herren aufzuräumen? Morgen früh geht es dort gleich weiter, dann sollten die leeren Gläser und die vollen Aschenbecher dort nicht mehr herumstehen.«

Ilsa nickte. Sie kannte ja Frau Breuers kleine Bitten mittlerweile, aber diese kam ihr doch einigermaßen harmlos vor.

»Ich sage nur rasch meiner Mitbewohnerin Bescheid.«

Sie erwischte Charlie noch auf den Stufen des Museum Koenig, ließ sie schwören, dass sie Paul zeitig ins Bett schicken würde, und rannte zurück in die Pädagogische Akademie.

Ihren Mantel ließ sie an ihrem Arbeitsplatz im SPD-Fraktionszimmer, griff sich im Vorbeigehen ein Tablett und eilte in den zweiten Stock. Kurz vor dem Roten Salon verlangsamte sie ihren Schritt; sachte klopfte sie an die Tür und streckte den Kopf hinein. Aber die Herren tagten noch. Durch die Rauchschwaden konnte sie Carlo Schmid und Theodor Heuss erkennen, auch Adenauer. Im Siebenerausschuss waren alle Parteien außer der KPD vertreten, das wusste sie. Während sie die Tür vorsichtig wieder schloss, hörte sie Carlo Schmids Stimme: »Es ist völlig aussichtslos.

Wir können keiner Verfassung zustimmen, die den Staat funktionsunfähig macht.«

Aussichtslos? So mutlos hatte sie Schmid noch nie sprechen hören. Sie waren doch kurz vor dem Ziel, da würde das Grundgesetz nicht mehr scheitern. Oder doch? Und was wurde dann aus ihrem Gleichberechtigungsparagraphen? Und aus der Gleichberechtigung?

Aber je länger Ilsa mit ihrem Tablett vor dem Salon stand, desto stärker wanderten ihre Gedanken zu Paul. Schon wieder würden Charlie oder Frau Fassbender oder Frau Berger die Decke in dem kleinen Bett von Puppenkönig feststecken. Und nicht sie. Und das alles nur wegen Frau Breuer. Ein paar Minuten! Längst waren die paar Minuten zu einer Stunde geworden, dann zu eineinhalb. Ilsa schaute auf ihre Armbanduhr. Um diese Zeit lag Paul in seinem Bett. Und wenn sie sich noch so beeilte – heute würde sie ihn nicht mehr sehen. Wieder war ein Tag verstrichen, ohne dass sie Zeit mit ihm verbracht hatte. Sie ließ das Tablett sinken. War es wirklich zu viel verlangt, dass die Herren ihre Gläser und Aschenbecher selbst in die Küche trugen? Trotz ihrer aussichtslosen Lage?

Da endlich öffnete sich die Tür. Mit den Abgeordneten drang der Rauch amerikanischer Zigarren in den Flur.

»Guten Abend, Fräulein Klasing.« Herr Schmid nickte ihr zu.

»Aber Sie hätten doch nicht auf uns warten müssen.« Das war Herr Heuss.

Ilsa lächelte unverbindlich. Sie ließ die Mitglieder des

Siebenerausschusses an sich vorbeigehen. »Keine Regierung der Welt könnte mit diesen Beschränkungen arbeiten!«, hörte sie Heuss noch sagen, dann trat sie mit ihrem Tablett in den Salon.

Doch dort war noch jemand. Es war Teddy, der Akten und Papiere zusammenräumte. Er schrak zusammen, als er Ilsa erblickte, und auch Ilsa musste den Impuls unterdrücken, den Raum auf der Stelle wieder zu verlassen. Stattdessen stellte sie ihr Tablett auf dem Tisch ab.

»Was machst du denn hier?«, fragte Ilsa. Und als sie merkte, wie unfreundlich das klang, fügte sie noch hinzu: »Entschuldige, ich hatte nur nicht mit dir gerechnet.«

»Herr Adenauer hat mich hinzugebeten«, erklärte Teddy. »Ich sollte dem Ausschuss Robertsons Positionen erläutern.« Robertson war der britische Militärgouverneur. »Wie geht es dir?«, fragte er steif. Und, als wären sie Fremde: »Hattest du einen schönen Karneval?«

Es versetzte Ilsa einen Stich, ihn so förmlich reden zu hören. Dennoch rang sie sich zu einem Lächeln durch. »Ja, hatte ich. Ich habe ein Sträußje gefangen. Aber mein Karneval war nicht so aufregend wie der von Herrn Schmid.«

Teddy schaute sie fragend an.

»Er ist in einem Düsseldorfer Kabarett in der ›Dreigroschenoper‹ aufgetreten. Mit schwarzem Bärtchen und Ringelpulli. Habe ich gehört.«

Teddy lachte leise. Fast war es so wie früher. Fast.

Er begann, ohne weitere Umstände Gläser auf Ilsas Tablett zu stellen. Ilsa nahm die Aschenbecher. Dabei fiel ihr auf, dass kleine Papierschiffchen in der Asche schwammen. Vorsichtig nahm sie eines hoch und strich die Aschekrümel weg. Es war sorgfältig gefaltet.

»Die sind von Herrn Adenauer«, erklärte Teddy. »Bei langen Besprechungen fertigt er ganze Flotten an.«

Ilsa steckte das Schiffchen vorsichtig in die Rocktasche. Darüber würde Paul sich freuen. Sie selbst war nicht besonders gut im Basteln. Dann durchquerte sie das Zimmer und riss ein Fenster auf, um die Nachtluft hereinzulassen. Sie atmete tief ein. Als sie sich umwandte, sah sie Teddy mit einer Cognac-flasche.

»Ein Fingerbreit ist noch drin«, rief er, nahm zwei frische Gläser und goss den Rest hinein. Die Flüssigkeit bedeckte kaum den Boden des Glases. Ilsa schloss das Fenster und nahm das Glas. Was soll's, sagte sie sich. Paul schlief ja ohnehin schon. Und wie damals im Café Müller, wie damals auf dem Hof der Stiftsschule verspürte sie den Wunsch, noch ein Weilchen in Teddys Gegenwart zu bleiben. Sie ließ sich in einen der Ledersessel sinken. Teddy nahm gegenüber Platz.

»Dass die Herren immer so lange tagen müssen!«, sagte Ilsa, um das Schweigen zu brechen. »Als ob sie kein Zuhause hätten. Zumindest Herr Adenauer hat doch eines in Rhön-dorf.«

Teddy nippte an seinem Cognac.

»Vielleicht möchte er wirklich nicht nach Hause«, sagte er. »Nach dem Tod seiner Frau im vorigen Frühjahr.«

Ilsa blickte ihn an. »Das wusste ich nicht.«

Teddy strich sich die Haare aus der Stirn. »Als sie in Gestapohaft war, hat sie versucht, sich umzubringen. Davon hat sie sich offenbar nie wieder ganz erholt.« Er leerte sein Glas. »Aber Genaues weiß ich nicht.«

Ilsa war betroffen. In diesem Land taten sich hinter jeder Bemerkung Abgründe auf, selbst die harmlosesten Gespräche waren genau das niemals: harmlos.

Sie trank ihren Cognac aus.

»Teddy?«

»Hm?«

»Der Parlamentarische Rat wird nicht scheitern – oder? Die Alliierten werden doch nicht wirklich ihr Veto einlegen?«

Teddy stellte sein Glas zu den anderen auf das Tablett.

»Nein, das glaube ich nicht. Die werden sich schon einigen. Müssen sie ja. Scheitern ist keine Option.«

Er nahm das Tablett und wandte sich in der Tür noch einmal um.

»Gute Nacht, Ilsa.«

Ilsa sah ihm nach. Sie wäre gern noch ein Weilchen in seiner Gegenwart geblieben. Genau wie im Café Müller. Genau wie immer.

Teddy behielt recht. Ein Scheitern schien weder für die Siegermächte noch für die Bonner Abgeordneten infrage zu kommen. Während Ilsa den März und den April über tippte und stenographierte und insgesamt sehr beschäftigt war, verhandelten die Verbindungsoffiziere und die Abgeordneten. Der Rat gab ein bisschen nach, die Alliierten gaben ein bisschen nach; der Zentralstaat wurde etwas schwächer, als sich die Abgeordneten – mit Ausnahme der CSU – das erhofft hatten, und ein wenig stärker, als die Alliierten – besonders die Franzosen – das gewünscht hatten. Und schließlich stand es fest: Anfang Mai sollten die Abgeordneten über das Grundgesetz abstimmen. Dann würde es wieder einen deutschen Staat geben: einen kleinen, westdeutschen Staat, ohne preußische Aggression, ohne national-sozialistische Ideologie, europäisch, demokratisch, ein Bollwerk gegen den Kommunismus. So hieß es. Doch damit drängten sich für Ilsa neue Nöte in den Vordergrund: Was sollte sie tun, wenn das Grundgesetz verabschiedet worden war? Was sollte aus Paul und ihr werden? Über diese Frage dachte sie zunehmend nach, und Frau Selbert glücklicherweise auch. Sie sprach Ilsa auf den Stufen der Pädagogischen Akademie an, als Ilsa Mittagspause machte.

»Fräulein Klasing, haben Sie schon was in Aussicht für den Sommer?«

Ilsa schüttelte den Kopf.

»Lassen Sie uns ein paar Schritte gehen.« Gemeinsam liefen sie hinunter zum Rhein, wie bei ihrem ersten Gespräch. Hier hatten auch Teddy und Ilsa gestanden, damals, als noch Eisschollen auf dem Wasser trieben. Jetzt floss der Rhein grau dahin.

»Die Bundestagswahl wird im August sein«, begann Frau Selbert. »Die erste freie Wahl seit 1932!« Sie stockte. »Bis sich der Bundestag konstituiert, ist es sicherlich September. Und dann wird die SPD-Fraktion wieder eine Sekretärin brauchen. Ich habe schon mit Carlo Schmid darüber gesprochen. Wollen Sie das sein?«

Ilsa atmete hörbar aus. Das war genau das, was sie sich erhofft hatte. »Ja! Sehr gern sogar.«

Frau Selbert nickte. »Gut. Werden Sie denn die Zeit von Mai bis zum September überbrücken können?«

»Ja«, sagte Ilsa schnell. Ganz einfach würde es sicher nicht, aber gewiss könnte sie irgendwo als Schreibkraft Geld verdienen. Oder sie könnte Lindy und Walter auf dem Hof helfen.

»Gut, meine Liebe. Dann ist das geklärt.«

Langsam lenkte Frau Selbert ihrer beider Schritte zurück zur Pädagogischen Akademie.

»Wie geht es Ihrem Jungen?«, fragte sie dabei, und Ilsa musste sich bremsen, um der Abgeordneten nicht haarklein zu berichten, was Paul jeden Tag vollbrachte. Er war, so sagte sie sich unvoreingenommen, ein besonders kluges und drolliges Kind.

»Einen Mann gibt es aber nicht in Ihrem Leben?«, fragte Frau Selbert ungewohnt direkt. Und als Ilsa den Kopf schüttelte, fuhr sie fort: »Sie brauchen nicht unbedingt einen, aber wenn, sollte es ein echter Partner sein. Ein Zusammenklang zweier Persönlichkeiten. Das ist die Ideal-Ehe.«

Sie hatten den Haupteingang erreicht. Frau Selbert gab Ilsa zum Abschied die Hand, und Ilsa ging zurück ins Fraktionszimmer. Als sie sich an den Schreibtisch setzte, hallten Frau Selberts Worte in ihr nach. Ein Zusammenklang zweier Persönlichkeiten. Harmonie also. Ilsa seufzte und spannte ein Blatt Papier in ihre Schreibmaschine.

Am 8. Mai trat das Plenum des Parlamentarischen Rates um 15:16 Uhr zur dritten und letzten Lesung des Grundgesetzes zusammen. Um kurz vor Mitternacht unterbrach Adenauer die Schlusserklärungen und ließ abstimmen. Denn der 8. Mai war der Tag, an dem die Deutschen, wie Heuss feststellte, zugleich »erlöst und vernichtet« worden waren, und er sollte nun, wie Adenauer fand, »für uns Deutsche der erste frohe Tag seit 1933« werden. Und obwohl die Mehrzahl der Deutschen das nicht sonderlich interessierte, wurde er das auch: Das Grundgesetz wurde mit dreiundfünfzig zu zwölf Stimmen angenommen.

Zwei Tage später wählten die Abgeordneten Bonn zur neuen Bundeshauptstadt. Wieder zwei Tage später genehmigten die Militärgouverneure das Grundgesetz, und am gleichen Tag endete – nach elf Monaten und zweihunderttausend Hilfsflügen – die Berliner Blockade. Dann stimmten alle westdeutschen Landtage mit Ausnahme des Bayerischen dem Grundgesetz zu. Nun musste es nur noch verkündet werden. Dafür war der 23. Mai vorgesehen.

Aber vorher wollten sie noch einmal zusammen ausgehen, Ilsa, Charlie und Emma. Charlie hatte darauf bestanden. »Ich habe euch etwas Wichtiges zu sagen«, hatte sie verkündet und erst im letzten Moment verraten, dass Teddy auch mit von der Partie sein würde. »Muss das sein?«, hatte Ilsa gefragt, aber Charlie war fest geblieben, und so hatte Ilsa Herrn Dreesen gefragt, ob er sie nicht begleiten wolle – als Puffer, obwohl sie das ihm gegenüber nicht so ausgesprochen hatte. Hans war auch dabei – denn wo Emma war, da war auch er. Also trafen sie sich wie damals, als sie sich zuerst kennengelernt hatten, in leicht dysfunktionaler Runde. Nur ohne Herrn Stratmann. Der war und blieb verschwunden.

Natürlich war Teddy der Erste in Strengs Weinstube, natürlich hatte er Charlies Manuskript gelesen, und natürlich hatte er einen Zettel mit hilfreichen Anmerkungen dabei und die Anschrift eines Rowohlt-Mitarbeiters, den er noch aus London kannte.

Charlie drückte ihm schnell die Hand. »Ich werde Sie vermissen, Herr Martin.«

Ilsa, die möglichst weit weg von Teddy Platz genommen hatte, ihn aber trotzdem nicht aus den Augen ließ, blickte hoch. »Warum denn, Charlie?«, rief sie über Herrn Dreesen hinweg. »Du gehst doch nicht etwa fort?«

Charlie räusperte sich.

»Doch. Das ist es, was ich euch erzählen wollte. Ich will zurück nach Berlin. Also, nach West-Berlin.«

»Aber hier hast du eine Arbeit – und was für eine! Herr Adenauer wird sicher weiter eine Sekretärin brauchen, wenn er Oppositionsführer wird …«

»Und hier hast du uns!«, fiel Emma ein. »Wir sind doch hier.«

»Und Berlin … Die Trümmer … Drum herum die Sowjets …« Das war Hans.

Charlie legte ihren Arm um Emma, die neben ihr saß, und lächelte Ilsa am anderen Tischende zu.

»Das weiß ich alles. Aber ich möchte trotzdem zurück.

Jetzt, da das wieder geht. Und ihr, ihr besucht mich, wenn ihr irgendwann genug habt von der rheinländischen Gemütlichkeit.«

Hans blickte sie an, als ob er bezweifelte, dass dieser Tag jemals kommen würde, aber er war ja auch nicht gemeint, sondern Ilsa und Emma.

Ilsa war bestürzt. Ihre kleine Gemeinschaft in der Königstraße, die erst vor Kurzem zusammengefunden hatte, löste sich schon wieder auf. Wie sehr würde Charlie ihr fehlen! Aber es sollte noch schlimmer kommen, denn nun räusperte sich Teddy.

»Da wir beim Abschiednehmen sind – ich gehe auch fort. Zurück nach London.«

»Was?«, entfuhr es Ilsa.

Teddy blickte sie direkt an, als er weitersprach: »Mich hält hier nichts.«

Hans und die anderen beschworen ihn, seine Entscheidung zu überdenken, aber Ilsa stimmte nicht mit ein. Warum sollte sie auch? Sie hatte ihn schließlich abgewiesen. Da hatte sie nun nicht das Recht, ihn aufzuhalten, wenn er Bonn oder gleich die junge Bundesrepublik hinter sich lassen wollte. Aber sie hatte, damals in der kalten Januarnacht, auch nicht geglaubt, dass er komplett, ganz und gar aus ihrem Leben verschwinden würde. Sie war davon ausgegangen, ihn weiterhin in der Nähe zu haben. Sie hatte, wenn sie ganz ehrlich zu sich selbst war – und warum sollte sie sich jetzt noch etwas vormachen –, geglaubt, dass ihre Entscheidung nicht endgültig wäre, dass sie es sich später noch anders überlegen könnte.

Als Herr Dreesen nun die Stimme erhob, um zu berichten, dass er beinahe fertig sei mit seiner Magisterarbeit, dass sein Zimmer bald frei werde und er ebenfalls aus Bonn weggehen werde – da bekam Ilsa das kaum mit, weil sie ihren Stuhl zurückstieß und die Weinstube Streng verließ, so schnell sie konnte. Sie schaffte es, ihre Tränen so lange zurückzuhalten, bis sie alleine war. Kein Wunder, darin hatte sie ja auch jahrelange Übung.

Kapitel 30

Dieses verfluchte Land. Teddy bedauerte keinen Augenblick, es zu verlassen und nach London zu gehen, wo er zwar ebenfalls nie heimisch werden würde, wo ihm aber zumindest nicht an jeder Ecke ein Herr Stratmann begegnen würde. Sagte er sich. Dennoch wollte er nicht gehen, ohne Abschied zu nehmen vom heimatlichen und unheimlichen Bonn. Erst einmal vom Rhein, über den sich immer noch keine neue Brücke spannte. Dann von der Uni, von der nicht viel übrig war. Dann lief er die Poppelsdorfer Allee entlang und kam nicht umhin, sich an eine bestimmte Nacht im Januar zu erinnern. Er sah Ilsa genau vor sich, wie sie sich damals von ihm losgerissen hatte und einige Schritte zurückgetreten war. Als könnte sie gar nicht genug Abstand zwischen sich und ihn bringen. Und dennoch – vorher hatte sie sein Gesicht zu ihrem herabgezogen, als könnte er ihr nicht nahe genug sein. Oder nicht? Täuschte er sich?

»Es gibt da jemanden«, hatte sie gesagt. Im ersten Augenblick hatte er gedacht, Ilsa traure Herrn Stratmann hinterher. Aber das konnte nicht stimmen. Nicht nach allem, was Ilsa über ihn erfahren hatte. Oder war es Herr Dreesen? Immerhin hatte Ilsa überstürzt und fassungslos das Lokal verlassen, als dieser von seinem Wegzug aus Bonn gesprochen hatte. Wenn Ilsa schon in einen anderen verliebt sein musste, dann besser in den hoffentlich harmlosen Philosophie-Studenten als in den ganz und gar nicht harmlosen Mann mit der Tätowierung am Oberarm. Aber vielleicht lebte dieser Jemand, den es für Ilsa gab, auch in Leichlingen. Warum sonst war sie in all den Monaten so häufig ins Bergische Land gefahren?

An der Ruine des Poppelsdorfer Schlosses bog Teddy in den Botanischen Garten ab. Der Park war zwar von den Trümmern des Schlosses geräumt, die Panzergräben waren zugeschüttet worden, aber idyllisch sah es hier trotzdem nicht aus: das Gelände von Stacheldraht umzäunt, überall Unkraut und ein Kartoffelfeld zwischen Schloss und Weiher.

Dennoch nutzten viele Bonner das Frühlingswetter, um hier spazieren zu gehen. Da vorn saß sogar eine junge Frau auf einer Decke mitten im Unkraut. Sie hatte den Hut abgelegt, so dass man ihr blondes Haar gut erkennen konnte. Teddy blieb abrupt stehen.

Es war Ilsa. Und sie war nicht allein. Neben ihr auf der Decke saß ein Mann – aber ein sehr kleiner. Ein Junge, der, während Teddy ihn beobachtete, aufsprang und in die Nähe des Weihers torkelte. Ilsa sauste hinterher und fing ihn wieder ein. Nach Kräften strampelnd und sehr widerwillig ließ sich der Junge zurück zur Decke tragen.

Teddy rührte sich nicht. Ilsa hatte nie erwähnt, dass sie in ihrer Freizeit ein Kind hütete. Konnte es der Enkel ihrer Vermieterin sein? Der Sohn einer Freundin? Aber schon in diesem Moment ahnte Teddy, dass dem nicht so war. Die routinierte Art, wie Ilsa ihm das blaue Mäntelchen auszog, der flüchtige Kuss, den sie ihm auf den Scheitel gab – das wirkte alles sehr vertraut. Überhaupt dieser Scheitel ... Der Junge hatte die gleiche Haarfarbe wie Ilsa. Und obwohl Teddy zu weit weg stand, um das beurteilen zu können, war er fast sicher, dass der Junge auch Ilsas grünblaue Augen hatte.

Es war nicht richtig, sie zu beobachten, ohne sich bemerkbar zu machen, aber er konnte sich von dem Anblick nicht losreißen. Er blieb einfach stehen, auch dann, als Ilsa, anscheinend mit wenig Geschick, ein Papierschiff faltete, auch dann, als sie dem Kind einen Apfel schälte. Wie dumm er gewesen war! Wie blind! »Es gibt da jemanden.« Er hatte nie daran gedacht, dass dieser Jemand sich für Papierschiffe begeistern könnte und Apfelschnitze aß. Warum hatte Ilsa ihn nicht erwähnt? Warum hatte sie nicht die Chuzpe gehabt, sich Teddy anzuvertrauen? In diesem Moment fiel ihm glühend heiß ihr Zerwürfnis im »La Roche« ein und seine selbstgerechten Ausführungen zu gestrauchelten und leichtfertigen Frauen. O Gott. Während er geglaubt hatte, das Bürgerliche Gesetzbuch zu verteidigen, hatte er im Grunde Ilsa verunglimpft, und nicht nur sie, auch jede andere Frau in dieser Lage. Bei dem Gedanken an seine Worte zog sich ihm der Magen zusammen. Er war solch ein Idiot gewesen. Warum musste er zu allem eine Meinung kundtun, besonders in Fällen, von denen er nichts verstand? Teddy rieb sich die Stirn. Sollte er zu ihr hingehen? Was sollte er sagen? Noch bevor er eine Entscheidung treffen konnte, hob Ilsa den Kopf und sah ihn.

Ilsa glaubte, die Blicke der anderen Spaziergänger auf sich zu spüren, als sie Paul wieder einfing, kurz bevor der sich in den Weiher stürzen konnte. Sicher war der Park voller Mütter, die über sie den Kopf schüttelten und sich fragten, welche Mutter ihr Kind nicht vom Wasser fernhalten konnte, welche Mutter ihr Kind bei diesen Temperaturen in einen Wollmantel zwängte. Und welche Mutter den Sonntagsausflug ohne den Kindsvater machte. Nur die Kriegerwitwen natürlich. Und die alleinstehenden Frauen.

Als Ilsa Paul an sich zog und in ihrer Handtasche nach den »Wurzelkindern« suchte, hob sie zufällig die Augen. Etwas entfernt stand ein Mann und schaute in ihre Richtung. Sie schirmte die Augen mit der Hand ab, aber da sie gegen die Sonne guckte, konnte sie ihn nicht erkennen. Er hob die Hand und ließ sie anscheinend unschlüssig wieder sinken. Dann kam er langsam auf sie zu. Es war Teddy.

Noch bevor Ilsa sich überlegen konnte, was sie zu ihm sagen wollte, entwischte Paul, um auf unsicheren Beinen zum Wasser zu stolpern. Teddy verlor alles Unschlüssige und stürzte in langen Schritten hinter ihm her. »Hab ich dich«, rief er, als er Paul vom Ufer wegzog. »Ich bin übrigens Teddy.«

»Bär?«, fragte Paul.

»Genau. Wie ein Bär.«

Dann warf er Paul in die Luft. Einmal, zweimal, dreimal, wie das so viele Männer tun. Aber anstatt Paul zurück auf die Decke zu setzen und sich einer anderen Sache zuzuwenden, wie das ebenfalls viele Männer tun, warf er Paul wieder und wieder hoch. Dann faltete er aus der alten Zeitung, die Ilsa mitgebracht hatte, wassertaugliche Papierschiffe. Paul hatte rote Wangen und ließ Teddy nicht aus den Augen. Ilsa auch nicht. Sie lehnte sich zurück und beobachtete Teddy, wie er im weiteren Verlauf des Nachmittags Papierflieger und ansehnliche Papierhüte bastelte. Wie er auf einem Grashalm pfiff. Herrgott. Gab es irgendetwas, das der Mann nicht konnte? Ab und zu schaute Teddy zu ihr hin, aber seine volle Aufmerksamkeit hatte Ilsa erst, als Paul, der um seinen Mittagsschlaf gebracht worden war, neben ihr auf der Decke einnickte.

»Was für ein lieber Junge«, sagte Teddy.

Ilsa nickte.

»Er hat deine Augen.«

Ilsa nickte wieder.

»Und sein Vater? Gefallen?«

Ilsa schüttelte den Kopf.

»Ein britischer Lieutenant. Er ist weg.«

Jetzt nickte Teddy.

»Wenn ein Kind im Spiel ist –«, fing Teddy an. Er schaute hinab auf den schlafenden Paul. »Dann muss man sich ganz sicher sein. Es wäre sonst unrecht Paul gegenüber. Er muss sich darauf verlassen können, dass die Leute, die er liebgewinnt, nicht wieder aus seinem Leben verschwinden.«

Ilsa rupfte ein paar Grashalme aus. Das hatte sie befürchtet. Teddy war nicht Robert, aber er würde einen redlichen Grund finden, ihr fernzubleiben.

»Du möchtest also lieber erst gar nicht in sein Leben treten, damit du nicht plötzlich daraus verschwinden musst?«, fragte sie sachlich.

Teddy starrte sie an.

»Aber nein. Nein!« Teddy rückte neben sie. »Damit wollte ich sagen, dass du dir keine Sorgen um Pauls willen machen musst. Ich bin mir sicher. Ganz sicher.«

Sehr behutsam, um Paul nicht zu wecken, beugte Ilsa sich vor und legte ihre Hand in Teddys Nacken. Ihre Köpfe waren jetzt ganz nah beieinander.

»Du gehst also nicht nach London?«

»Ich gehe nicht nach London.«

Teddy grinste. »Es liegt nicht an dir, weißt du. Ich will bloß unbedingt das Erbe dieser Staatskatastrophe antreten.«

»Natürlich.«

Erst küsste Ilsa Teddy zögerlich, dann überhaupt nicht mehr zögerlich. Jetzt stand niemand mehr zwischen ihnen, auch Paul nicht. Vielmehr lag er neben ihnen auf der Decke. Und verfügte dankenswerterweise über einen tiefen Schlaf.

Kapitel 31

23. Mai 1949

»Herrgott! Muss man sich denn um alles kümmern!« Carlo Schmid hastete an Ilsa vorbei. »Nicht Haydn! Händel bitte schön!« Jäh erstarben die Klänge des Kaiserquartetts, die der Organist im Plenarsaal geprobt hatte. Ilsa blickte sich in der ehemaligen Turnhalle um. Bis auf den Organisten, der ausgerechnet das von den Besatzungsmächten verbotene Deutschlandlied angestimmt hatte, war alles gut vorbereitet. Der Raum war mit Blumengestecken geschmückt, die neue schwarz-rot-goldene Flagge – gegen die die CDU sich so gewehrt hatte – prangte über dem Pult, an dem die Abgeordneten das Grundgesetz unterschreiben würden. Dort stand auch ein riesiges, mit Engeln verziertes Tintenfass, das Adenauer aus dem Kölner Ratssilber entliehen hatte. Ebenso wie die Ratsherrenglocke auf seinem Tisch – »damit er nicht wie sonst mit der CDU-Kreisparteitagsklingel bimmeln muss«, hatte Charlie ihr erklärt.

Langsam ging Carlo Schmid zu seinem Platz. Ilsa, die zum ersten Mal, seitdem sie ihre Arbeit hier angetreten hatte, überhaupt nichts zu tun hatte, schaute von hinten zu, wie sich der Saal füllte. Die Abgeordneten, die Ministerpräsidenten, die

Landtagspräsidenten, die Vertreter Berlins – sie alle strömten in den Saal, in ihren besten Anzügen, die zumeist aus der Vorkriegszeit stammten. Auch Frau Selbert sah Ilsa aus der Ferne, im dunklen Kostüm und mit einem weißen Kragen, der von einer Brosche zusammengehalten wurde.

»Verzeihung, ist hier noch Platz?«

Ilsa drehte sich zur Seite. Es war Teddy. Er stellte sich neben sie.

»Ich hatte gehofft, dass du kommst, um mir die Zeremonie zu erklären.«

Teddy grinste. »Ich verspreche dir, ich sage überhaupt nichts.«

Um 16:07 Uhr klingelte Adenauer mit der silbernen Glocke. »Ich eröffne die Sitzung.« Im Saal wurde es still. »Heute wird die Bundesrepublik Deutschland in die Geschichte eintreten. Heute ersteht das neue Deutschland.«

Teddy hielt sich an sein Versprechen und sagte nichts, aber er nahm unauffällig Ilsas Hand, als Adenauer die Abgeordneten in der Reihenfolge des Alphabets nach vorne rief.

Die zwölf fabrikneuen Soennecken-Füllern, die man extra bereitgelegt hatte, ging nicht allen Parlamentariern leicht zur Hand. Auch Frau Selbert musste den Stift noch einmal ansetzen. Als sie den Füller zuschraubte und in den Saal schaute, hatte Ilsa das Gefühl, dass sie über die Menschen hinweg direkt zu ihr hinsah. Aber das war sicher nur Einbildung.

Schließlich ergriff Paul Löbe von der SPD das Wort. Er bedankte sich nicht nur bei den Frauen, »die dieses schöne Haus täglich für uns sauber und freundlich machten«, sondern auch bei den »Damen und Herren, die manche Stunde ihrer Nachtruhe für unsere Niederschriften und Vervielfältigungen opferten«.

»Damit bist du gemeint«, wisperte Teddy nun doch.

Ilsa lächelte. Das stimmte.

Adenauer schloss die Sitzung, indem er die Präambel des Grundgesetzes laut vortrug:

Im Bewußtsein seiner Verantwortung vor Gott und den Menschen, von dem Willen beseelt, seine nationale und staatliche Einheit zu wahren und als gleichberechtigtes Glied in einem vereinten Europa dem Frieden der Welt zu dienen, hat das deutsche Volk dieses Grundgesetz beschlossen.

Lebhafter Beifall. Dann standen die Volksvertreter auf, um ein unverfängliches thüringisches Volkslied zu singen: »Ich hab' mich ergeben, mit Herz und mit Hand«. Um 17:03 Uhr war die letzte Sitzung des Parlamentarischen Rates zu Ende, und um Mitternacht würde das Grundgesetz in Kraft treten.

Nach der Sitzung opferte Ilsa noch einige Stunden den Niederschriften und Vervielfältigungen der Abgeordneten: Sie räumte Akten weg, heftete Unterlagen ab, packte Kartons, verabschiedete sich von den Kolleginnen und schüttelte Professor Schmid die Hand – »Bis zum Sommer! Wir zählen auf Sie, Fräulein Klasing!«. Sie lief treppauf und treppab und fand dennoch eine Gelegenheit, Frau Selbert zu danken.

»Das war ein guter Rat«, sagte sie.

Frau Selbert nickte. »Ja, das war es wohl.«

Als sie zum letzten Mal aus der Pädagogischen Akademie

trat, war es schon dunkel. Aber auf den Stufen wartete Teddy, eine Zigarette in der Hand, und gemeinsam gingen sie zum Museum Koenig, um Charlie abzuholen. Charlie kam genau in dem Moment aus der wuchtigen Tür, als sie dort anlangten. Sie trug einen schweren Karton in den Händen.

»Das ist Herrn Adenauers Abschiedsgeschenk«, erklärte sie. »Ein Dutzend Krimis – unser gemeinsames Laster. Und ein schönes Stück Seife.«

Ilsa schnupperte daran. Gute Seife war immer noch sehr kostbar.

Teddy nahm Charlie den Karton ab, und Ilsa hakte sich bei Charlie ein.

»Ach, Charlie, was werden wir nur ohne dich in der Mansarde machen?«, rief Ilsa. »Wir werden nie einen würdigen Ersatz für dich finden.«

»Ich wüsste schon wen.«

Ilsa zog die Augenbrauen hoch. »Wen denn?«

»Herrn Martin.«

Ilsa blieb stehen, aber Charlie sprach unbeirrt weiter: »Und Emma zieht in Herrn Dreesens Zimmer.«

Ilsa wandte sich Teddy zu. »Aber wir haben keine Fensterscheiben. Sondern Röntgenbilder. Im Sommer ist unsere Mansarde ein Ofen, im Winter ein Eisschrank. Zum Duschen müssen wir ins Viktoriabad –«

Teddy lachte. »Das ist alles sehr abschreckend, und ich kann mir nichts vorstellen, das mich für die vielen Unannehmlichkeiten entschädigt – außer deiner Anwesenheit.«

Ilsa wurde rot.

»Ich habe allerdings einen anderen Einwand. Wir würden dort in wilder Ehe leben. Das geht nicht.«

Ilsa schaute ihn sonderbar an. Dann sagte sie: »Ich weiß – du möchtest nicht mein Vermögen verwalten und nicht meinen Arbeitsplatz kündigen und nicht meinen Wohnort bestimmen – und, weiß Gott, das will ich auch nicht. Aber deinen Namen, den würde ich schon nehmen. Wenn du ihn mir geben willst.«

Charlie nahm Teddy den Karton ab und ging taktvoll ein paar Schritte voraus. Teddy blieb stehen und legte die Arme um Ilsa. »Ja. Dir und Paul.«

So bekamen die Deutschen am 23. Mai 1949 ihr Grundgesetz. Und Teddy einen Antrag.

ZEITTAFEL

Bonn, die Nachkriegszeit und der Parlamentarische Rat,
ein Überblick:

20. April 1948 bis 02. Juni 1948	Die Sechsmächtekonferenz (westliche Besatzungsmächte und Benelux-Staaten) endet mit den »Londoner Empfehlungen«: Die westdeutschen Ministerpräsidenten sollen die Gründung eines demokratischen und föderalistischen Staates vorbereiten.
20. Juni 1948	Währungsreform in den drei Westzonen
24. Juni 1948	Beginn der Berlin-Blockade. Amerikaner und Briten versorgen rund zwei Millionen Berliner über die Luftbrücke mit 490.000 Tausend Tonnen Lebensmitteln und 1,44 Millionen Tonnen Kohle.
01. Juli 1948	»Frankfurter Dokumente«: Gemäß den »Londoner Empfehlungen« sollen die westdeutschen Ministerpräsidenten eine Versammlung einberufen, die eine Verfassung für einen Weststaat vorbereiten soll.

12. Juli 1948	Die letzten deutschen Kriegsgefangenen verlassen Großbritannien.
10. bis 23. August 1948	Der Verfassungskonvent auf Herrenchiemsee erarbeitet einen Verfassungsentwurf, die wichtigste Arbeitsgrundlage für den Parlamentarischen Rat. Mit dabei: Carlo Schmid.
01. September 1948	Der Parlamentarische Rat nimmt seine Arbeit auf – auf den Tag genau neun Jahre nach Kriegsbeginn. Präsident des Gremiums wird Konrad Adenauer. Laut Heuss hat Adenauer »kein Komma« zum Grundgesetz beigesteuert. Um den provisorischen Charakter zu betonen, heißt die Verfassunggebende Versammlung »Parlamentarischer Rat« und die Verfassung »Grundgesetz«. Der Grund: die Furcht vor der Festschreibung der deutschen Teilung.
30. November 1948	Der Grundsatzausschuss berät über den Gleichberechtigungsartikel. Die SPD-Abgeordnete Friederike Nadig legt Elisabeth Selberts Antrag vor, den Katalog der Grundrechte um einen einfachen Satz zu ergänzen: »Männer und Frauen sind gleichberechtigt.«
03. Dezember 1948	Darüber berät der Hauptausschuss – und lehnt den Artikel mit elf zu neun Stimmen ab.

18. Januar 1949	Unbeirrbar wirbt Elisabeth Selbert für den Gleichberechtigungsartikel – und hat Erfolg: Der Hauptausschuss nimmt den Gleichberechtigungsartikel einstimmig an.
02. März 1949	Der Parlamentarische Rat stürzt in eine tiefe Krise: Die westlichen Alliierten kritisieren den bisherigen Grundgesetz-Entwurf in wichtigen Punkten: Föderalismus und Finanzverfassung. Zudem ist die Stimmung im Rat nach Adenauers Alleingang in der »Frankfurter Affäre« vergiftet. Dennoch gelingt es Adenauer, einen Siebenerausschuss einzusetzen, der einen Verfassungskompromiss ausarbeitet, den die Alliierten billigen können.
08. Mai 1949	Der Parlamentarische Rat stimmt mit großer Mehrheit für das Grundgesetz – genau vier Jahre nach dem Kriegsende in Europa.
10. Mai 1949	Die Mitglieder des Parlamentarischen Rats stimmen mehrheitlich für Bonn als provisorische Bundeshauptstadt – und gegen Frankfurt.
12. Mai 1949	Stalin beendet die Berlin-Blockade, die westlichen Militärgouverneure genehmigen das Grundgesetz und verkünden das Besatzungsstatut.
23. Mai 1949	Nachdem alle westlichen Landtage – bis auf Bayern – zugestimmt haben, wird das Grundgesetz verkündet.

14. August 1949	Die erste Bundestagswahl: CDU und CSU liegen mit 31 Prozent vor der SPD, die auf 29,2 Prozent kommt.
07. September 1949	Der Bundestag tritt zum ersten Mal zusammen. Adenauer wird mit einer Stimme Mehrheit zum Kanzler gewählt.

NACHWORT

Das ist ja so eine Sache mit dem Schreiben und Reden über Epochen, die man nicht selbst miterlebt hat – besonders, wenn man, 1979 geboren, über Shoa, Vernichtungskrieg und Bombenkrieg schreibt. Bei den entsprechenden Textstellen bin ich dicht an zeitgenössischen Quellen geblieben. Zum Beispiel benutzen Herr Stratmann und sein Kamerad bei der Unterhaltung in Kapitel 21 Ausdrücke und ganze Sätze, die deutsche Soldaten in britischer Gefangenschaft gemacht haben. Sie stammen aus den Abhörprotokollen, die Sönke Neitzel und Harald Welzer herausgegeben haben (»Soldaten. Protokolle vom Kämpfen, Töten und Sterben«). Mathilde Bergers Gedanken über Auschwitz in Kapitel 23 stützen sich auf Ruth Klüger (»weiter leben. Eine Jugend«), auf David Rousset (»Das KZ-Universum«), auf Bemerkungen von Marcel Reich-Ranicki, Hannah Arendt und Anita Lasker-Wallfisch. Ilsas Erlebnisse im Bombenkrieg fußen unter anderem auf den Augenzeugenberichten, die Helmut Vogt herausgegeben hat (»Bonn im Bombenkrieg«). Charlies Beschreibung ihrer Erlebnisse in Berlin enthält Gedanken von Marta Hillers (Anonyma, »Eine Frau in Berlin«). Für die Schilderung von Louisas Bombennächten in London war die britische Seite www.bombsight.org hilfreich.

Auch bei den historischen Personen, die im Buch vorkommen, bleibe ich dicht an den Quellen. So sind die Adenauer-Episoden mit den Schuhen, mit dem Staubtuch, mit den Papierschiffchen und mit der Seife zum Beispiel von seiner Sekretärin Elisabeth Zimmermann überliefert worden (Rudolf Pörtner (Hg.), »Kinderjahre der Bundesrepublik«). Und ich habe mich bemüht, insbesondere Elisabeth Selbert, Konrad Adenauer und Carlo Schmid vor allem Sätze in den Mund zu legen, die sie so ähnlich in Interviews, Aufsätzen oder anderswo formuliert haben. Auch bei meinen erfundenen Figuren greife ich oft auf Bemerkungen aus Tagebüchern oder Briefen zurück: Wenn Gerda zum Beispiel sagt, sie wolle sich »einem echten, festen, klaren deutschen Mann bewahren«, findet sich ein ähnlicher Satz im Tagebuch einer 19-Jährigen aus der Nachkriegszeit. Und wenn Henni hofft, dass »bloß erst unsere Jungs wieder hier wären, dass ich nicht immer bezahlen muss«, erinnert das an die Aussage eines jungen Mädchens aus Berlin kurz nach dem Krieg. Das erste Zitat habe ich bei Alexander von Plato und Almut Leh gefunden. Deren Buch »Ein unglaublicher Frühling. Erfahrene Geschichte im Nachkriegsdeutschland 1945–1949« ist eine sehr empfehlenswerte Zusammenstellung von Zeitzeugenberichten und Dokumenten. Das zweite Zitat stammt aus Harald Jähners »Wolfszeit. Deutschland und die Deutschen 1945–1955«, ebenfalls sehr empfehlenswert. Auch bei Ilsa finden sich immer wieder Gedankenfetzen aus Tagebüchern. Als sie sich zum Beispiel an die »seltsame Heimatliebe« erinnert, »die nichts Besseres wünschen kann als die Eroberung des eigenen Landes«, stammt dieser Ausdruck aus den großartigen Tagebuchaufzeichnungen von Ruth Andreas-Friedrich (»Der Schattenmann«). Und die Debatten im Parlamentarischen Rat stützen sich auf die Akten und Protokolle, die der Deutsche Bundestag herausgegeben hat: »Der Parlamentarische Rat 1948–1949«.

Wer mehr über die Entstehung des Grundgesetzes wissen möchte: »Das Grundgesetz. Eine Biographie« von Christian Bommarius ist ein packendes Sachbuch zum Thema.

Wer mehr über Elisabeth Selbert erfahren möchte, kann die Biographie, die die Hessische Landesregierung herausgegeben hat, zur Hand nehmen: Heike Drummer und Jutta Zwilling »Ein Glücksfall für die Demokratie‹. Elisabeth Selbert (1896–1986). Die große Anwältin der Gleichberechtigung«. Zum Schluss ein paar Worte zu ihrem Leben:

Elisabeth Selbert, 1896 als Tochter eines Gefängniswärters geboren, holte mit Unterstützung ihres Ehemannes und ihrer Familie das Abitur nach, studierte Jura, wurde promoviert und erhielt als Frau die Anwaltszulassung, kurz bevor das in Nazideutschland nicht mehr möglich war.

Ihr Mann Adam wurde im Frühjahr 1933 im KZ misshandelt. Nach der Entlassung stand er unter Aufsicht der Gestapo und wurde in den vorzeitigen Ruhestand versetzt. Elisabeth Selbert wurde von Roland Freisler, dem späteren Präsidenten des Volksgerichtshofs, mit »Liquidation« bedroht. Die Familie überstand die Nazizeit in Todesangst.

1945 lief Elisabeth Selbert – allein und ohne Passierschein – 26 Kilometer, um bei der ersten SPD-Veranstaltung in Kassel nach dem Krieg dabei zu sein. Das beschrieb sie so: Zusammen kamen dort »die Leute, die aus den Konzentrationslagern zurückgekommen waren, die noch da waren, die führenden Genossen aus der Weimarer Zeit. Ich empfinde heute noch die Rührung über die Freude, dass wir noch da waren. Es war eben nicht allein der Neubeginn unseres Parteilebens, sondern auch die unendliche Freude darüber, dass wir wieder frei atmen konnten. Viele Männer habe ich damals weinen gesehen.«

1946 arbeitete Elisabeth Selbert an der Hessischen Landesverfassung mit – und bestand dabei auf genauen und eindeutigen Formulierungen: »Bei der Verfassung kommt es schließlich doch auf jedes Wort an.« Von 1946 bis 1958 war sie Abgeordnete des Hessischen Landtags. 1948 und 1949 war sie – wie in diesem Buch geschildert – diejenige unter den »Müttern des Grundgesetzes«, der wir den Gleichberechtigungsartikel verdanken.

Doch danach stieß sie an eine gläserne Decke: Bundestagsabgeordnete, hessische Justizministerin, Bundesverfassungsrichterin – mehrere Ämter schienen zum Greifen nah und blieben ihr dennoch verwehrt. »Du warst vielen unserer Leute zu profiliert«, sagte ihr schließlich ein Parteifreund. Sie widmete sich ihrer Familie und bis ins hohe Alter ihrer Kanzlei. Erst in den späten 1970er Jahren wurde sie wiederentdeckt.

Von sich selbst sagte Elisabeth Selbert, dass sie »ein reiches, vollerfülltes Leben« hatte: »Ich hatte beides – Aufstieg und Familie«. Ihre »Sternstunde« aber sei die Annahme des Gleichberechtigungsartikels gewesen. Elisabeth Selbert starb 1986 mit beinahe 90 Jahren in Kassel.

Bedanken möchte ich mich bei meiner Agentin Nora Boeckl und bei meiner Lektorin Anne Sudmann, deren Anmerkungen »Die Unbeirrbaren« zu einem besseren Buch gemacht haben. Und bei meinem Mann und unseren drei Kindern. Außerdem danke ich meiner Schwester Inka und meinem Schwager Dominik für deren kritische (aber freundliche) Lektüre.

QUELLENVERZEICHNIS

Das Zitat auf Seite 37 stammt von Carlo Schmid aus: Carlo Schmid, Erinnerungen.

Das Zitat auf Seite 49 stammt von Konrad Adenauer, zitiert nach: Carlo Schmid, Erinnerungen.

Das Zitat auf Seite 55 stammt von Carlo Schmid, zitiert nach: Alexander von Plato (Hg.), Ein unglaublicher Frühling. Erfahrene Geschichte im Nachkriegsdeutschland 1945–1949.

Die Zitate auf Seite 90 ff. stammen aus: Deutscher Bundestag (Hg.), Der Parlamentarische Rat 1948–1949. Akten und Protokolle. Band 5: Ausschuss für Grundsatzfragen.

Das Zitat auf Seite 97 stammt von Elisabeth Selbert, zitiert nach: Heike Drummer und Jutta Zwilling, »Ein Glücksfall für die Demokratie«. Elisabeth Selbert (1896–1986). Die große Anwältin der Gleichberechtigung.

Die Zitate auf Seite 140 ff. stammen aus: Deutscher Bundestag (Hg.),

Der Parlamentarische Rat 1948–1949. Akten und Protokolle. Band 14: Hauptausschuss.

Die Zitate auf Seite 223 stammen von Elisabeth Selbert, zitiert nach: Heike Drummer und Jutta Zwilling (s.o.).

Die Zitate auf Seite 235 stammen aus: Sönke Neitzel und Harald Welzer, Soldaten. Protokolle vom Kämpfen, Töten und Sterben.

Das Zitat auf Seite 271 f. stammt von Elisabeth Selbert, zitiert nach: Barbara Böttger, Elisabeth Selbert. »Mutter des Grundgesetzes«, profilierte Politikerin, Anwältin aus Berufung, Frauenrechtlerin wider Willen.

Das Zitat auf Seite 278 stammt von Walter Strauß, zitiert nach: Christian Bommarius, Das Grundgesetz. Eine Biographie.

Das Zitat auf Seite 278 f. stammt von Theodor Heuss, zitiert nach: Christian Bommarius, 1949. Das lange Jahr.

Die Zitate auf Seite 279 f. stammen von Elisabeth Selbert, zitiert nach: Heike Drummer und Jutta Zwilling (s.o.) und Barbara Böttger (s.o.).

Die Zitate auf Seite 308 stammen von Konrad Adenauer, zitiert nach: Hans-Peter Schwarz, Adenauer. Der Aufstieg: 1876–1952, und von Theodor Heuss, zitiert nach: Michael Feldkamp, Der Parlamentarische Rat 1948–1949. Entstehung des Grundgesetzes.

Die Zitate auf Seite 319 ff. stammen von Konrad Adenauer und Paul
Löbe, zitiert nach: Deutscher Bundestag (Hg.), Der Parlamentarische
Rat 1948–1949. Akten und Protokolle. Band 9: Plenum.